公私协力视角下社会工作参与公办福利机构转型的新路径研究

谭磊 著

厦门大学出版社
XIAMEN UNIVERSITY PRESS
国家一级出版社
全国百佳图书出版单位

图书在版编目(CIP)数据

公私协力视角下社会工作参与公办福利机构转型的新路径研究/谭磊著.—厦门:厦门大学出版社,2020.12

ISBN 978-7-5615-7885-8

Ⅰ.①公… Ⅱ.①谭… Ⅲ.①社会福利－组织机构－体制改革－研究－中国 Ⅳ.①D632.1

中国版本图书馆 CIP 数据核字(2020)第 173072 号

| 出 版 人 | 郑文礼 |
| 责任编辑 | 文慧云 |

出版发行 厦门大学出版社

社　　址	厦门市软件园二期望海路 39 号
邮政编码	361008
总　　机	0592-2181111　0592-2181406(传真)
营销中心	0592-2184458　0592-2181365
网　　址	http://www.xmupress.com
邮　　箱	xmup@xmupress.com
印　　刷	广东虎彩云印刷有限公司

开本	720 mm×1 000 mm　1/16
印张	13.5
插页	1
字数	229 千字
版次	2020 年 12 月第 1 版
印次	2020 年 12 月第 1 次印刷
定价	48.00 元

本书如有印装质量问题请直接寄承印厂调换

厦门大学出版社
微信二维码

厦门大学出版社
微博二维码

目 录

第一章 绪 论

一、研究背景

1.我国社会治理格局全面创新

公办福利机构转型,产生于我国社会治理格局全面创新的背景之中。2004年,党的十六届四中全会提出要加强社会建设和管理,推进社会管理体制创新。2007年,党的十七大报告提出要健全社会管理体制,提出要健全"党委领导、政府负责、社会协同、公众参与"的社会管理格局。2012年,党的十八大在"五位一体"的总体布局中,提出要加快形成政社分开、权责明确、依法自治的现代社会组织体制。在概念表述上,十八大报告也实现了从社会管理格局向社会管理体制的转变。2015年底,党的"十三五"规划纲要中对加强和创新社会治理做出全面部署,提出要改进社会治理的方式,激发社会组织活力,国家治理体系由此实现从"社会管理"向"社会治理"转变。2017年10月,党的十九大报告在民主政治和民生水平方面对社会治理创新进行了总体阐述。有关"健全人民当家作主制度体系,发展社会主义民主政治",习近平总书记提出,要深化机构和行政体制改革,统筹考虑各类机构设置,科学配置党政部门及内设机构权力、明确职责。统筹使用各类编制资源,形成科学合理的管理体制。转变政府职能,深化简政放权,创新监管方式,增强政府公信力和执行力,建设人民满意的服务型政府。深化事业单位改革,强化公益属性,推进政事分开、事企分开、管办分离。有关"提高保障和改善民生水平,加强和创新社会治理",习近平总书记提出:"要加强社会治理制度建设,完善党委领导、政府负责、社会协同、公众参与、法治保障的社会治理体制,提高社会治理社会化、法治化、智能化、专业化水平。推动社会治理重心向基层下移,发挥社会组织作用,实现政府治理和社会调节、居民自治良性互动。"由此可见,在社会治理制度创新模式引领下的我国政治、民生发展新格局,已全面告别计划经济时代政府大包大揽的传统局面,政府有关社会组织的发展策略和关系模式也在不断调整。在强化管理与监督的前提下,社会治理体制的"社会化"要求政府部门向社会组织转移更多的具体服务职能。社会治理的"专业化"程度是衡量一个国家或地区社会治理程度和社会服务水平的重要标志,因此,要加强民生领域各类专业化人才队伍的培育和扶持,建设高素质专业化人才队伍,特别是培养和造就一支数量充足、结构合理、素质优良的社会工作专业人才队伍。在社会福利服务领域,社会工作服务组织与公办福利机构开展专业服务合作,以精细化、人性化社会福利服务提升院舍服务水准,改善老、幼、残等弱势群体生活质量,充分体现了十九大报告中有关社会治理制度的社会化和专业化要求,也凸显了社会力量积极参与的共建共治共享特征。

2.我国老龄化趋势不断加剧

公办福利机构转型,产生于我国老龄化不断加速的社会背景之中。按照国际通行的老龄化社会认定标准,60 岁以上人口占总人口比例的 10% 或 65 岁以上人口占总人口比例的 7%,2000 年我国 60 岁以上人口达 1.3 亿人,占总人口的 10.2%,标志着我国正式进入老龄化社会。此后,我国人口老龄化趋势不断加快。截至 2018 年末,我国 60 周岁及以上人口达 24949 万人,占总人口的 17.9%;65 周岁及以上人口达 16658 万人,占总人口的 11.9%,[①]我国进入快速老龄化阶段。据世界银行预计,到 2027 年,中国将从一个"老龄化"社会转变为一个"老龄"社会,[②]这种老龄化加速趋势远高于英国、美国、法国等发达国家。因老年人口所占比例较高,因老年疾病、残障等原因导致的老年人口失能、半失能数量日渐增多。2016 年全国老龄

---

① 见《2018 年国民经济和社会发展统计公报》,http://www.stats.gov.cn/,2019 年 2 月 28 日。

② 见《中国养老服务的政策选择:建设高效可持续的中国养老服务体系》,http://www.shihang.org/,2018 年 12 月 13 日。

办、民政部、财政部三部门发布中国城乡老年人生活状况抽样调查成果显示,全国失能、半失能老年人约 4063 万人,占老年人口的 18.3%。[①] 庞大的失能半失能老人群体生活照料、身体康复需求突出,为我国社会老年人照顾体系提出了严峻挑战。与此同时,我国人口出生率不断下降。根据国家统计局 2018 年数据显示,2018 年人口出生率降至 10.94‰,较上一年的 12.43‰ 下降 1.49 个千分点。[②] 2017 年二胎生育政策推行以来,出生人口数量并未达至预期,2017 年实际出生人口为 1723 万,比国家卫计委最低预测少 300 万。[③] 这说明在人口老龄化加速的同时,我国家庭结构小型化趋势明显,加之因地区经济发展不均衡导致的人口流动常态化,传统意义上的家庭养老功能正日益衰微。机构照顾与社区照顾正成为补充家庭养老功能不足的多元化渠道。尽管自 20 世纪 50 年代起,西方发达国家开始反思院舍照料的弊端,提倡老年照顾回归社区,然而在家庭功能弱化、老年失能半失能者增多、社区照顾模式尚不成熟的背景下,机构照顾模式仍然具有无法取代的关键性功能,这一功能在我国社会保险制度新一轮改革中得以强化。2017 年我国人力资源和社会保障部出台《关于开展长期护理保险制度试点的指导意见》,截至同年底,全国 15 个城市和两个重点省份启动长期护理保险制度试点。以试点城市广州为例,符合长期护理险申请资格的老人,可以居家护理或机构护理的形式享受长期护理险待遇,然而在已确定的 29 家长护定点机构中,26 家以机构照料形式提供长期护理服务。[④] 目前长期护理险试点城市仍在不断增多。可以预见,相对成熟规范的机构照顾将成为长期护理险实施的主要载体之一。综上所述,我国人口老龄化、少子化趋势以及社会保险政策变革,正释放出对福利机构照顾的更多需求。

3. 公办福利机构转型的现实需求

我国公办福利机构转型植根于我国社会发展出现新特征的背景之下。

---

① 见《近两成老人失能半失能》,http://health.people.com.cn/n1/2016/1010/c398004-28764591.html,2016 年 10 月 10 日。

② 见《中国人口出生率下降 新媒:人口红利正从数量转为素质》,http://www.cankaoxiaoxi.com/roll/,2019 年 1 月 22 日。

③ 见《中国养老服务的政策选择:建设高效可持续的中国养老服务体系》,http://www.shihang.org/,2018 年 12 月 13 日。

④ 见《广州市长期护理保险交上"满月"成绩单》,http://www.gzmz.gov.cn/gzsmzj/mtgz/201709/dfe40efb60d94b778c7d4d29d701a852.shtml,2017 年 9 月 14 日。

习近平总书记在十九大报告中作出"中国特色社会主义进入新时代,我国社会主要矛盾已经转化为人民日益增长的美好生活需要和不平衡不充分的发展之间的矛盾"的重大政治论断,因此要在推动经济社会不断发展的基础上,着力解决好社会民生等领域发展不平衡、不充分问题,全面提升社会发展的质量和效益。我国民众日益提升的社会福利服务需求与现有服务发展不充分之间的矛盾,是我国当前社会发展不平衡、不充分的具体表现,也构成了公办福利机构转型的动力来源。一方面,人民群众生活层次不断提升,差异化、个性化需求不断增多,对公办福利机构养老、助残、托孤等服务期望值较高;另一方面,发端于计划经济时期的公办福利机构普遍存在重管理、轻服务的传统思维,单一式、封闭式运作仍不同程度存在,福利服务层次较低,偏重生活照顾,而对文体康乐、精神慰藉、社会参与、能力提升等多元化需求顾及不周。这种传统式服务理念与照顾模式已经难以满足当前我国居民对托养服务的较高需求,因此公办福利机构服务理念、服务方式与服务内容的全面转型已迫在眉睫。

4. 政府购买社会服务的快速发展

我国公办福利机构转型得益于我国政府购买社会服务的力度不断加大。2013年9月,国务院出台《关于政府向社会力量购买服务的指导意见》,提出要充分认识政府向社会力量购买服务的重要性,扎实推进政府向社会力量购买服务工作。在教育、就业、社保、医疗卫生、住房保障、文化体育及残疾人服务等基本公共服务领域,要逐步加大政府向社会力量购买服务的力度。2015年数据显示,我国货物类、工程类和服务类三类服务采购金额占全国政府采购规模的比重分别为31.2%、52.9%和15.9%。尽管政府购买服务类金额最小,但随着各地政府购买服务工作的推进,服务类采购正大幅增长,2015年较2014年增加72.9%。财政部提出要加大政府向社会组织购买服务的力度,政府新增公共服务支出通过政府购买服务安排部分,向社会组织购买的比例原则上不低于30%。[①] 在政府采购社会服务金额和比例不断增高的同时,我国社会组织数量急剧增多,截至2017年底,全国社会组织数量超过80万,仅2017年一年社会组织数量即增加了10万

---

① 见《关于通过政府购买服务支持社会组织培育发展的指导意见》《关于做好事业单位政府购买服务改革工作的意见》,http://www.mof.gov.cn/was5/web/czb/wassearch.jsp,2017年1月5日。

个。① 以社会工作行业为例,截至 2018 年底,我国各地共成立社会工作服务机构 9793 家,持证社工人数近 44 万。城乡社区、相关事业单位和社会组织等共开发设置了 38.3 万个社工专业岗位,比 2017 年增长 3.7 万个。② 社会组织、社会工作岗位、社会工作从业人员不断增多,为公办福利机构等机关事业单位面向社会择优购买社会服务、提升院舍服务质量提供了充足空间和良好契机。

二、相关概念

我国社会福利结构分为特定受益对象福利、特定受益内容福利和公益性福利三部分(郑功成,2001)。作为特定受益对象福利的输送主体,公办福利机构是政府对特定的社会福利对象开展供养性福利服务的专门机构。社会工作是以扶贫济弱为宗旨,促进个体与环境良性互动的助人式专业工作。公私协力视角涵盖了以高权形式实现公共任务以及公共任务完全民营化这两种极端取向之间的所有形态(Klijn,2003),它描述了公部门与私部门为实现公共任务而建立合作伙伴关系。公部门指行使政府公权力的各个不同层级的政府单位;私部门指民间非营利或营利部门;协力关系指的是公共服务参与者创造共赢局面的一种组织性关系。

通过"公私协力"的方式引入社会工作专业服务,是社会福利领域公办福利机构对我党十九大报告中提出的"共建共治共享"社会治理新模式的灵活运用,也是解决我国社会福利服务领域需求与发展矛盾的基本思路。本研究所认定的"公",是指由各级民政部门、残联下属的各类收养性事业单位,如(老人、儿童)福利院(或称"中心")、荣军医院、精神疾病治疗康复机构、残养院、儿童保护中心等,也包括部分公办民营机构以及乡镇集体性质敬老院。本研究所认定的"私",特指社会化专业力量(如社会工作)及其所依托的民间社会服务机构(如社会工作机构)。"公私协力"是指参与者(各级政府职能部门与社会工作专业及组织)为输送更加优良的社会福利服务产品,所形成的优势互补、协同合作的多元化局面。

---

① 杨团:《中国慈善发展报告(2018)》,社会科学文献出版社 2018 年版。
② 《2018 年度中国社会工作发展报告》,载《公益时报》2019 年 3 月 22 日。

　　本研究认为,基于"多元化、公众化、市场化、专业化"转型的政策框架和"公私协力"的实践策略,新时期公办福利机构转型应在宏观管理和微观服务方面皆有突破性、深入性发展。在转型理念层面,应以"服务为主"思路逐渐取代"管理为主"的传统观念,突出专业服务人员在工作团队中的资源管理权限和话语权,以服务对象需求为导向,关注服务对象权利保障。公办福利机构转型,在宏观层面,应以跨主体合作、跨专业合作为特征整合多样化资源,同时接受社会参与和社会问责,构建公信力;在微观层面,服务的规范化、全人化、个性化应成为突出优势(相比社会力量创办的公益或非营利机构,公办福利机构应具示范功能),具体如表 1-1 所示:

表 1-1　公办福利机构转型内涵

层面	具 体 内 涵		
宏观	主体合作:公办福利机构与社会服务组织在专业人才、资金来源、志愿者等服务资源方面的充分合作(即"公私协力")。	专业合作:公办福利机构内外医、养、社等专业服务人员的整合式、一站式服务,跨专业团队分工有序、合作互补的服务局面。	社会问责:引入第三方评估,创新公众参与的方式与平台,树立公办福利机构社会公信力 *。
微观	规范化:清晰的伦理操守与服务理念,明确的管理制度与服务职责,科学的服务规划与流程,合理的内在评估机制等。	全人化:全面评估并通过整合式服务及时回应公办福利机构服务对象具体个体在身、心、社、灵等方面的全面化需求。	个性化:在专业服务资源投入增加的基础上,服务深入发展,能回应公办福利机构服务对象的差别化需求,避免"一刀切"。
理念	"管理型"向"服务型"转型		

　　注:* 公信力是指机构依据于自身信用所获得的社会公众的信度。公办福利机构作为事业单位,其公信力一定程度上代表了政府公信力。习近平总书记在党的十九大报告中提出,要增强政府公信力和执行力,建设人民满意的服务型政府。当前公办福利机构的社会公信力整体水平仍不高,对外公开透明和社会参与的程度仍有待加强。

三、研究过程

(一)研究方法与调研过程

1.研究方法

本课题以质性研究为基本研究方式,具体说明如下:

首先,有关质性研究开展的地点。本课题选择广东省作为研究地点,出于以下两方面考虑:第一,作为社会福利改革先行地,广东省政府购买社会工作服务的步伐异常迅速,公办福利机构专业化转型初具雏形。然而,该省理论界对于社会工作参与公办机构转型的角色定位、成效评估与路径模式等尚缺乏科学总结和提炼。本课题将梳理该省公办福利机构转型的共性需求与社会工作参与路径,研究广东模式的国内推广价值,回应改革经验提炼不足的现实缺憾。第二,由于时间、人手和经费制约,调研的深度和广度通常难以兼顾,因此本研究并未将调研范围定位于国内各省,而是聚焦于广东省公办福利机构,包括市、区、街或市、县、镇等不同级别公办(老年、儿童)福利院(中心)、残疾人治疗收养机构等,以其为抽样总体。

其次,有关质性研究的样本选取。本研究采用"非随机抽样"中的"目的抽样"[①],即根据本研究的调研问题决定抽样单位,珠三角地区社会工作服务相比之下较为成熟,探索经验丰富,因此研究者出于获取调研资料的充实性考虑,将抽样单位(公办福利机构)较多聚集于该区域。在抽样标准上,兼顾强度抽样与异质性抽样,既考虑到部分公办福利机构在某种引入路径上具有代表性,合作关系牢固,能获得翔实的调研资料,又注意将抽样单位分布于珠三角、粤东、粤北、粤西地区等具有典型性的不同区域。在抽样方法上,偶遇抽样、立意抽样、配额抽样、滚雪球抽样均有使用。研究者注意抽样单位的分布区域及各自引入专业服务路径的典型性,力求其汇总研究能使读者对广东省公办福利机构社会工作服务参与现状有细致而全面的把握。

最后,有关质性研究的具体方式。访谈法是本研究的首要方法,多以半

---

① 文军、蒋逸民:《质性研究概论》,北京大学出版社2009年版,第71页。

结构式访谈形式进行,在获取访谈者希望获取信息的同时,力图发现新问题、新思考。参与式观察也是本研究采用的质性研究类型,研究者利用督导经历以及助研学生专业实习的机遇,对公办福利机构服务对象日常生活状态、社会工作者工作场景有了直观、真实的认识。本研究也使用了焦点小组的形式,在调研者线索式问题的引导下,倾听多位一线社会工作者对专业服务的描述与评价。另外,本研究采用了个案研究法,对25家公办福利机构中的部分单位引入社工服务的纵横面进行了详尽调研与剖析,例如广州市越秀区A福利院。

在质性研究基础上,本研究也开展了问卷调查,将其作为辅助方式来收集资料,例如针对公办福利机构负责人开展公办福利机构社工服务管理调查以及针对广州市越秀区A福利院老人开展社工服务现状及反馈的调查,采取非概率抽样方法。

另外,本研究也采用了文献研究法,通过查阅20世纪末期以来国内外中英文相关著作和期刊,研究国内外社会福利和非营利组织发展脉络与改革趋势,通过梳理2000年后我国民政部、广东省民政厅以及广东省各地市民政部门相关政策文件与数据,研究社会工作参与社会福利事业的制度规范和行业动态。

2.调研过程

广东省下辖19个地级市和2个副省级城市。据2013年广东省民政厅官网显示的"广东省社会福利机构通讯录",广东省各市、区、县共有126家公办社会福利机构(不包括"公办民营"福利机构或部分优抚医院、少儿救助保护中心、街道或乡镇敬老院)。在调研范围上,研究者主要尝试从以上126家公办福利机构中抽取,同时基于调研的便利性和对比性,研究者亦调研了个别"公办民营"福利机构、少儿救助保护中心(公办)与乡镇敬老院(集体性质)。在院舍收养的服务内容上,以上单位并无明显差异。本课题调研的思路为:第一阶段,用一年时间摸底,到2016年8月底。第二阶段,开展部分问卷与访谈(截止到2017年5月)。访谈主要针对民政部门领导、行业专家、公办福利机构负责人、部分服务对象;问卷针对福利机构负责人(社工服务管理意识与能力)、社工机构负责人(专业服务质量管理的举措)、社工(开展社工服务的意识、态度、行为)。第三阶段,收集调研单位反馈并撰写研究报告。在调研样本选取方法上,采取两种方式,方法一:横向,尽量选取全部副省级城市、地级市福利院;方法二:纵向,在选取副省级城市、地级市福利院的基础上,选取区级、县级市福利院,最后选取街道(乡镇)敬老院(或者从市级福利院到区级福利院,再到街道福利院)。由于社会工作服务的政策、资金、人力资源主要集中于经济较为发达的城市地区,因此在样本数量选择上,遵从选取大部分地级市福利院,部分区、县级福利院,少量街道(乡镇)福利院(敬老院)。在实际调研开展过程中,课题负责人共走访并调研26家公办福利机构(原定30家)。实际调研范围与调研设计方案的差异在于:地级市福利院未能做到全部抽取,尽管在调研前期,得到广东省民政厅的大力支持,民政厅向省内多家单位发出了协助调研的公函,但实际调研中,部分地级市公办福利机构回绝了调研请求。另外,湛江等粤西地区因公办福利机构社工服务暂处于夭折境地,因此调研未能进行。本调研单位包含一家副省级城市区级福利院,虽然联系到广东省一家乡镇敬老院,但因其项目试点(部、厅、市、县共建)阶段的敏感性与声称北京获取资料的优先性,不愿意接受项目外课题调研。每一次联络与沟通,虽然研究者秉承坦诚态度,花费较大精力用于沟通协调,但因多种原因调研范围相比计划略小,难以与设想中的少部分公办福利机构建立互信合作关系,此乃研究的遗憾之处。在调研方案的落实上,问卷调查与各类访谈基本能按照调研方案进行推进,虽然不同地区公办福利机构的服务对象访谈数量较少,仅有17位(部分机构对服务对象接受访谈存有顾虑),但在一间区级福利院进行了40位老人的问卷调查,服务对象调研方式有变动。

(二)资料处理与研究伦理

对于公办福利机构管理者及部分调研机构服务对象开展问卷调查,进行数据统计与分析,对其中的开放式问题及其答案进行归纳。半结构式访谈是本研究主要的资料收集方式,因此本课题进行了大量而翔实的调研,在每次访谈结束后,为保留资料的准确性与完整性,均在最短时间内进行资料整理并形成电子文档。在批量化调研资料的处理上,采用两种方式处理资料:其一,在单次访谈结束后,第一时间内归纳各调研单位相同访谈问题,进行罗列并分类,类似状况或观点集中于一处,并完善其支撑材料;不同状况或观点单独列出,同样补足支撑材料;其二,半结构访谈中,不同调研单位访谈也涉及了部分未在访谈提纲中呈现的独特问题,本调研予以单独归类并分析,同样保留其访谈原始资料。这种资料处理的方式也有弊端,25家调研单位的调研资料由人工进行分类归纳,难免有主观或遗漏之处。在后续研究中,研究者将尝试使用定量分析软件对数据处理方式进行升级与改善。

在研究伦理的考量上,研究者对调研机构和个人坚持公开、透明原则,阐明研究的名称、目的与研究资料使用去向,并表明研究者所在单位的地址与投诉电话。在调研过程中,对确保接受调研的个人或单位不因参与调研而遭受任何不利影响保持警觉与反思。为保障调研资料的真实、客观,研究者采用了多方会谈资料和个别访谈相结合的方式,以避免单一资料的失真之处。在调研过程中,部分访谈采取焦点小组的形式,院方代表、社工部门负责人及一线社工三方在场,考虑到部分社工担心问题披露或遭遇各方压力而难以真实呈现问题全部,研究者也通过多方联络,对部分福利机构的一线社工进行了一对一式直接访谈,以求呈现调研问题的全貌,部分社工给予研究者相对全面的回馈并提供个人反思,令研究者深感振奋。在服务对象访谈中,文化程度、生理状况、年龄对访谈的深入程度有较大影响。在必要解释的基础上,为保障研究的客观性,研究者尽量不进行诱导式提问,保留服务对象的原始表述。

(三)研究反馈

2017 年 12 月至 2018 年 3 月,本课题汇集前期已发表论文 4 篇,题目分别为:"公私协力"视角下社会工作参与公办福利机构专业服务的形态解析、社会工作环节与公办福利机构服务的关联度、公办福利机构参与公办福利机构的多重路径研究、我国老年社工本科人才培养路径研究。作为研究阶段性成果,将其转发于广州、深圳、粤北、粤西、粤东地区 6 位公办福利机构院长及 5 位社工进行反馈意见收集,部分社工在联络中表示已离职。至今为止,已收到的公办福利机构管理层反馈评价较为积极,认为本研究"真实、符合实际、有启发作用",个别社工补充了自己的感受与心得。

第二章　公私协力:
社会工作参与公办福利机构转型的理论视角

一、"公私协力"理论视角的产生背景

1.近代以来福利供给主体的变迁

近代以来,世界范围内社会福利供给主体经历了三个阶段的变化。以广义的大福利概念来看,首先,政府介入社会福利领域发端于 1601 年的英国,以伊丽莎白济贫法为始,英国社会救助法案几经变革,尽管自由资本主义学派的反对之声于其间从未停歇,但它却具有划时代的意义,确立了院内院外两种救助方式,并以专职人员从事救助工作。1883 年起,伴随工业革命进程和衍生出的社会新需求,德国颁布社会保险三法,再次强化了政府对劳动者的生活保障职责。20 世纪 30 年代,西方资本主义国家经历前所未有的经济危机,为挽救萎靡不振的经济形势,美国罗斯福总统颁布社会保障法,确定了相对完备的社会保障内容,明确现金补助与社会服务两种供给方式,并在世界范围内得到认同和推广。二战结束后,英国国民对国家以慈父角色供给福利的呼声高涨,在贝弗里奇报告的助推下,英国率先在世界上建成了"从摇篮到坟墓"的社会福利国家,二战以后到 20 世纪 70 年代之间,发达国家的经济状况普遍经历了良性发展局面,社会福利水平水涨船高,这标

志着国家在社会福利供给方面的主体地位达到了史无前例的高度。

20世纪70年代,西方国家的经济进入滞胀状态,经济发展放缓,高水平福利难以为继,国家税收收入减少而福利支出却居高不下,有关福利国家的批判之声接踵而来。德国学者弗兰茨-克萨维尔·考夫曼认为,以法定的国家干预为特征的福利国家正面临老化危机,其挑战来源于人口(老龄化)、经济(失业)、社会(非正式部门崛起)、国际(竞争力下降)、文化(公正团结弱化)等。① 七八十年代,英国首相撒切尔夫人和美国里根总统受到以哈耶克为代表的新保守主义思想的影响,主张最大限度发挥市场与私有化的作用,减少国家干预,削减公用事业开支,对国内福利支出形成了抑制作用,这种激进的回归市场的改革导向导致国内民怨沸腾。

20世纪90年代,受社会学家吉登斯思想影响,英国工党领袖布莱尔以"第三条道路"为竞选口号赢得大选。"第三条道路"思想,既不同于自由资本主义的完全放任,也不同于传统社会主义的政府干预或高福利社会,而是主张以"积极福利"取代消极福利,改福利国家为社会投资型国家,通过教育和就业培育公民的责任意识,使他们为社会尽责而不是向社会索取。

回顾社会福利发展史,我们可以看出,西方发达国家社会福利供给主体犹如钟摆,在政府和市场之间左右摆动,两者之间的冲突以当前寻找新的缓冲地带得以消解。这种缓冲地带集结了传统意义上个人、家庭、市场、政府的福利供给,以志愿部门(或称非营利组织、社会组织等)兴起为纽带和契机,当代世界范围内社会福利供给的版图日益完整而多元。

2.福利多元主义

20世纪70年代,福利国家危机重重,西方社会政策学者开始重新思考社会福利的供给主体。1978年英国《沃尔芬德的志愿组织的未来报告》主张把志愿组织也作为社会福利的供给主体之一。进入80年代,罗斯对福利多元主义(Welfare Pluralism)进行了更加清晰的阐释,他认为国家、市场、家庭都要承担起福利供给的责任。任意一方都有不足,也无法承担起福利供给的全部责任,唯有各部门联合起来才能扬长避短,互为补充。罗斯还提出了社会总福利公式:

TWS(社会总福利)=H(家庭福利)+M(市场福利)+S(国家福利)②

---

① 弗兰茨-克萨维尔·考夫曼:《社会福利国家面临的挑战》,商务印书馆2004年版。
② 彭华民等:《西方社会福利理论前沿》,中国社会出版社2012年版,第18页。

罗斯以及后续提出福利三角研究范式的德国学者伊瓦斯都主张由家庭、市场、政府三方共同提供社会福利,三者之间具有互相补充的关系。这种福利三角模式打破了福利国家模式下国家为福利主要供给者的格局,提醒人们关注传统家庭保障和劳动者通过市场交换获得福利在社会福利供给体系中的角色和功能。伊瓦斯很快意识到了福利三角范式的不足,他接着提出了四分法,认为国家、市场、社区和民间社会是福利供给的四个来源,将民间社会纳入社会福利供给渠道之一。同期,另一学者约翰逊也提出,社会福利的四个供给部门为国家、商业部门(市场)、志愿部门(非营利组织等提供的福利)和非正规部门(家庭、邻里等非正式渠道提供的福利),他称自己的理论为混合福利经济理论(mixed economy of welfare)。无论是三分法还是四分法,都在尝试消解过去市场或政府非此即彼的简单二分法,确认福利来源的多元化格局和各方互为补充的关系形态。在福利多元主义理论的影响下,西方国家社会福利改革实践也出现了多渠道并存的趋势,德国、意大利、法国、美国等国家的非营利组织不同程度地得到了政府资助,它们在社会福利供给中扮演了重要甚至是主要角色,有力分担了政府在社会福利供给中的负担和责任。

3.合作主义

合作主义理论产生于西方发达国家,又称为统合主义或法团主义、社团主义。合作主义产生于二战之前,经历了新旧两个不同发展阶段。二战之前的合作主义产生于欧洲及拉美一些威权国家之中,被称为旧合作主义,20世纪六七十年代在西方国家产生的合作主义,强调阶层合作,被称为新合作主义。合作主义对二战以后的瑞典、挪威、荷兰等欧洲国家政治、经济和社会政策产生了重要影响,在多方友好协商的背景中,这些国家各领域出现了相对平稳与团结的局面。合作主义理论的权威学者菲利普·C.施密特认为,合作主义重视政府与社会领域各种力量的对话与协作,而不是单纯强调独立于政府以外的社会领域。[①]

社会福利供给领域合作主义的必要性在"市场失灵""政府失灵""志愿失灵"的论述中得到了充分展示。近代以来,以亚当·斯密为代表的自由放任主义思想在西方国家占据主导地位,自由放任主义经济学家认为,要最大

① 谭磊:《中国城镇社会福利事业社会化转型研究》,华中科技大学出版社 2014 年版,第 24 页。

限度地发挥市场作为看不见的手的调节作用,避免政府对经济、社会各领域的干预,市场具有自动修复功能,会自然实现社会资源的有序、和谐分配,然而 20 世纪 30 年代的经济大危机宣告了市场万能论的破产。以英国经济学家凯恩斯为代表的宏观经济学理论放弃了市场万能论的不切实幻想,面对"市场失灵",主张由政府来干预经济运作,通过不同阶级间的合作以及政府改善劳工福利待遇来振兴低迷的经济状况。20 世纪中叶以后,公共选择学派进入人们的视野,其代表人美国经济学家詹姆斯·N. 布坎南认为,单靠市场经济或单靠国家调控都无法解决资源的有效配置。在特定领域,政府、私人企业、非营利机构、半独立性的政府公司等各类型组织,都可以提供公共服务。过去尽管没有证据证明政府的服务效率和服务质量比其他部门更优,但人们还是过多依赖政府组织。布坎南认为政府在成本约束机制、提升效率的动力、监督不充分等方面存在失灵之处,主张通过改革政府决策过程与规则、倡导公共服务私营化来应对政府失灵现象。[1] 进入 20 世纪 90 年代,西方国家有关非营利组织的研究日臻成熟,美国学者萨拉蒙于 2003 年获得非营利组织和志愿行动研究协会(ARNOVA)颁发的终身成就奖,他通过问卷调查和文献资料提出了"志愿失灵"的观点,该观点认为志愿部门因为资源不足、特殊主义或对象的选择性、家长式作风(基金会)、业余主义(慈善机构)四方面原因出现失灵现象,而这些弱点正好是政府部门的优势,因此可以构筑政府与非营利组织之间的伙伴关系。志愿部门与政府部门互相竞争或彼此取代,都不如二者之间的合作更有意义,伙伴关系是最为明智的折中方案。[2] 纵观不同历史时期的西方国家社会福利供给格局,市场、政府以及非营利组织,都显示了各自的优势,也暴露了其不足。在合作主义的视角下,多元供给方协商合作、互为补充乃是福利供给的可持续发展路径。

---

① 黄小勇:《公共选择学派的政府失灵理论述评》,载《江苏行政学院学报》2002 年第 2 期。

② 莱斯特·M. 萨拉蒙:《公共服务中的伙伴关系——现代福利国家中政府与非营利组织的关系》,商务印书馆 2008 年版。

二、"公私协力"理论视角的文献回顾

1.公私协力模式的内涵、分类与成因

在福利多元主义理论的浪潮中,公私部门合作(Public-Private Sector Partnerships)[①]的观点也在酝酿之中。英国研究者克拉克在 1992 年首次提出公私协力(Public-Private Partnerships,简称 PPP)模式的概念。[②] 继其之后,美国民营化研究大师萨瓦斯(2002)指出,公私合作伙伴关系是政府和社会资本合作的模式,它旨在通过私营部门的介入,为政府引入竞争机制,改善政府运作,进而改善整个社会。[③] 私营部门既包括第二部门(企业),也包括第三部门(非营利组织)。萨瓦斯提出,公私协力模式包括三方面内容:(1)公私正式合作提供公共服务或设施的组织方式;(2)资源与收益共享、责任与风险共担的伙伴关系;(3)充分发挥公私双方专业优势,实现绩效优化的创新途径。其他研究者如 Pollock & Price (2004)认为,公私协力模式是一个基于公共服务条款的国家和私人财团之间关于建成时间、服务期限和具体成本的协议。财团负责融资、设计以及建设(或翻新)公共基础设施或服务项目。政府(或服务用户)提供该财团收入流,用于偿还债务、基金业务及对投资者进行回报。Sawyer(2010)认为公私协力模式是指公共部门与私人部门共同提供基础设施和服务,共同承担投资、风险、责任及共同获取回报。

我国学界也有相关研究探讨"公私协力"模式的内涵。余晖、秦虹(2005)指出,公私合作制即公私协力模式,是指为提供公共服务产品,公共部门与私人部门签订合同,建立起来的一种长期合作伙伴关系。纪彦军(2007)认为公私合作制是项目融资模式的总称,政府与私人部门合作提供公共产品或服务,统称为公私合作,应根据具体项目确定公私协力模式的组织形式。因此,公私合作是一个广义的概念,具有可塑性和创新性。付大学、林芳竹(2015)讨论了公私合作伙伴中"私"的范围,认为公私协力模式中"私"的主体不仅指私人部门,而是包括私人部门在内的非公任何组织。根

---

① 彭华民等:《西方社会福利理论前沿》,中国社会出版社 2012 年版,第 16 页。

② 何寿奎:《公共项目公司伙伴关系合作激励与监管政策研究》,西南财经大学出版社 2010 年版。

③ 萨瓦斯:《民营化与公私协力模式》,中国人民大学出版社 2015 年版。

据是否以营利为目的,又可以分为私营企业和第三部门(非营利组织)。①

鉴于公私协力模式来源于实践,其内涵随着实践的发展而不断深化,不同国际组织、国家组织基于国别、行业、项目以及认识角度的差异,对公私协力模式的定义也不尽相同。联合国开发计划署认为:"公私协力模式是指政府与私人部门形成的合作关系的形式,同时私人部门通过某种形式提供一定投资,因此公私协力模式不包括服务和管理合同,但租赁和特许经营属于其中的形式。"欧盟委员会提出,公私协力模式是政府和社会资本之间的一种合作关系,其目的是提供传统上由股份提供的公共产品或服务(CEC,2003)。美国公私协力模式国家委员会则将公私协力模式定义为:"一种公共部门和以营利为目的的私人部门之间的合约安排,二者在资源共享、风险共担的基础上,共同提供公共基础设施或公共服务产品。"加拿大公私协力委员会提出,公私协力模式是"公共部门与私人部门基于各自的专业知识成立的合营企业,这种专业知识能够合理分配资源、风险和收益,以最大化地满足特定的公共需要"(2001)。2014 年,中国财政部(财金〔2014〕76 号)指出,政府和社会资本合作模式是在基础设施及公共服务领域建立的一种长期合作关系,通常模式是由社会组织承担设计、建设、运营、维护基础设施的大部分工作,并通过"使用者付费"及必要的"政府付费"获得合理投资回报;政府部门负责基础设施及公共服务价格和质量监管,以保证公共利益最大化。

"公私协力"模式分为不同类别,根据其合同范围,有广义、狭义之分。广义的公私协力模式包括公私合作提供公共服务或设施的任何安排,如 BOO(建设—拥有—运营)、CBO(租赁—建设—运营)、TOT(转让—运营—移交)、BOT(建设—运营—移交)、ROT(改建—运营—移交)及特许经营、服务协议等。狭义的公私协力模式则只包括通过合约共同组建公私协力模式项目机构,共同建设运营,提供公共服务或设施这一种形式。② 我国财政部政府和社会资本合作中心按照公私协力模式应用的领域来划分,将其分为经济、社会和政府三类。经济类包括交通运输、市政公用事业、片区开发、节能等领域;

---

① 付大学、林芳竹:《论公司合作伙伴关系(公私协力模式)中"私"的范围》,载《江淮论坛》2015 年第 5 期。

② 何军、戴锦:《公司合作伙伴关系的新进展》,载《福建论坛(人文社会科学版)》2015 年第 5 期。

社会类包括保障性住房、教育、文化卫生等领域;政府类主要服务于司法执法、行政、防务等领域。按照社会资本、特许经营者和项目公司获得收入的方式,公私协力模式项目又可分为使用者付费方式、政府付费方式和可行性缺口补助方式。以社会资本的不同即以与政府合作的私营部门的性质差异来划分,可分为营利性公私协力模式与非营利性公私协力模式。台湾学者王俊元认为,公私协力的实施过程大多以项目制方式呈现,"委托外包在协力治理中仍是主要形式"。[①] 公私协力模式可采取多种形式,在完全公营与完全民营之间的形式都属于公私协力模式的合作形式,具体如表 2-1 所示:

表 2-1 公私合作类型连续体

政府部门	国有企业	服务外包	运营维护外包	合作组织	租赁建设经营	建设转让经营	建设经营转让	外围建设	购买建设经营	建设拥有经营
完全公营—————完全私营										

资料来源:(美)萨瓦斯:《民营化与 PPP 模式:推动政府和社会资本合作》,周志忍等译,中国人民大学出版社 2015 年版,第 241 页。

"公私协力"模式的形成原因。Harvey Brook 等(1984)从改善社会效益的缘由出发,探讨公共和私营部门应以何种角色来开展项目合作,私营部门的参与度保持在何种范围,才能有效地实现效率和公平。彼得斯(2001)在"政府未来的治理模式"中提出了四种模式:"一是市场式政府,强调政府管理的市场化;二是参与式政府,即对政府管理有更多的参与;三是弹性化政府,即认为政府需要更多的灵活性;四是解制型政府,即提出减少政府内部规则。"[②]从政府角色的变迁中,可以洞悉公私协力模式嵌入的巨大空间。登哈特(2004)夫妇认为政府应该发挥服务功能而非"掌舵"功能,应让公民参与政府对公共服务的提供,[③]因此第三部门具有参与公共服务的正当性。奥斯本(2006)等研究者则提出"企业家政

---

① 王俊元:《契约途径下社会服务公私协力运作策略之研究——台湾地区经验与启发》,载《公共行政评论》2011 年第 5 期。

② B.盖伊·彼得斯:《政府未来的治理模式》,中国人民大学出版社 2001 年版。

③ 珍妮特·登哈特、罗伯特·登哈特:《新公共服务:服务,而不是掌舵》,中国人民大学出版社 2004 年版。

府"的概念,认为政府的职能应该是"掌舵"而不是"划桨"。① 我国学者李砚忠则提出了"合作式治理"(2007)的概念,认为政府须扮演另一种角色,要成为民间力量的"合作伙伴",其行动要结合私人、非营利团体,寻求面对各种问题的解决之道。姑且放下政府职能究竟是服务、掌舵抑或是合作伙伴的角色分歧,以上所有有关政府职能转变的研究均指向了其部分权力的让渡,加上"部分私有化"导致混合型公私协力模式企业的产生(Gupta,2005),公私协力模式的推广已水到渠成。另外,公共领域的"市场失灵""志愿失灵"已经表明某一部门的单独运作不足以达到高效高质的公共服务,一种新的机制应当应运而生。公私协力模式的优点,除了项目合同固有的优点外,最重要的是政府可以此来避免资金约束的压力,将政府债务转变为社会债务。Gholamreza Heravi A. M. ASCE 与 Zeinab Hajihosseini (2008)认为在世界各国政府财政资金紧张和基础设施项目运行低效的现实环境下,引入"公私协力"模式对整个项目的策划、执行、监测和控制均为一种提升,由于公私协力模式在运行过程中的具体操作和国别背景不同,运行结果也各有不同。

2.公私协力模式的发展历程与运用

20 世纪 70 年代末以来,行政改革浪潮在全世界范围内兴起,私人融资计划(Private Finance Initiative,简称 PFI)作为先导,由英国提出并在全球得以拓展。公私协力模式,则被看作完全私有化前的一个短暂过渡,它是一种介于国有企业和私有企业之间的形式,然而从 90 年代末开始,该模式逐渐得到承认而具有独立性,政府也力图通过该模式长期保留公共所有权和控制权,作为其保护公众利益的一种手段(Fageda,2009),英国工党政府在其执政初期便实施了价值超过 500 亿美元的公私协力模式合同。放眼欧洲,2004 年欧盟建议在提供公共基础设施时运用不同形式的公私合作伙伴关系(Monteduro,2012)。公私协力模式使用的领域涉及交通运输、公共服务、燃料和能源、公共秩序、环境和卫生、娱乐和文化、教育和国防等。截至2007 年,欧盟签署了 1000 多个公私协力模式合同,资本价值近 200 亿欧元(Blanc-Brude et al,2007)。公私协力模式引导下的项目的高额固定资产对于英国、西班牙、葡萄牙等国已经产生了宏观性和系统性的意义(Blanc-Brude et al. 2009)。20 世纪 90 年代至今,公私协力模式广泛适用于世界各

---

① 戴维·奥斯本、特德·盖布勒:《改革政府:企业家精神如何改革着公共部门》,上海译文出版社 2006 年版。

地(包括中国)的公共管理领域。在大多数国家,公私协力模式运用于基础设施建设领域及公共服务领域。从区域看,欧洲的公私协力模式市场最为发达;从国别看,英、澳、美、西班牙、德、法等发达国家公私协力项目的规模和管理水平较高。目前,已有不少国家对公私协力模式专门立法,比如英、美、法、日、韩、巴西等国家。[①]

自 20 世纪 80 年代以来,公私协作(即公私协力)就以"建设—运营—移交"(BOT)等方式在我国开展,但其着力点在于融资。因其发展的片面性,公私协力模式的规模及质量稳定性有待提升。党的十八届三中全会做出全面深化改革的决定,公私协力模式成为依法治国、转变政府职能、发挥市场在资源配置上的决定性作用的重要方式。2014 年,李克强总理主持召开国务院常务第 66 次会议,明确提出"积极推广公私协力模式",财政部、发改委相继发布配套政策以及法规文件,公私协力模式在我国得以进一步推广。

结合公私协力模式在发达国家的实施经验来看,其应用领域呈现规律性变化:最初的应用集中在经济基础设施领域,包括公路、通信、电力;随后逐步推广到社会基础设施领域,包括医院、学校、政府办公楼、住宅、供水、污水处理、监狱、城市改造等。现在公私协力模式的应用则涵盖了经济、社会基础设施以及基础服务(社区服务、社会福利、安全保障等)领域,[②]基本上遵从了先从基础设施开始,再到社会服务这种推广顺序。

有关公私协力模式在基础设施建设领域的运用(政府和私营部门合作),公私协力模式最初作为一种融资模式而引入。唐兴霖等(2009)基于公共产品理论和政府管制理论,以轨道交通行业为背景,探讨了在我国推行公私协力模式的必要性与可行性。郑晓丹等(2012)在公租房项目中对公私协力模式的资金运作方式进行研究,发现该模式的组织形式较为复杂,参与方较多,合作期限较长,提出了合理确定特许期权、实行监督制度等建议。[③] 陈婉玲(2015)认为,基础设施产业中公私协力模式的健康发展离不开对"由谁监管""监管什么"的反思,她以公私协力模式监管为视角,提出政监分离原则下的

---

① 北京大岳咨询有限责任公司等:《中国公私协力模式示范项目报道》,经济日报出版社 2015 年版。

② 孟艳:《公私合作伙伴关系的全球发展趋势及政策启示》,载《理论学刊》2013 年第 5 期。

③ 郑晓丹、竞峰、李启明:《基于公私协力模式的公租房项目资金运作方式研究》,载《工程管理学报》2012 年第 8 期。

公私协力模式的独立监管框架,认为对公私协力模式的核心监管在于价格、质量与普遍服务控制。[①] 王灿(2015)以公私协力模式在仙塘九华污水处理厂的运用为例,提出了引入第三方机构保证政府、公司双方地位平等;制定科学调价机制、均衡各方利益等建议,以保障公私协力模式的良好运行。[②]

有关公私协力模式在社会福利服务领域的运用(政府与非营利组织合作),该领域以政府与第三部门的合作为主,但也不排除市场元素的积极参与。王俊元(2011)通过研究台湾地区社会服务领域发现,公共部门(政府)在公私协力中较看重信息的流通度和资源的依赖程度,非营利部门较为看重认同(认同在这里指的是公私部门对契约目标、社会公平正义的价值产生了共识)。公、私两部门对契约管理能力(包括定约能力、履约能力及内容妥适性)及绩效都较为重视。[③] 吴振宇(2011)探讨了使用公私协力的方式保障社会救助对象的生存权;方英(2014)虽然并未直接提及"公私协力"的概念,但是她认为,在我国社会福利向"适度普惠型"转变的过程中,提供专业服务的社工机构,其发展方向应是在充分自主性前提下和政府部门形成合作伙伴关系。李月娥、赵立伟(2014)以辽宁社区为例,讨论了公私协力视角下社区医养结合养老模式,提出该模式在医养结合、就近养老、减轻政府财政负担方面的优势,但是也存在医疗水平低、收费较高、政策保障不足、发展受限的不足。田蕴祥(2014)以台湾残疾人就业领域为例,提出公私部门在能力资源上截长补短、兼顾就业的供给与需求层面,有互补型也有补充型与抗衡型的合作形态。赵月娥等(2016)指出了辽宁省慈善超市数量锐减的发展现实,指出其主要原因是行政性过强、缺乏长效发展机制,进而提出公私协作是改善慈善超市发展状况的良好方式,具体做法是选择"市场化为主,救助式为辅"的发展模式,鼓励政府购买服务,并提出政府要强化政策支持,加大监管力度;市场及第三部门参与捐赠及提供志愿服务,协力促进慈善超

---

① 陈婉玲:《基础设施产业公私协力模式独立监管研究》,载《上海财经大学学报》2015年第12期。

② 王灿:《公私协力模式在污水处理领域中的应用——以湘潭九华污水处理厂为例》,湘潭大学,2015。

③ 王俊元:《契约途径下社会服务公私协力运作策略之研究——台湾地区经验与启发》,载《公共行政评论》2011年第5期。

市的发展。[①] 杨璐瑶、张向前（2017）则以公私协力的视角分析了居家养老服务，认为我国当前居家养老服务存在政府购买力不足、法律法规不完善、社会组织自身能力不足、缺乏独立性、老年人和家庭社会对居家养老认识不全面等挑战。

还有研究者总结了公私协力模式在基础设施建设领域和社会福利领域运用的区别，他们认为在基础设施领域运用该模式具有结果易于量化、绩效易于把控、平等对话、直接付费等特点，而社会服务领域的运用则具有不易量化、收效慢、绩效不易把控、平等对话需要时间、间接付费等特点。二者共同点在于与政府部门是合作关系，以项目制为依托，以公开透明的合同为保障。

在其他社会生活领域，周利敏（2009）、邹焕聪（2012）从公私协力视角研究了灾害风险救助中的困境破解以及公私双向合作风险治理模式的建构。章志远、胡磊（2010）则从行政视角出发，认为当前包括"公私协力"模式在内的大量新型行政活动方式，已动摇了行政行为的中心地位，使得传统行政行为遭遇挑战。张豪、张向前（2017）认为日本社会结构中，政府部门、私人企业和社会组织形成了良性互动关系，三方在紧急援救、环境保护、社会福利、社区营造等方面功能互补。

3.公私协力模式的运行机制

公私协力模式运作机制涉及三方参与者：安排者（或提供者）、生产者、消费者。安排者（或提供者）指派生产者给消费者，或者指派消费者选择服务的生产者；生产者组织生产或面向消费者提供服务；消费者直接或间接接受产品或服务。安排者（或提供者）与生产者之间的区别明显且重要，它是政府角色界定的基础。[②] 在萨瓦斯看来，政府是安排者，它付费给作为生产者的私营企业或非营利组织，并对某一产品或服务提出具体要求，私人部门通常仅为生产者，以合同承包、特许经营和接受补助的形式提供服务。[③] 在公共服务领域推行公私伙伴关系，政府公共部门与私营部门是协调合作的

---

① 李月娥、赵肖然：《公私协力视角下慈善超市发展路径选择——基于辽宁省的调查数据》，载《社会保障研究》2016 年第 1 期。

② Vincet ostrom charles tiebout robert warren, The organization of metropolitan areas: a theoretical inquiry, *American Political Science Review*, Vol.55, No.4, 1961, pp.831~842.

③ 萨瓦斯：《民营化与 PPP 模式：推动政府和社会资本合作》，周志忍等译，中国人民大学出版社 2015 年版，第 66 页。

关系,通过合作降低风险和交易成本,实现社会效益。在这种合作中,政府既保留了最终管理者的身份,同时又是运营的委托者,形成了一般意义上的委托代理关系。委托代理对合作双方的要求极高,出于对绩效及最终的利益分配的考量,要求在项目实施过程中进行监督,并贯穿项目的全过程。[①]

公私协力模式下的合同实施需要一组条件:工作任务要清楚地界定,存在潜在的竞争者,已经存在或可以创造并维持一种竞争气氛,政府能够监测承包商的工作绩效,承包的条件和具体要求在合同文本中要有明确规定并能够保证落实。

4.公私协力模式的风险与防范

Lilley、Mick 等(1993)认为"公私协力"模式是在专家的建议下能够规避风险和保障公共利益的模式,其所采取的具体形式由各参与方所承担风险的类别决定。该模式自身的风险规避则由服务推向市场后由私人部门的技术和经验来作保障。Serebrisky 和 Estache(2004)进而提出了公私协力模式的保障因素,认为公私协力项目能否成功,政府政策的稳定性和持续性于其中极为重要,如果政府政策缺乏连贯性,很容易导致公私协力模式项目合同的再谈判或者合同提前终结。Jonathan P. Doh 与 Ravi Ramamurti(2004)通过私营部门投资基础设施的例子指出,私人投资在发展中国家增长迅速,但亦可能对公共服务的稳定性及质量构成较高风险,因此在公私协力的生命周期中,政府要有所为有所不为,为投资者和开发商风险的评估和预警提供策略支持。国内研究者叶晓延等(2010)认为公私协力项目在建设和运营阶段优势明显,但要建立专门监管机构负责监管项目的全过程,同时建立一套监管机制,对监管当局进行职能职责分配。王俊元(2011)研究了契约途径下社会服务公私协力运作策略之研究,提出从三方面提升公私协力治理的质量:加强契约管理能力、强化网络管理、提高公私部门对社会服务工作与公私协力的认同感。和军、戴锦(2015)认为公私协力应进行合理的风险转移和风险分担,将风险转移或分配给更有控制能力或控制风险成本较低的一方,承担的风险程度与风险回报相匹配,承担的风险依据承担能力要设定上限。此外,政府应承担公私协力模式失败时的"兜底"风险。综上所述,为规避公私协力机制的低效或失败风险,需要强化政府对公共服务

[①] 何寿奎:《公共项目公私伙伴关系合作机理与监管政策研究》,西南财经大学出版社2010年版,第51页。

的管理,在政策连贯性、风险评估和预警、监管机制的完善以及提升公私部门对项目的认同感方面予以保障。

5.相关文献评析

作为西方福利多元主义理论的衍生分支,"公私协力"视角自20世纪末期兴起以来,国内外学者就它的内涵、种类与形成原因进行了较为丰富的论证。作为实践指导性较强的理论视角,学者们在聚焦"公私协力"模式在基础设施建设领域运用的同时,也开始论证该视角在基础服务领域的运用。学者们也就"公私协力"模式涉及的主体关系与角色以及其实施条件展开了论述。"公私协力"模式本身即为一种风险化解机制,化解"政府失灵"、"市场失灵"或"志愿失灵"导致的不利后果,然而其实施过程中,因政策稳定性或监督不到位,亦会诱发新的风险危机,因此学术界也对"公私协力"模式蕴含的风险及防范进行了阐述。

结合我国2000年后政府购买社会服务实践的快速推进,"公私协力"模式在社会福利领域的具体运用研究,其数量还比较少,深度还有待强化。目前国内相关研究集中于基础设施、行政、减灾、环保、社区营造等领域,针对社会服务具体领域探讨"公私协力"视角运用的机制、流程等的文献还相对较少,尚不能为社会实践领域"公私协力"视角的运用提供理论解释或支撑。

本研究以我国公办福利机构引入社会工作专业服务为切入点,探讨"公私协力"模式运用的形式(福利供给主体间的关系形态)、具体内容(输送福利服务及评估)以及推广的可行性分析,试图验证"公私协力"视角在我国公办福利机构转型改革中的适用性,丰富"公私协力"视角及其母体福利多元主义理论在社会福利领域的具体运用研究,进而为我国政府购买社会服务实践提供理论解释与指导,提升社会工作专业实务研究的自觉性,有助于公办福利机构的社会化转型。

三、"公私协力"理论视角的适用性分析

回顾20世纪50年代以后我国社会福利事业的发展历程可以看到,不同阶段的福利供给主体经历了从单一国家主体向多元化福利主体的转变。在计划经济时期,我国社会福利领域以政府大包大揽为主要特征,从政策制定、资金供给到运营管理、服务提供等环节均为政府主导,封闭式运作,社会

力量参与渠道极少。进入 2000 年后,传统社会福利运作方式难以为继,在资金及运营管理上全盘包揽的做法让政府不堪重负,同时社会居民多样化的福利需求不断涌现,社会组织的数量不断涌现,在此背景下,我国民政部提出"社会福利社会化",主张投资主体、服务对象、服务方式和服务队伍开始向社会化方向全面转型,由此开启了我国包括公办福利机构在内的社会福利事业的多元化改革路径。

学者伊瓦斯、约翰逊分别对福利多元主义主体进行了三分法或四分法的解析,按照其不同划分方法,我们可以将一个国家和地区的社会福利供给主体分为国家、市场、非营利组织、社区和家庭五个不同维度。在公办福利机构,集中收养的服务对象如老人、孤儿(弃儿)、残疾人等在福利获取渠道方面天然具有弱势性,因此不同福利供给主体在福利输送中的重要性差异较大。具体如表 2-2 所示:

表 2-2   多元福利主体在我国公办福利机构中的差异比较

比较层面	供给主体				
	政　府	社会组织	社　区	市　场	家　庭
功能角色	出资并运营管理,提供基本服务	以项目制或岗位制方式提供社会工作专业服务	提供场地、活动空间或志愿者资源	慈善捐赠或志愿者服务	部分老人、残疾人可获得家庭情感、经济等支持,部分人员则无家庭支持。
优势	资金充足、管理规范、基本生活服务有保障	能以专业化方式回应多样化、个性化需求,灵活程度高	提供正常化生活场景,便于服务对象保持或恢复社会功能,实现社会融入	有助于服务对象通过个人能力或就业实现自立,获取个人尊严	能提供相对完善的情感、经济支持或居家照顾、能力发展,是多数人获取福利供给的主要渠道之一
缺陷	相对保守,对多样化、个性化需求回应不足	项目制或岗位制的稳定性不足,初创阶段专业管理或服务质量或有不足	社区医护或专业服务资源不足,难以满足服务对象个别化、复杂性需求	不利于生理弱势者,老人、残疾人、孤残青少年在市场中的竞争能力不足	公办福利机构中的服务对象存在家庭功能丧失(三无老人、孤残儿童)、弱化(由家庭送养的老人及残疾人)现象

续表

比较层面	供给主体				
	政府	社会组织	社区	市场	家庭
与服务对象的关联度	强	较强（视政府购买服务的稳定性而定）	弱	弱	弱

　　从以上分析可见，在我国公办福利机构中，服务对象对政府和社会组织提供福利服务的依赖程度较高（假设政府购买社会组织服务具有持续性），而对社区、市场、家庭的依赖程度相对较弱，因此福利多元主义在公办福利机构的语境下可以简化为政府与社会组织的二元主体。当前社会组织以项目制或岗位制输出社会工作专业服务，其资源中转平台的角色定位也决定了它具有整合市场、社区或家庭等其他非主要福利供给渠道的能力。在福利多元主义与合作主义的理论背景中，本研究有异于福利输送的三分法（家庭、市场、国家）或四分法（国家、市场、非营利组织、家庭），而认为"公私协力"的二分视角对公办福利机构的福利输送格局具有更强的解释力度，实例如图 2-1 所示。

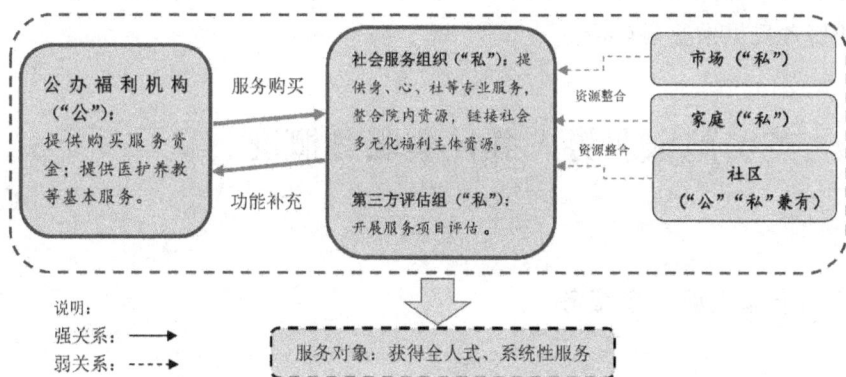

图 2-1　公私协力视角下公办福利机构福利输送结构图

第三章　他山之石：
弱势群体社会服务的境外经验与借鉴

在我国公办福利机构中，社会工作等专业人员主要服务院舍中无生活来源、无劳动能力、无法定抚养义务人（简称"三无"）的老人、残障人员以及孤残儿童，此外还包括有院舍照顾需求的普通老人与残障人士，部分地区还将事实上无人照料的社区儿童纳入服务对象范畴。基于院舍环境下社会工作专业服务对象，本研究广泛查阅英美等发达国家与地区相关人群社会服务资料，试图丰富本研究的境外视角，为我国公办福利机构发展社会工作专业服务提供借鉴与启示。

一、英美国家弱势人群社会服务概况

（一）老年人群社会服务

在美国，社区照顾和居家养老是养老方式的首选，机构养老也是不可或缺的组成部分。当老人生活无法自理时，入住照顾中心或老年中心成为可行性选择之一。成人日间照顾中心（The Adult Day-Care Center）在美国日益增多，该中心接收任何有照顾需求的成年人，例如身体虚弱或不能自理、神经系统受损（如阿尔茨海默病、帕金森症或中风等）等，老人包括于其中。

成人日间照顾中心提供涵盖健康、营养和社会服务在内的全面性支持与监护服务,并对有特殊需求的个体提供特别照料,缓解家属照料负担。在全美有3000多间成人日间照顾中心。成人日间照顾中心主要为非营利性质,通常和大型养老院、医院、宗教团体以及多功能老年活动中心连接在一起。除接收身体失能老人以外,成人日间照顾中心也接收50岁以上低龄老人以及身体、智力状况良好的老人,他们在照顾中心参加丰富多彩的活动,例如打牌、钢琴演奏、打保龄球、学习园艺厨艺等。与家庭相比,成人日间照顾中心为老人提供了一个社交场所以及专业化的照料保障(如医疗、热食、生活照顾等)。成人日间照顾中心提供了具有包容性的场所,在这里,各类老人(尤其是身体、认知受损者)均能与日常生活现实保持充分接触,有助于保持其社会参与能力。在运营费用方面,成人照顾中心受到美国政府医疗补助计划的资助。面向老人收取的托养费用,也会根据托养人员的经济能力进行动态调整。①

在美国,社会工作专业服务在成人日间照顾中心或医院、养老院中较为普遍。社会工作者的专业功能主要体现在以下方面:一是参与老人生活安置。当有的老人因治疗结束离开医院时,家庭成员对于是否入住养老院或如何安置老人存有异议时,可邀请有资质的第三方参与做出判断,例如驻院社会工作者、医生、神职人员、老年健康顾问等专业人士都是合适的选择。二是协助院舍生活适应。在老人入住照顾中心或养老院的过程中,有了专业社工的帮助,老人或家属就无须独自面对新环境中的一切挑战,社会工作者在协助老人适应院舍管理制度或申请费用资助等方面拥有丰富经验。三是协助老人家属缓解担忧、焦虑的情绪或处理老人离世后的悲伤情绪。在老人罹患重病或离世时,家属或照顾者可寻求社工的专业协助,以恢复情绪平稳。

在美国成人日间照顾中心,每位托养人员均有适应其自身需求的服务计划,其家属定期受邀参与托养人员需求及服务调整会议。家属对老人社会需求的满足较为重视,例如他们会要求中心提供活动日程表,并监督各项活动是否如期进行,老人是否参加以及兴趣如何,老人是否坐在一起并有交流,还会考察照顾中心是否有自由探视时间以保障老人的社会和情感需要,

① Claire Berman,*Caring for yourself while caring for your parents:How to help, how to survive*,Henry Holt and Company,New York,1996,pp.56~62.

托养人员是否允许短暂离开中心（例如外出探访家人），对托养人员或家属而言，是否可接受到社会工作专业服务等。① 从家属到院方管理者，对老人综合性需求的共同重视能保障托养老人得到较为规范和合理的院舍服务。

随着老龄化社会的到来，美国成人日间照顾中心、养老院等也面临资源紧缺的难题，老人及家属需要具备足够的耐心与各类照顾机构进行多方联络并进行持续性轮候。由于美国政府财政预算削减和机构减员的缘故，大多数照顾机构的服务人员数量较为欠缺，即使在服务最具善意（well-intentioned）的托养机构，社会工作者、护士也只能对托养老人提供最基本的服务，满足其最基本需求。② 鉴于此，老人及家属在选择养老机构时，通常会观察该机构的人员数量是否充足，以判断其提供的院舍服务质量是否良好，进而做出抉择。

(二)儿童人群社会服务

在美国，部分儿童面临无家可归的困境，其原因多为未婚妈妈、父母失业、吸毒酗酒犯罪等导致的家庭贫穷以及家庭关系失和等。一些父母因社区中存在枪击、毒品交易等犯罪行为而选择搬迁来保护子女，但是无法找到合适的居所也导致了儿童无家可归的现象。因相关法律和社会福利制度相对完善，儿童被遗弃的现象在美国并不常见。大多数无家可归的儿童会延续居无定所的状态长达一年以上。美国针对无家可归儿童的救助，通常有两类方式：一类是家庭领取救济金，家庭成员共同生活于政府或社会组织安置的临时处所；另一类是儿童在政府机构和社会组织的协助下，被其他家庭合法收养。

针对第一类方式，无家可归的儿童及其家庭通常有三种安置场所。

第一种为福利旅馆（welfare hotels），这些旅馆为私人性质，收费高昂但生活条件较差。政府为无家可归的家庭支付房费并向他们支付救助金。

第二种为政府利用废弃的学校或礼堂等搭建的庇护所（barracks-style shelters），几十位甚至几百位接受救济的人员如同置身军营，他们互相挨挤

①　Claire Berman, *Caring for yourself while caring for your parents: How to help, how to survive*, Henry Holt and Company, New York, 1996, pp.56~62.

②　Claire Berman, *Caring for yourself while caring for your parents: How to help, how to survive*, Henry Holt and Company, New York, 1996, pp.56~62.

休息,食用品质较差的免费食物。不同身份的人员在庇护所中可暂住的时间不同,有孩子的家庭可居住一周。在政府资助的福利旅馆和各式庇护所中,受助者可居住 13~16 个月。如果政府福利部门的登记资料显示家庭成员仅为儿童及其母亲,则该家庭能得到更多的政府救济金。儿童的父亲未被登记为家庭一员,则不能在安置场所生活。如果父亲为无家可归的儿童支付抚养费用,则被允许在安置场所中探视自己的孩子。

第三种为非营利组织提供的安置场所,如救世军、红十字会组织等提供的家庭式庇护所(family-style shelters),这种安置方式在三种安置场所中条件最好,更为安全和舒适,能较好地顾及救助家庭的隐私需求,并提供卫生清洁的生活环境以及医疗、教育、就业和心理咨询服务,帮助受助家庭重建自己的生活。当受助家庭搬出家庭式庇护所,社会工作者会持续跟进协助其解决各种困难。为满足日益增长的无家可归儿童及其家庭居住需要,一些非营利组织设计出了创新性办法,例如鼓励这些家庭及儿童参与房屋修缮和日常管理与服务。大家各有分工,各尽其能,在自我服务的同时,建立起对自己和社区的自豪感。在纽约,建立于 1986 年的"无家可归者之家"(Home for homeless,简称 HFH)组织,截至 20 世纪末已经服务了将近两万名儿童,从婴儿到青少年,日常约有 500 名六岁以下儿童生活于其中。HFH 组织的资助者发起了专项教育计划,鼓励无家可归的儿童和其父母共同参与教育活动,在活动中激发父母对子女教育的重视程度。[①] 相对于政府安置的前两种方式,非营利组织提供的服务较为专业、新颖和人性化。然而,非营利组织提供的优质服务资源通常较为紧缺。

除以上三种方式外,美国部分无家可归的儿童及其家庭选择在亲戚家暂居或长期居住在野外帐篷或汽车里,生活环境十分恶劣。

针对第二类方式,1980 年,美国国会通过了儿童福利法,提出如果孩子受到极端威胁,可以将他们从家庭中带走。在儿童心理学家和社会工作者看来,最好的方法是让儿童和自己的父母生活在一起。从熟悉的环境中被带走,对儿童而言是一种不利的做法,因此社工会优先通过对父母的辅导化解家庭问题,但是如果儿童面临严重的被虐待或疏于照料的情形,社工将向福利部门提议将儿童从原生家庭中带走,送至政府运营的收养中心。在收养中心,工作人员会对有收养意愿的家庭进行评估和培训,确保他们对领养

---

① Eleanor H. Ayer, *Homeless Children*, Lucent Books, Inc, New York, 1997, p.70.

孩子有合适的条件和充分的认识。在收养家庭中,父母不仅要保障孩子的生理健康,还需在孩子的情绪引导、心理健康等方面给予足够的耐心与理性引导。大多数被收养儿童的生活到此阶段已经稳定下来,然而还有部分儿童会重返原生家庭。一些未成年妈妈无力抚养孩子而把孩子交由收养中心,等到她们有足够能力养育孩子的时候,可以索回孩子的抚养权。20 世纪末,美国有 50 万儿童生活在收养家庭中或在收养中心等待被收养。①

在英国,以照管儿童服务为例,根据英国 1995 年儿童保护法案,照管儿童是指被原有家庭忽视或出现身体、精神虐待,父母滥用权利或缺乏照料技巧而无能力照料孩子,或者儿童残疾状况复杂而需要入读特殊寄宿学校,或者部分儿童为非法贩卖,出于照料、保护或保障福利等原因,交由地方当局照料。对于照管儿童,英国社会工作服务的八个阶段依次是:决定照管小孩的需要,寻找初次安置地点;制订儿童照料计划;安置地服务执行(与小孩接触,保持与其家庭的联络);终止服务(儿童回归家庭或被收养或成年);寻找后续安置地点(为适应部分小孩的需求,从原计划安置地或紧急安置地转移);儿童安置后 28 天内需要进行第一次服务检视,前三个月进行第二次检视,随后 6 个月再进行一次反思会;一些照管小孩必须要经过法律程序(1989 年儿童法案第 31 款),社工需要和地方法律部门进行沟通协作;转向离别服务。在 16 岁生日到来之前,一些孩子将会被转移到其他组别,在那里,他们的需要会再次被评估。② 英国国家反儿童暴力协会(NSPCC)和儿童权利协会与社工之间建立了广泛交流,并在信息上给予社工大量援助。

英国也为残障儿童家庭提供喘息服务(disabled children accessing short breaks)。根据英国 1989 年儿童法案,残疾儿童及其家庭可以获得包括喘息服务在内的一系列服务。喘息服务的具体形式有日托、夜托、晚托或者周末托管。地点可以是儿童所在家庭,也可是经授权的照管者的家庭或者社区照顾基地(根据 2008 年英国儿童、学校家庭部规定),其主要目的是让残疾儿童在离开主要照料者的环境下,也能得到愉快的生活体验,同时让家庭与父母得到宝贵的休息时间。不足之处是,获取各类服务均需要家庭接受各类专家评估,家庭可能会遭受评估疲劳。因为大量机构不同专家所

---

① Eleanor H. Ayer, *Homeless Children*, Lucent Books, Inc, New York, 1997, pp.14~20.

② Eleanor H. Ayer, *Homeless Children*, Lucent Books, Inc, New York, 1997, p.31.

作的评估是多重性的、细节性的，会给家庭带来不必要的困扰。①

英国儿童社会工作服务的基本类别分为个案管理服务和附加服务两种。个案管理服务（case management activities，或称 ongoing support）是直接服务于儿童及其家庭的需求，包括评估需求、制订服务计划和检视、与其他管理与专业人员共同为家庭和儿童提供支持。附加服务（additional services）是指帮助儿童及其家庭加入小组、亲子课堂或回应儿童需求的会议。②

（三）残障人群社会服务（以精神残障者为例）

公元 8 世纪的开罗、巴格达等地已出现了为精神疾病患者（mental disabilities）建立的庇护所。进入中世纪，多个欧洲国家建立了精神疾病治疗医院。在 19 世纪的美国，多个州也建立起了精神疾病治疗所，因收治人数众多已拥挤不堪。这种以机构化方式安置残障者的做法在当时被种族优化运动（the eugenics movement）推波助澜。这种狂热的种族运动主张隔离残障者并阻止其生育。进入 20 世纪，机构化安置方式在美国继续推行，但出现了多起骇人听闻的虐待残障者事件，例如在纽约 Willow Brook，曾被披露利用机构中的精神残障者进行肝炎实验的丑闻。

20 世纪中期以后，美国研究者和实践者逐渐认识到，回归社区有利于残疾者的社会融入。庇护所、护理院和特殊学校等专门收养、照顾机构，则被视为对残障者的公开排斥。60 年代后，美国公共政策和一些法院判决开始对机构中的精神残疾者赋予更多的社会权利，引导机构改善残障者的生活条件，同时倡导机构小型化，在增加社区服务的基础上鼓励精神残障者于社区环境中生活。这些有益倡导得到自立生活运动（the independent living movement）的极大推动。独立生活运动于 1960 年后在加利福亚州伯克利等地兴起，通过建立帮助残障者回归社区的自立生活中心（ the Center

---

① Lisa Holmes，Samantha McDermid，*Understanding Costs and Outcomes in Child Welfare Services：A Comprehension Costing Approach to Managing Your Resources*，Jessica Kingsley Publishers，London，UK，2012，p.42.

② Lisa Holmes，Samantha McDermid，*Understanding Costs and Outcomes in Child Welfare Services：A Comprehension Costing Approach to Managing Your Resources*，Jessica Kingsley Publishers，London，UK，2012，p.35.

for Independent Living,简称 CIL），①为残障者提供资源链接、同辈支持和个人生活技能训练等援助，并进行政策倡导。受 CIL 的影响，1978 年美国国会修正了复健法案（the Rehabilitation Act），为残障者独立生活提供全方位的服务。1999 年美国最高法院文件（The Olmstead Supreme Court Decision）中，也确认了残障者拥有生活于最小限制的环境中的权利，并提出，如果治疗专家认为某精神疾病患者适宜在社区生活，则各州必须将该患者安置于社区，相关个人和社区不得提出反对意见。美国最高法院作出的决定，其核心在于认可残障者不必再被移交至护理院、精神病医院以及类似的机构。部分联邦法律也开始着手支持家庭和社区服务的扩展，部分长期照料费用得到美国公共医疗补助制度（the Medicaid）的资助。过去几十年的数据显示，美国机构收养的残障者数量持续下降，1955 年，精神病治疗所收养人员接近 56 万人，1975 年为 36 万人。80 年代中期，国家和各州建立的精神疾病医院收养人数为 11 万人，在 2000 年，这一人数降为 4.9 万。目前，美国成年残障者中，仅有 6% 仍居住于托养机构之中，其中大部分是认知障碍者和行动困难者。②

二、英美国家弱势人群社会服务的特征

（一）完善的社会保障制度是弱势群体福利供给的基础

在现代国家中，社会保障制度是确保有需要的社会成员通过个人和社会物质、服务援助满足自身生活需要的前提和保障。体系完善、水平较高的社会保障体系能够预防贫困、失业、流浪等不良社会问题，并能够确保和提高弱势群体的现有生活质量。发达国家和地区，不论是重视市场经济与社会整合的西方国家，还是注重家庭伦理与代际抚养的东方社会，对待弱势群

① 在 CIL 运动伊始，带有排斥机构收养的激进主义色彩，从 20 世纪末期其在欧洲的发展任务来看，CIL 已认可机构收养是残障者生活可供选择的渠道之一，并协助残障者了解多样化收养机构以便于选择。

② Lisa Schur, Douglas Kruse, Peter Blank, *People with Disabilities: Sidelined or Mainstreamed?* Cambridge University Press, New York,2013,pp.121～126.

体的福利照顾，在人道主义理念指引下，都表现出温情慷慨的一面。

美国政府针对弱势群体的救助项目主要有：提供最低生活保障；实施社会保险；免费技能培训和职业介绍；公共工程项目岗位救济以及专项救助，专项救助包括政府出资提供住房、医疗、能源等救助，还针对不同人群设立专门救助，例如贫困儿童免费入学，免费享受校车、用餐，免费享受医疗；为无家可归者、精神病人设立避难所和康复中心等。以儿童服务为例，美国农业部的 WIC 计划（妇女、婴儿和儿童）为无家可归的儿童提供营养食物，健康和人类服务部（HHS）为无家可归的学前儿童提供援助，而学龄期无家可归的儿童和青少年则受益于国家教育部和州政府提供的免费教育服务计划。此外，HHS 提供多个专项服务为无家可归、离家出走或酗酒、药物滥用的青少年提供健康照料、生活技能培训、教育和工作技能辅导服务，目的是帮助他们实现自立，避免福利依赖。政府还设立有无家可归者整合委员会，也将部分青少年生活的家庭纳入其援助范围。英国通过社会救助制度与津贴制度向弱势群体提供援助，津贴的种类既有针对特殊人群的生活津贴，也有覆盖人群范围较为广泛的教育、住房津贴，带有临时救助的特性。

(二)成熟的非营利组织是弱势群体福利供给的重要力量

相比政府机构，发达国家的非营利组织具有以下优势：(1)非营利组织能针对受助者状况采用个别式援助手段，而政府难以实现，政府一般提供现金和实物援助以及无差别化服务，较少考虑受助者的差别化需求。(2)非营利组织能避免政府救助的官僚化，申请相对简便，资金使用效率较高。1965年美国 70%的反贫困资金能直接用于穷人身上，而 20 世纪末 70%的资金则用在政府官僚体系以及服务人员身上。超过 40%的生活于贫困线以下的美国家庭得不到援助，而通过贫困线审核的一半以上家庭并不是真正的穷人。政府的福利项目具有行政独裁性，可能并不适合每个受助者的个人状况，而非营利组织能更好地瞄准那些真正有需要的受助者。(3)相对于政府救助滋生长期依赖的负面影响，非营利组织通常在短期紧急救援上发挥作用，避免了长期依赖现象。(4)非营利组织成果产出更多，它们在做一些政府少有涉及的工作，例如听取民众意见、举办各种活动增进大众对社会问题的理解、研究社会问题的产生原因和解决办法、传播服务评估等相关知识等,并不是简单着眼于当前的受助者。[①] 非营利组织做这些工作,不需要征税,也不需要选举,过程相对高效简洁。(5)非营利组织对资助者和受助者采取不同于政府的态度。以慈善捐助为例,对受助者,私人慈善有所期待,西方研究者认为没有任何期待的援助有损于受助者的自我价值感,必须让个人意识到必须工作实现自立才对得起帮助他的人,私人慈善也要求资助者参加进来,以个人方便的时间、精力和资金来决定参与方式。私人慈善在施与者和受助者之间建立了一种"道德纽带",政府救助却未能做到这一点,捐赠者(纳税人)憎恨自己的非自愿性捐助,而受助者毫无谢意,总认为自己得到的还不够。[②]

尽管非营利组织具备诸多独特优势,但这并不意味着它能取代政府机构的作用。政府部门具有推行公共政策的相应组织体系和资源体系,可以设定公共利益实现的优先权,也能设计恰当的服务项目服务弱势人群。因此,在弱势人群服务领域,非营利组织与政府"既有紧张冲突的时刻,也有并驾齐驱的时刻,或者可以用爱恨关系(love-hate relationship)来描述,它们从事相似的事业,却如同竞争者,每方都有不同的工作习惯和竞争优势,每方都试图在社会影响力和服务市场中保持和扩大自己的份额"。[③]

(三)社会工作专业服务是弱势群体权益保障的重要支撑

特殊人群的需求回应,起始于针对弱势群体的精准需求定位。2009年,英国儿童、学校与家庭部(2007年成立)在儿童需求普查中确认了八类儿童的特殊需求:儿童虐待及忽视、儿童残疾或疾病、父母残疾或疾病、极度贫困家庭、低收入家庭、家庭功能障碍、具有社会不接纳行为的儿童、父母缺位家庭。然而,包括社工在内的儿童专业服务人员对此需求分类保持沉默,他们认为确认儿童某些类别的需求是困难的,每一例儿童需求都应当被评估,并得到个别化支持。服务供给应当建立在每个儿童的独特需求之上,一

---

① Diana Leat, *Philanthropic Foundations, Public Good and Public Policy*, Macmilan Publishers Ltd. London,2016,p.104.

② Laura K. , Egendorf, *Poverty:Opposing Viewpoints*, Greenhaven Press,Inc. ,San Diego,California,1999,pp.166～169.

③ Diana Leat, *Philanthropic Foundations, Public Good and Public Policy*, Macmilan Publishers Ltd. London,2016,p.150.

刀切的做法并不可取。[①]　然而在实践中,政府对弱势儿童的资源投入必须依据儿童的需求类别与需求程度而做出,通常需求类别越多与需求程度越高的儿童,社工投入的直接服务成本越多。

特殊群体的形象建构与充权增能贯穿于社会工作专业服务的全过程。从 19 世纪开始,西方社会中老人的社会地位不断下降,生理机能的老化被部分人认为是生活走向毁灭的过程。社会偏见的存在使得一些老年照顾者认为老人能力不如青壮年,在服务中将其视作婴儿,认为他们是依赖性和脆弱性的个体而无视其自主权。社会工作者则采取不同的服务理念,他们认为老年(old age)是被年龄歧视者以社会化方式建构起来的词语,这种植根于日常生活中的惯性思维及实践,其实质是对老人的权利剥夺。如果缺乏反思,社工对老年人生活服务的介入,很可能是在维持甚至是复制年龄歧视的刻板印象,认为老人能力有限以至于不能自己做出决定而需要专业人员干预。很多老人通过志愿服务或照料子孙还在为社会做出新的贡献,我们需要去欣赏他们的能力而非歧视。社工的重要职责是挑战针对老人的刻板印象,包括其他任何形式与年龄、性别、种族、残疾有关的压迫与歧视,在服务中应该确认其公民权利是否得到保障。[②]

社工在儿童服务中也扮演着重新建构与充权的角色。日常生活中,成人所拥有的权利关系建构了儿童的依赖身份,这种建构否认了儿童在解决他们受虐问题中的声音和贡献。英国儿童分离关怀法案(the Leaving Care Act,2000)要求社工为有服务需求的儿童拟订有关其福利和发展的长期服务计划,在此过程中,必须培养青少年的多样化能力,使其具备充分参与的意识、能力与相应行动,因为这种参与涉及塑造儿童及青少年的未来生活。社会工作者被赋予道德和伦理上的责任去促进社会变迁。在社会层面,社会工作者影响社会文化、价值观以及政治、经济、宗教等社会制度去促进人的尊严、平等、福利的实现,为案主争取需求导向的制度型福利,而不是污名化的剩余型福利,因此需要挑战现存占支配地位的话语权,进行公民教育。

---

　　①　Lisa Holmes, Samantha Mcdermid, *Understanding Costs and Outcomes in Child Welfare Services:A Comprehension Costing Approach to Managing Your Resources*. Jessica Kingsley Publishers,London,UK,2012,pp.118~120.

　　②　Lena Dominelli, *Social Work:Theory and Practice for a Changing Profession*, Polity Press,UK&USA,2004,p.159.

(四)社区照顾是弱势群体福利供给的主要渠道

近代以来,伴随工业化导致的家庭小型化趋势,西方福利国家开始兴办大型福利机构,将孤儿、精神病人、失依老人等弱势群体集中到各类福利院中实施照料。从 20 世纪 50 年代开始,这些国家开始关注院舍照顾产生的一些不良后果,例如特殊化的环境不利于儿童心理健康,工作人员对服务对象态度不佳、机构官僚化倾向等,这些院舍照顾问题开始驱使人们去探索新的照顾模式,即社区照顾模式。英国学者沃克(A. Walker)将社区照顾模式分为"社区内照顾""由社区照顾""与社区一起照顾"三类,其主旨是让服务对象在家庭或社区中享受多元化照料,维持正常生活。社区照顾强调服务对象的社区融入,其主要形式包括:鼓励弱势群体回归家庭,并辅之以社区支援服务,如兴建社区服务设施、对行动不便者提供上门服务等形式满足其康复等实际需要;将社区的大型机构改造为小型机构;将远离市区的机构回迁至社区,使服务对象接触社区,恢复或建构其社会支持网络等。这些社区照顾方式逐渐取代院舍照顾,成为发达国家或地区提供服务照料的主要渠道。

在英国,社区照顾主体由管理人员、关键工作员和照顾人员组成。管理人员对社区照顾工作负全责,资金分配、人员聘用与工作监督皆由其负责;关键工作员是接受委派对更小区域内弱势群体进行照顾的主要责任者,负责津贴发放和掌握服务对象需求与解决其问题;照顾人员是被政府雇佣直接从事日常生活服务的人,可能是服务对象的亲属或邻居,非全职但享受政府的服务补贴,这体现了政府对非正式照顾体系的认可与鼓励。①

---

① 易松国:《社会福利社会化的理论与实践》,中国社会科学出版社 2006 年版,第 47~48 页。

三、英美国家弱势人群社会服务的不足

(一)社区服务资源难以满足需求

以美国精神残障人士为例,他们从治疗机构重返社区生活仍面临各式阻碍。20世纪50年代兴起的"去机构化"潮流并不意味着社区支援同步增多,因此不少精神疾病患者因社区资源不足而最终成为无家可归者,流浪街头或入住监狱。社区资源不足体现为:(1)社区个案管理资源缺乏,难以进行个别化跟进。(2)家属照顾精神病患者缺乏外界支持,患者的复杂症状导致家庭关系破裂,从而令其失去来自家属的经济和情感支持。(3)政府福利津贴不足,患病严重的精神病人只能从政府提供的住房或其他需求补贴中进行选择,自身需求无法全部得到满足。(4)院外病人服务机构,工作人员被行政事务束缚于办公桌前,不能提供外展服务(如帮助精神疾病患者申请SSI津贴、戒毒服务、工作训练以及其他生活自理能力恢复训练等)。除社区资源不足外,导致精神残障人士流落街头的其他原因还有医院治疗和院外病人中间存在真空地带,医院治疗通常时间较短,出院后病人因政策所限难以再次返院,因而导致疾病有恶化风险,而社区医疗服务缺乏必要的跟进与支持。

社区资源不足造成的后果是显而易见的。美国75万～200万无家可归的人群中,大概有20万人患有精神疾病,这些人和贫困、被忽视、吸毒联系在一起。街头精神疾病患者由于身体和情绪不稳定,毒品滥用风险高,这使得他们难以获取专业机构的服务,就业也更加困难。流落街头的时间越长,回归社会就越困难。2003年美国看守所及监狱关押人员中,约有30万人患有严重精神疾病,这一数据远超过精神疾病医院收治人员。在过去的30年中,精神疾病医院在关闭,而国家的监狱系统却扩张了四倍。[①] 人们普遍认为使用监狱的震慑力量对精神病患者是无效的,而且事与愿违、干预临

---

① Lisa Schur, Douglas Kruse, Peter Blank, *People with Disabilities: Sidelined or Mainstreamed?* Cambridge University Press, New York, 2013, pp.121~126.

床治疗、违背司法常理,然而却无力改变现状,这一现状在当前仍大范围存在。不少城市的警察都了解医院不接收某些类别的精神疾病患者,于是只好把他们带回监狱。睡在公共场合、在商店顺手牵羊、街头大小便或者就是一些看似疯狂的动作,也足以让精神疾病患者被监狱收押。人们在精神疾病医院外赢得的自由,又在监狱中失去了。由于监狱不存在精神疾病治疗服务,因此病人发病率较高,发病周期延长,被监狱收押也令他们失去了医疗补助(Medicaid)和 SSI 津贴,监禁的结果是精神疾病患者比以前更贫困、更脆弱。监禁也无法使他们出狱后与社会重新建立联结。出狱后无家可归,没有医疗或福利津贴,也没有地址或电话可以联系上医疗机构或者其他专业机构,这意味着生活会进一步恶化,他们或许仍将再次"违法"入狱。

(二)专业服务面临官僚化和文牍主义的质疑

不少学者对社工服务的官僚化、工作记录的程度以及儿童服务人员中的新公共管理主义影响提出批评。他们认为,为了提供服务证据,社工及其他专业人员创造了一种文牍主义文化,过于依赖程式化目标。因此,有必要保证社工承担收集证据的同时,能保障服务儿童及其家庭不会受到干扰。有观点认为,由一线社工而非服务经理在管理信息系统中记录自己服务的数据,有利于改善以后的一线服务,如果采用地方政府雇员去收集数据,则会造成记录数据者和使用数据者的分裂。这种证据为本的组织化氛围,有助于社工使用数据去倡导服务提供方式的改善,并优化自身的服务。然而,Moor 和 Ward(2005)也观察到:"确实有不少信息系统设计出来仅是为了记录和存储之用,其进一步推进地方政府和社工服务不断改进决策、精细化满足不同类需求的功能被忽略。"①

四、英美经验对我国社会福利服务的启示

首先,引入社会组织力量参与弱势群体福利供给体系。近年来,我国各

---

① Lisa Holmes and Samantha McDermid, *Understanding Costs and Outcomes in Child Welfare Service: A Comprehensive Costing Approach to Managing Your Resource*, Jessica Kingsley Publishers, London, UK, 2012, p.178.

类社会组织数量增长迅速，截至 2018 年底，全国民政部门共登记社会组织（含社会团体、民办非企业单位、基金会）接近 80 万家。① 在北京、上海、广东等地，社会组织因政府各类扶持性政策而成长快速，政府购买社会组织服务成为常规化举措。从各地试点情况来说，社会组织参与弱势群体福利供给已经取得了较好口碑。由于我国地区差异较大，各地社会组织发展状况不同，需要在各地政府落实扶持和监管政策的基础上，鼓励各类社会组织探索适合本地区资源状况和实际需求的发展模式。受传统思想和经济水平影响，社会捐赠尚未成为我国普通公民的惯常做法，亦需要广泛宣传和落实相关法规，来动员和吸引更多人群参与公益事业捐赠，从而多渠道拓展社会组织的资金来源，确保其稳定发展。

其次，引入专业力量参与公办福利机构院舍服务。以精神残障为例，当精神残障者疾病严重至生活不能自理或对自己、他人的人身安全产生威胁时，需要入住专科医院进行持续性、规范性治疗。此类精神康复医院一般出于人员安全和管理便利的双重需要，实行封闭式管理，收治人员与外界接触机会相对较少。部分收治人员因各种原因难以返家而滞留医院，导致医院由治疗功能扩展至安养功能。精神残障者因长期缺乏与外界接触和正常互动，社会功能日益退化，回归社会愈发困难。儿童、老年福利机构亦面临类似情形。在我国传统模式沿袭至今的社会福利机构中，服务层次还局限于衣、食、住、医等基本生活照顾的满足，服务对象的心理调适需要、社会交往需要、文化教育需要、就业技能培训等尚未得到有效关注。服务供给的低层次性影响了生理性弱势群体的赋权与增能，使得他们难以实现自助与自立。研究者认为，社会福利机构需要广泛开展与专业力量的合作，通过个案跟进、小组辅导或社区活动等专业手段提升院舍服务的层次与水准，着眼于服务对象能力提升与社会融入。社会工作者链接志愿者、家属、社区等情感慰藉、康乐社交等资源，使得院舍服务对象有机会、有能力保持与社会的正常链接。针对成长或康复状况良好的孤残青年、各类精残者等服务对象，社会工作者可以整合政府资源与社会资源，对其进行职业技能训练与就业岗位链接，促使其通过就业实现自立以及与社会的融合。

再次，社会组织和专业力量需要遵循有序而理性的发展路径。对于社

---

① 见《我国社会组织登记数量已超过 80 万家》，http://www.xinhuanet.com/politics/2019－01/03/c_1123944315.htm，2019 年 1 月 3 日。

会工作行业来说,需要认清"唯指标化"以及文牍主义的弊端,平衡社工专业服务的数量与产出成效。随着我国政府购买社会服务的规模不断扩大,社会工作者广泛参与到社会福利服务供给之中。在服务评标以及评估过程中,"唯指标化"一度成为社会工作专业领域探讨的焦点话题。在政府采购部门对量化指标设置缺乏理性经验之初,部分社工机构为获得服务项目随意提高工作时数,增加社会工作者的服务量,与此同时,社会工作行业又面临人员流动率高、人手不足的现实难题,繁重的指标任务给有限的社会工作从业者造成了巨大压力。为完成工作时数,社工加班加点、求量不求质的现象不同程度地存在。

另外,国内社会服务评估机构较为关注社会工作专业服务逻辑思路是否严密。从服务需求调研服务目标拟定、服务计划设置、服务执行、成效评估等各环节均要求有高度的呼应性。在评估环节,要求使用各类专业量表、前后测量、基线测量等科学化定量工具来对服务需求及成效进行收集。这种证据为本的专业服务流程对社工专业发展具有积极意义,规范化、标准式流程有助于服务对象得到稳定可靠的无差别服务,提高社工专业的识别度,并建立与其他专业服务对话和交流的平台。但是社工行业服务者和管理者也需警惕唯科学论及文牍主义的不利倾向。唯科学论的语境中,社工服务中容易出现"只见量表、不见个人",整齐划一的文书记录套表里,不见社工对具体服务对象需求的深入分析与案主主观意愿的表达。社工专业的服务对象是个人需求和生活环境千差万别的个体,服务过程中需要社工在尊重儿童等服务对象主观意愿的基础上,保持自我判断和定夺的弹性空间,不可全盘依赖专业量表或数据分析。文牍主义的偏好下,社会工作者撰写文书的时间挤占了深入服务对象之中开展实际服务的时间,不利于专业服务数量与质量的提升。为此,社会工作组织和社会工作者需要遵循专业发展规律,强化自我反思精神。只有有序、合理设计专业发展路径,保持创新性与本土化,才能凸显社会工作专业"以人为本"的本质属性。

第四章　路径试错:
社会工作参与公办福利机构转型的地域探索

一、调研说明

(一)调研设计与过程

　　本课题名称为"公私协力视角下社会工作参与公办福利机构专业服务的新路径研究",依据课题申报书有关调研地域的界定,调研目的主要是收集广东省各市社会工作专业参与公办福利机构专业服务的方式与过程,其内容包括社会工作专业与公办福利机构有无合作、合作的具体形式、合作的演变历程、社会工作专业服务内容、服务经验、服务中的不足以及未来趋势与改善策略。

　　据广东省政府网站所示,截止 2016 年 12 月 31 日,广东省有 21 个地级市,20 个县级市、34 个县、3 个自治县,64 个市辖区,4 个乡、7 个民族乡、1128 个镇、461 个街道办事处。结合课题资金以及人手的可行性,本课题拟定样本选取方法如下。方法一:横向,调研范围覆盖广东省 2 个副省级城市福利院(或称福利中心)以及三分之二的地级市福利院(或福利中心),约合 12 家。副省级城市加上地级市,调研地点约 14 个城市。方法二:纵向,具体有两种方法。其一,在副省级城市,从市级福利院到区级福利院,再到街道福利院。其二,在地级市城市范围,从市级福利院到县级福利院,再到乡镇敬老院,有不同级别或不同层次的福利院纳入调研范围。在摸底过程中,研究者发现,尽管广东省珠三角地区与粤东、粤西、粤北经济差异较大,但省内所有地级市社会福利机构基本已开展或曾经开展过社会工作专业服务,而县级市社工服务开展较少,且处于试点、不稳定形态,而乡镇敬老院普遍未启动社会工作专业服务。从市、区到街道层面,社工服务的普及化程度也呈现类似状况,市级层面专业基础较为丰富,而到区、街道层面,包括社工在内的专业资源及其规范性、稳定性呈递减趋势。基于梳理公私协力视野中的广东省公办福利机构社工服务特征与成效的基本目的,本课题实际调研方案倾向于调研大部分地级市福利院,附带少部分县级福利院,在条件便利的情况下考虑调研极少量乡镇或街道福利院(敬老院),以市级、区级为主,街道为次。在调研过程中,严格意义上的抽样调查囿于对方单位的配合程度不一,较难开展,研究者主要以滚雪球式抽样方式,由一家合作良好单位推荐至另一家单位,或者依据民政厅提供名单进行调研。研究者比较注意调研单位的地域代表性,在珠三角、粤北、粤东、粤西均选取福利机构接受调研。

设计方案如下。第一阶段:用一年左右时间与公办福利机构建立关系,并进行社工专业服务状况摸底,时间为 2015 年 8 月到 2016 年 8 月底;第二阶段:开展部分问卷调研与深度访谈(2016 年 9 月到 2017 年 3 月),访谈对象为广东省、市民政厅(局)负责人,行业专家,服务对象(约 60 名);问卷主要面向公办福利机构负责人(社工服务管理状况,20 份)、社工机构负责人(专业服务质量管理的举措,数量视联络状况而定)与社工(开展社工服务的环境、工作内容与建议,20 份),时间为 2017 年 3 月到 2017 年 9 月。第三阶段:2017 年底到 2018 年初,将调研过程中产生的论文成果,以阶段性成果的形式送达参与调研的公办福利机构管理方及社工,邀请其结合工作实践予以评价,提出建议或意见。

2015 年 8 月至 2017 年 9 月为课题调研阶段,主导者和主要参与者为课题负责人本人,课题组成员、本科生及研究生有临时性参与。调研单位联络方式为熟人介绍,其中包括同事介绍、行业人员推荐以及利用毕业生在就业单位协助联络等。调研开展前期,研究者考虑的问题主要是:当前社会工作实务研究开展者甚少,公办福利机构对课题调研的了解和信任程度有限,课题调研工作如何获得对方单位的信任和支持。因此课题负责人通过邮件、电话、短信或微信等渠道反复解释，并通过单位盖章发送课题调研公函、发送课题立项书和本人学术成果介绍是常用之举。在清远、肇庆、云浮、汕头等地与福利院进行了良好的交流，调研进展较为顺利，但是在其他地区遭到拒绝和推诿也是常见的情形。有业内人士告知，接受调研不仅增加了自己的工作事务，而且接受调研有风险，若不慎出现误读或单位不足被曝光，则对单位形象或个人有负面影响。或许出于小心谨慎的心态，不少单位与本课题组的联络较为保守和消极。在调研过程中，尽管部分访谈有明确对象指向并进行提前沟通，但出现于访谈现场的可能是院长、综合办主任、社工部主任，也可能是督导、社工，或者各方同时出现，受访对象控制有一定难度。在部分情境下，参与对象需要视调研单位安排而定。

为了顺利推进课题调研工作，研究者联系广东省民政厅寻求支持。在多次沟通下，广东省民政厅社工处原处长接受了课题访谈，并且为本课题联系了福利处予以对接。2016 年 5 月，福利处于副处长和王科长在本人提供调研名单和调研说明的前提下，为课题发布了公函（省民福函 2016－9 号），要求 9 家省内公办福利机构予以协助，并且向本人提供了各单位的地址、联系电话和联络人。此后数月内，在民政厅的文件"护航"之下，9 家单位中多数单位与课题组进行了富有建设性的交流，对课题调研内容的深入性和全面性有较大帮助。然而，亦有部分单位因各种原因不予回应，具体情形如下，举例 1：一家单位位于 Z 市，属于珠三角经济发达地区。2016 年 3 月份由学生持调研公函和调研说明前往尝试联络，对方婉拒，要求调研方报告上级民政部门，经其允许才能考虑后续事宜，联络暂时搁置；8 月份，再次联络民政厅文件中的联络人，为福利中心办公室某主任，主任表示有社工部，建议调研者直接与社工部联络，并说明社工部知晓民政厅公函一事，后来调研者多次联络上社工部主任后，社工部主任表示不知民政厅公函情况，告知调研方要再联络该主任再予以回应，而该主任处于休假期，联络再次搁置……举例 2：本课题主要调研地级市社会工作参与福利机构过程与现状，目前县级和农村层级社工服务开展较为稀少。调研过程中了解到珠三角边缘地区某农村敬老院社工项目为民政部主导，项目前沿性和示范性突出，于是准备联络进行课题调研。但是民政厅公函中的该项目联络人表示不知公函事宜，要求调研者与其上级主管单位沟通，在与县民政局负责人的电话、短信联络无果的情况下，研究者决定与服务输出机构负责人进行联系，其后负责人回复，由于项目是四级民政部门联动，民政部由北京专家负责该项目资料和数据的汇总研究,暂不接受外部其他课题的调研,但是也表示调研者可与其助理沟通调研。多次联络下,机构助理在研究者出具民政厅公函、课题介绍和调研说明的前提下,同意公函中的项目联络人与本人交流。由于机构对项目隐私性和敏感性的考虑,研究访谈只涉及服务内容、成效、经验、走向等一般问题,对经费、评估、问题未有涉及。在问及项目与各级政府部门或机构支持等方面的问题时,社工均粗略表示状况良好。

2017年底至2018年3月,课题组以调研基础上产生的数篇论文为依托,进行课题阶段性成果反馈意见收集,分发至广州、粤北、粤西、粤东地区福利院院长及负责人6位及一线社工5位,收集反馈意见。部分社工在联络中表示已离职,至今为止,收到的公办福利机构管理层反馈评价较为积极,认为本研究"真实、符合实际、有启发作用",个别社工补充了自己的感受与心得。

(二)调研对象与调研内容

1.调研对象

本课题调研分为访谈与问卷两部分,其中访谈调研以动态形式进行。在第一次摸底访谈的基础上,将面向部分公办福利单位进行再次深度访谈,或对了解到社工服务开展方式发生变动的单位再次跟进。访谈部分涉及的公办福利机构,大多为儿童福利、老人颐养和精神疾病治疗类机构。单位属性为公益一类或公益二类事业单位,根据国务院办公厅《关于印发分类推进事业单位改革配套文件的通知》(国办发〔2011〕37号),公益一类事业单位为财政全额拨款,不能有自营收入。公益二类为差额拨款,经费构成为财政拨款和自营收入。在调研单位中,自营收入主要为面向社会化服务对象收取相对低廉的养老服务收费或残疾人托养、精神疾病治疗康复费用。本次调研单位中,除一家国家二级福利机构外,其余均为省内不同级别福利机构。根据2012年广东省民政厅《广东省社会福利机构等级认定办法》,广东省社会福利机构等级认定分为省特级、省一级和省二级,等级认定每两年一次,各等级在床位数、使用面积、设施设备、生活费用标准、含社工在内的专业人员数量等方面存在差异。含国家二级、省特级与省一级单位,收养对象含"三无"老人、儿童、残疾人以及低保对象或自费养老人员,部分福利院或老人院兼有光荣院、居家养老服务对象。规模最小的为某乡镇敬老院及某粤西地级市福利院（Y），收养人数分别为 20 余人及 40 人，服务对象最多为某副省级城市儿童福利院，含院舍照顾与类家庭照顾、寄养儿童及青少年等，各类型安置对象共计 3000 多名，在国内同类福利院中收养人员数量亦为最多，其余福利院收养人员为数百人不等。本次调研的公办福利机构中，部分公办福利机构为老人福利院和儿童福利院合并而成，人员编制分开，但共用财务行政系统和办公场地，联合推进社会工作服务。调研对象中，位于珠三角某市的 G 福利机构为公办民营性质的社会化托老机构，在承接民政对象的同时，秉承医养结合的路线，主要面向社会老人提供养老服务，并计划提供高端养老服务。

在调研所接触的福利机构中，主要业务部门有医务部、护理部、康复部、保教部、社工部等，行政及后勤保障部门设立有综合部、后勤部、政工部（人事部）等。尽管以上调研机构均开设有社工服务，但并非所有机构均设有专门的社工服务管理部门，如社工部①。部分福利机构社工服务由行政部门兼管，专业独立程度有限。社会工作者身份主要有三类：一类是事业编制人员；一类是临聘、合同制工作人员；第三类是购买服务，由承接项目的社工机构派驻项目社工人员而来。社工在所调研公办福利机构中，三种身份均有呈现，其中以购买服务而来的派驻社工为主要类型。

2015 年 7 月—2016 年底，为本课题调研第一阶段，也是最重要的一手材料获取阶段。截至 2016 年底，本课题共调研广东省 25 家公办福利机构，分布于广州、深圳这两个副省级城市以及 14 个地级市。其中精神疾病治疗康复机构 4 家，老人院 5 家，儿童保育机构 2 家，综合福利院（服务对象涉及"三无"老人、儿童、残疾人等多类别人群）14 家。这 25 家公办福利机构中，省市民政部门下属事业单位 23 家，公建民营 1 家，集体福利机构 1 家；城市地区 24 家，农村地区 1 家。访谈内容主要涉及该福利机构社工服务发展现状。调研对象含省市级民政部门领导、公办福利（中心）机构领导、社工服务部门负责人以及一线社工、服务对象。调研方式主要为半结构式访谈与调研问卷。本课题研究报告将所调研的公办福利机构进行编码，分别以 A～Y 区间英文字母代替。截至 2016 年底，本课题"公私协力视角下社会工作参与公办福利机构

---

①　某调研单位对"社工部"定位为：负责全院社会工作发展规划、计划、目标和标准的制定和落实工作；负责社工实训基地管理、义工管理和老年团体组织孵化、培育等工作；负责接受社会捐赠及与社工院校和机构的交流合作等工作；负责本院生命关顾计划和个人照顾计划管理工作；负责全院服务质量评价和全院社工人员业务培训、技能考核和科研管理工作。

转型的新路径研究",具体调研对象呈现如表4-1所示:

表4-1　课题调研对象说明

调研对象类别	公办福利机构	民政部门及公办福利机构管理层	社会工作者	服务对象
调研目的	了解社工引入概况	了解民政部门推广社工服务的缘由与思路、成效评价	了解社工工作环境与服务微观状况、期望	社工服务的实际参与状况与评价
调研方式	半结构式访谈	半结构式访谈与问卷	半结构式访谈	半结构式访谈与问卷
个(人)数	25个(编码:A～Y)	1位省厅领导、2位地市民政领导、4位福利院社工服务项目督导、12位公办福利机构负责人	8人	57人(47位老人、10位青少年)
分布地域	广州、深圳两个副省级市以及珠三角、粤北、粤东、粤西14个地级市	广州、深圳两个副省级市以及珠三角、粤北、粤东、粤西14个地级市	广州、深圳、江门、佛山、云浮	广州、深圳、江门、佛山、云浮

2.调研内容

各级民政部门负责人与公办福利机构负责人调研。访谈主要为半结构式访谈,研究者试图了解社工服务开展的地域化背景,本地社工服务开展的特点以及社工服务发展规划或相关扶持政策。问卷内容涉及调查单位基本情况、社工服务规划与总结、社工服务管理与执行、社工服务支持与推进、服务成效考核、服务成果推广、对福利机构社工服务推广的建议等七部分。

公办福利机构调研,主要对象为公办福利机构管理层及社工部门负责人,主要方式为半结构式访谈与问卷调查。访谈涉及本福利机构引入社工服务的历程、当前具体状态以及服务经验与不足及未来改进方向。主要问题如下:(1)单位概况及引入社工服务的初衷;(2)请问本机构社工服务引入的过程与形式;(3)当前社工的工作内容是什么? (4)社会工作在本机构服务中发挥了哪些作用? (5)社会工作与机构其他专业人员的合作情况如何?能否得到院方或医护人员认可? (6)本机构引入社会工作的经验可以总结为什么? (7)本机构社会工作服务成效是如何评估的(频率、评估方、参与者、具体形式)? 这种评估能促进社工专业服务的改进吗? 还可以在哪些方面做出改进? (8)本机构引入社会工作有哪些改进空间? 未来发展趋势?

　　社工访谈,主要对象为社工部门一线社工或督导,主要为半结构式访谈:(1)请问当前不同服务对象分别与何种类型的社工服务相对应? (2)您怎样评价社工机构与社会福利中心的合作关系? 伙计或伙伴,或其他? (3)社会福利中心为社工提供的条件和帮助是什么? 能否满足社工日常服务开展需要? (4)社工服务中的难点是什么? 社工是如何处理的? 机构和福利中心是否通过相应措施来帮助社工? (5)目前评估方式能否起到"以评促建"的作用? 为什么? 未来社工服务评估是否会采用第三方评估形式? (6)社工对未来福利中心服务购买有什么期望? (工资待遇、身份地位、培训、督导等)

　　服务对象调研,考虑到公办福利机构中生活不能自理或半自理长者、病残儿童及精神疾病患者占据较高比例,认知程度和表达能力较为有限,本调研在一线社工协助下进行了调研对象遴选,选择部分有表达能力和意愿的服务对象开展半结构式访谈与小范围问卷调查。调研内容包括:(1)服务对象年龄、性别、入院时长、身体健康状况等;(2)您了解社工吗? 您参加过社工服务吗? 如果有,是什么? 如果没有,原因是什么? (3)如果参加过社工服务,您的心情或者感受如何? (可以举一个您参加服务的例子)(4)您认为社工服务为您的生活带来了什么改变? (5)如果对社工服务提出改进建议的话,会是哪些方面呢?

　　下文将分别对以上调研内容进行描述与分析。因多数公办福利机构在访谈过程中,公办福利机构负责人、一线社会工作者均有参与,因此公办福利机构与社工访谈内容并不能完全区分开来。因部分公办福利机构怀有相对谨慎或戒备的受访心态,单独访问一线社工或服务对象有一定困难。为保障调研内容的真实与客观性,丰富调研资料内容,研究者通过定期联络一线社工以及实习生,通过多种途径(个别访谈、实习报告、工作总结等)获取资料,以弥补座谈式访谈的不足。

二、广东省社会工作服务发展概况

(一)广东省社会工作专业服务发展概况

调研对象:广东省民政厅社会工作处原处长

调研时间:2016 年 5 月

调研地点:广东省民政厅处长办公室

访谈内容:

2006 年党的十六届六中全会提出要建设宏大的社会工作人才队伍,要求在社会福利、社会救助、慈善事业、精神卫生、残障康复等领域提供社会工作服务,社会福利机构开展社会工作人才队伍建设,开始列入国内各级福利机构的重要议程。在近十年的社工人才队伍建设的实践过程中,社工服务规划与管理对行政体系也逐渐产生了新的要求。2009 年广东省民政厅社工处应运而生,2011 年广东省颁布了《关于扩大我省社会工作人才队伍建设试点工作的通知》,对广东省社工人才的培养、职业化建设等作了详尽的规定,例如本通知细化了人才队伍培养的目标:计划到 2015 年全省人口配备社工比例为万分之五,注册 500 个民办社工机构、4 个培训基地,建立岭南社工宣传周。2015 年民政厅针对社工发展实际状况进行了回顾清点,认为万分之五的社工配备率虽未达到,但在全国来说社工的人口配比率已经最高;建立了 7 个社工培育基地(分布在粤东西北珠三角地区);50 个社工实训基地(推动了社工专业的发展)推动了青少年社工、妇女儿童社工、禁毒戒毒社工、婚姻社工、灾害社工、殡仪社工、残疾人康复社工等的发展。社工服务在全省推进过程中的不足之处是,万分之五的社工配备率的提法,使得社工发展过分注重数字,而推进质量参差不齐。

广东省民政厅积极支持在公办福利机构推广社会工作专业服务,原因有二:福利院、敬老院中的服务群体是弱势群体中最为弱势的一部分,更需要专业照顾和人文关怀;公办福利机构多为民政厅(局)下属事业单位(部分残疾人康复机构主管部门为各级残联),社会工作服务也由民政厅(局)社工处负

责。因二者同属民政系统,在管理上具有天然便利性,也便于二者结合。民
政系统希望在发达地区、欠发达地区包括福利院在内的民政服务领域进行试
点,探索本省社会工作的发展道路。十八届中央委员会第三次全体会议提出
创新社会治理。十八大提出要加快形成党委领导、政府负责、社会协同、公众
参与、法治保障的社会管理体制,开放政府行政和社会服务空间,将政府没有
能力做好、市场不愿做的事务让渡给社会。通过政府部门与社会组织合作推
广社会工作专业服务的形式即是社会管理体制创新的有力印证。

(二)部分地市社会工作专业服务发展概况

　　调研对象:广东省肇庆市、清远市民政局负责人

　　调研时间:2016 年 1 月、2016 年 2 月

　　调研地点:广东省肇庆市、清远市民政局办公室

　　访谈内容:

　　肇庆市民政局负责人:本市位于珠三角西北部,经济处于广东省中等水
平。本市民政局在全市社工发展中起到了整体规划作用,于 2009 年开始引
入社工服务,推进国家民政部第二期、广东省民政厅第一期社工人才培养试
点工作,目前其下属事业单位,如肇庆市社会福利院和肇庆市复退军人医院
均已开展社工服务。2013 年本市统一引入香港社工督导服务,由于地方政
府经费不足所限,一年后转变为民政部门拨付经费,用人单位自行聘请督
导。民政局对用人单位专业社工数量并无统一规定。实际运行中,本地户
籍社工居多,单位内部培养成为主要方式(内部转岗或兼任社工)。经费方
面,福利院与复退军人医院初期每年获得 5 万元社工服务经费,其中复退军
人医院额外获得 10 万元培训资金。岗位设置方面,暂无对外岗位购买,本
单位考了社工证的人员可兼任社工,不足是专业化程度较低。服务成效方
面,由于社工都为单位内生,而非与专业社工机构合作,因此专业成效较低。
评估方面,财务领域会引入会计师审核,其他方面会委托独立第三方机构,
通过查阅材料、PPT 演示以及问卷调查等方式进行评估。民政局社工科提
出,本市社工服务发展面临的考验是:一是资金投入量还不够,资金的多少
决定了社工服务内容和相关服务质量,希望广东省财政厅和市财政局加强
对社工服务的重视,保持资金投入稳步增加,否则民政部门和各福利机构力
不从心。二是当前社工服务的专业性不高,由于社工均为转岗而来而非专

业社工出身,有社工证即可从事院内社工服务,因此专业能力较低,社工服务成效不够显著。

清远市民政局负责人:本市位于粤北地区,社工发展在粤西、北、东经济欠发达地区中相比而言态势较好,但是本市还没有自己的社工发展模式可言,主要是摸着石头过河。本市目前建立有社会组织孵化基地,但入住率不高。社工发展主要依靠市民政局掌握的彩票公益金(2015年该市彩票发行逆势上涨),社工组织也可申请省级公益金以及李嘉诚基金等。本市社工发展的优势是离广州较近,便于学习与交流。目前广州部分机构来广州注册并承接社区综合服务中心项目或居家养老服务项目(大同、北斗星、风向标等)。目前社工专业岗位总量为184个,民办社工机构专职人员150个,社区服务中心5个,财政、福彩金、社会资金对社工总共投入904万元。市社工委缺乏资金,较少参与实际工作。本市拟定了中长期人才发展规划重点人才工程纲要(2012—2020),将社工纳入11项主体人才队伍建设工程之一,将实现每万人不少于五名持证社工。也将探索在工青妇、党政机关等增设社工岗。出台激励办法,对社工考证费用报销,发放持证奖励金。2015年3478人参加考试,比2014增加了两三倍。举办考前培训班,提高通过率。目前全市持证803人。全市有社工机构25家。本市在社工发展中的问题主要为,制度不健全,管理机构设置不全(无社工管理机构与专职人员,目前筹备的市社工师联合会,理事为各机构负责人与政府部门管理者,但都为兼职);社工专业化培训不够,不够系统,较零散;人才队伍不合理(学历低、年龄大,工作基本靠经验,专业技能不够);民办机构数量少、规模小,人员不够,整体发展水平低。

三、公办福利机构引入社会工作服务概况

(一)公办福利机构访谈汇总与分析

1.福利机构社工服务引入过程与形式
(1)引入形式分类
广东省公办福利机构引入社工服务最早源于2009年,得益于广东省民

政厅社会工作人才培养试点项目。至今以来，该省公办福利机构社工服务的引入方式可分为"外引式""外引＋内生式""内生式"三大类别，其中"外引式"可细分为纯项目式购买社工服务（含督导服务）、纯岗位式购买社工服务；"外引＋内生式"具体表现为内部转（设）岗与项目购买式相结合，在这种形式中，除公办福利机构内部社工外，对外项目购买既有仅购买社工服务（或含督导服务），也有仅购买督导服务；"内生式"则表现为虚拟式社工项目购买与纯内生式社工服务模式。因此在三大类别下，社工服务引入形式可细分为纯项目式引入社工服务、纯岗位式引入社工服务、内部转（设）岗与项目式购买社工服务相结合、内部转（设）岗与项目式购买督导服务相结合、虚拟式社工项目购买、纯内生式社工服务六种具体形式。分类如表4-2所示：

表4-2　广东省公办福利机构社会工作引入形式

类别	"外引式"	"外引＋内生式"	"内生式"
具体形式	纯项目购买	内部转（设）岗与项目式购买社工服务相结合	虚拟式社工项目购买
	纯岗位购买	内部转（设）岗与项目式购买督导服务相结合	纯内生式社工服务模式

下文将对前述各具体引入形式进行阐述：

纯项目式引入社工服务。项目购买方式起步于广州，在广东省多个地市公办福利院均有实践。通常做法及流程为：民政部门负责社工项目审批—财政部门负责资金审批、划拨—公办福利机构申请项目和资金—网络形式公开招标—公布中标社工机构—社工机构派驻社工开展服务。在此过程中，公办福利机构参与评标，在合作方选定上有较大话语权，例如广州市某区级福利院A属于社工服务开设较早、持续时间较久的省一级社会福利单位，2006年社工专业学生开始入驻实习，2008年至今一直以项目购买方式开展社工服务，8年来与4家不同的本地社工机构分别开展过合作。在2015年、2016时隔一年半的两次访谈中，该院院长始终认为以项目方式购买社工服务是福利院推广社工专业服务的最佳途径，其理由在于：相比项目社工，内部转岗社工的专业能力比较有限，因长期于体制环境内工作，容易受行政化因素影响，会导致工作时间和质量无法保证；相反，项目派驻社工较少受院方行政体系影响，能专心围绕服务对象开展工作。具体实施办法是每年由 A 院申请福彩资金（资金数量不固定，也是不能内设社工岗位的原因），再通过公开招标的方式与专业社会工作服务机构开展项目合作（广州注册的社会工作专业服务机构从 2008 年的 8 家发展到 2016 年的 365 家，有高校、企业、志愿者组织转型等不同背景类型）。在选定机构的过程中，A 院作为用人单位有较大裁量权。2016 年 8 月，因 A 院与第 3 家社工机构在服务理念、服务动机、服务管理水平上产生分歧，该社工机构选择主动退出，第 4 家社工机构在与 A 福利院达成共识的基础上开展合作，社工入驻。尽管合作机构有变动，但 A 福利院因院内人员对社工服务认同度较高，在支持性环境下，社工服务保持了稳定性和规范性。

珠三角腹地另一岭南文化、商业名城，其民政局下属的 J 精神病治疗管理所（广东省一级福利事业机构）也使用项目购买方式开展专业服务。该所多年来一直与广州某社工机构及其依托的高校开展社工人才培养与社工服务项目合作。该社工机构输出 2 名派驻社工，高校提供社工督导人员。项目购买经费由本地民政局以每年 20 万额度予以拨款。项目预期培育结果为社工机构专业人员退出、内生社工人才得到培育或自主成立社工科室。

广东省中西部某市位于山区地带，GDP 属于广东省内欠发达水平。2015 年 4 月，珠三角地区某社工机构在该市注册社会工作服务中心，并于同年 8 月承接该市 Q 社会福利院社工服务项目，派驻一位社工进驻。Q 社会福利院服务对象主要为病残孤儿和自费老人，目前共有儿童、老人各 20 位，因新院区尚在规划，收养数量有限（在该市还有另一家区级福利院，主要服务对象为弃婴、残疾儿童、自费老人和五保老人，有 2 名社工）。Q 社会福利院派驻社工在福利院内每周均进行一次小活动，每月开展一次较大规模活动。活动内容和具体指标均未有上级指派，基本为社工自主制定，不过社工需要制定月计划和年度计划，在评估时予以呈报。当前评估方式为送资料至省民政厅评估，暂没有现场评估。社工每月接受一次其所属社工机构的本土督导指导，优秀社工或管理层人员可在社工机构带领下去香港社会服务组织交流学习。调研中，研究者了解到目前该市没有内部转岗社工，现有社工服务均通过项目购买方式由派驻社工提供，因此，该市各福利机构在派驻社工入驻方面对该社会工作服务中心给予了较高期望。基于这种局面，当地民政局开始推动本地各单位人员报考社工师资格证考试，2016 年的报考人数从 2015 年的 30 多个上升到 160 多个。

本次课题调研涉及的唯一一家农村地区 X 养老福利机构，为乡镇集体福利事业单位，位于广东省中西部某市的下属乡镇，为抗战革命老区（据史料记载，1945 年的正月初八，共产党人陈瑞琼在该镇乡公所内借舞狮欢庆新春之名，不费一枪一弹活捉敌营长，俘获官兵 30 人，缴长枪、弹等军用物资一批，并庄严宣告"西江人民抗日义勇队"成立，在本县革命斗争史上写下了光辉的一页）。2014 年，该镇获批国家民政部、广东省民政厅、市民政局、县民政局四级推行的农村特殊困难老人社工帮扶示范项目，县级政府采取政府购买社会工作服务的方式，引入深圳市某公益事业发展中心负责运营。目前项目点有 4 位派驻社工，在该镇敬老院开展社工专业服务的同时辐射社区，面向 2 个社区、12 个自然村提供专业服务，主要面向五保、低保、残疾、复退、留守老人开展社工服务，一周约 2 天时间于敬老院中开展服务。2014 年由民政部和该县共同出资，2015 年后由县级政府出资购买项目服务。

从以上 4 例个案可见，纯项目式引入社工服务，在经济社会服务相对发达的地区，主要由本地机构承接项目服务，而在欠发达地区，一般则以异地引入社会工作机构的方式承接服务。这一现象呈现了广东省社会服务领域优质资源由发达地区向不发达地区流动的趋势，展示了发达地区先进社会服务经验的示范、引领效应。

纯岗位式引入社工服务。该方式以珠三角地区深圳、东莞等市为代表，政府部门统一对相关事业单位的社工岗位进行预估、出资并开展招标工作，中标社工机构向指定事业单位派驻岗位社工。督导服务或由社工机构提供，或由民政部门统一购买并配置。作为广东省经济实力较强的副省级城市，深圳市福利机构由财政预算出资购买社工机构专业服务，民政局主导下属事业单位社工岗位招标工作，中标社工机构按预算岗位数将社工分配至各用人单位（用人单位在表达需求、招投标过程中话语权相对较小）。

深圳市 F 社会福利中心自 2008 年开始引入社工服务，早期有 8 位社工，由两家社工机构经过招标，同时提供岗位社工服务。2014 年，两个三年服务周期结束后，这两家机构同时撤出，由一家新机构入驻，原来的部分社工得以留任（政策规定，接标机构要无条件接受原有机构愿意留下来的社工）。目前 F 社会福利中心共有 21 位岗位社工，具体分配至老人院 3 个，儿童院 16 个，康复医院 2 个。F 社会福利中心因场地所限，将一部分康复概率较小的重症儿童送往异地代养点，同时派驻社工跟进。2008、2009 年，F 社会福利中心报考或考取社工证的工作人员较多，但考证后并无相应待遇增加,再加上购买岗位社工的存在,中心内编制人员也不需要从事社工服务,因此现在内部人员考取社工证的情况大为减少。社工服务指标主要是参照前一年服务数量而定,但实际完成任务远不止指标所限。派驻社工的晋升机制主要依托承接项目的社工机构的内部管理岗和督导线展开。

2009 年,东莞市启动市级民政事业单位岗位形式购买社工服务项目,该市民政局、G 社会福利中心与本地某较大规模社工机构签订三方合同,按照 7.6 万元×17 人(G 福利中心社工岗位购买数)的方式配备资金,由该社工机构派驻社工至福利中心开展社工专业服务。这 17 位社工同属 Y 市第一批专职社工。人员分配上,4 位社工(长者服务对象 130 余人)分配至 G 福利中心长者领域,13 位社工分配至该中心儿童领域(青少年及儿童服务对象共 800 余人),在各领域内部,社工又分散在保教部、青少年部、护理部、寄养部等,与福利中心各部门员工协同开展服务,合作关系良好,具体组织架构如图 4-1 所示:

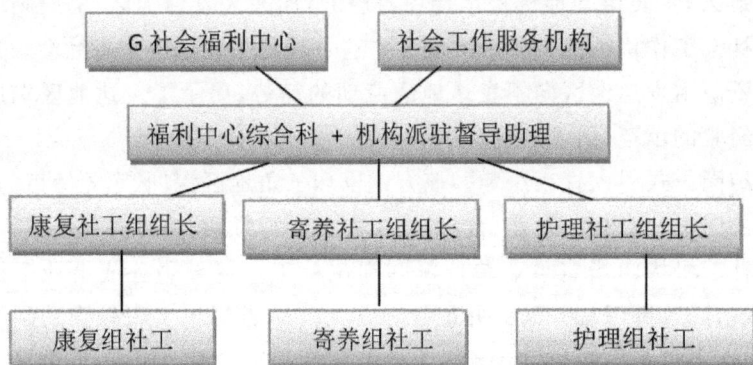

图 4-1 东莞市 G 社会福利中心岗位社工配置架构图

由于东莞市 G 福利中心未建立专门社工科室,由福利中心综合科统筹管理社工服务相关事务。G 福利中心认为自身比较尊重社工的专业独立性,并肯定了社工在院舍服务质量提升方面发挥的积极作用。G 福利中心对考取社工助理或中级资格的员工有 1000~2000 元一次性资金奖励,目前领导班子中有 2 人考取中级社工资格证。工资待遇方面,事业岗、临聘人员和社工因身份不同工资相差较多。事业编制员工考取社工证,因有原属工作领域,一般不参与社工服务,而临聘人员希望通过考取社工证来改善工资待遇。对于 17 名岗位社工而言,需要同时接受社工机构(行政会议、督导)

和 G 福利中心管理（服务管理）的双重管理。G 福利中心的岗位社工队伍相对稳定，部分社工拥有三年以上福利中心工作经验，其中见习督导工作时间超过 7 年。G 福利中心 17 位岗位社工均按合同要求持证上岗，其中 6 位持有中级社工证，是本课题组在调研过程中发现的专业资质最强的团队。对于岗位社工而言，其晋升渠道主要为社工机构管理层路线和督导路线。和其他珠三角城市类似，经历了香港督导多年专业化指引之后，出于成本控制和本土化服务需求考虑，香港督导撤出、在本地优秀社工中遴选督导成为东莞市社工发展的现实选择。从一线社工到督导助理，再到见习督导、初级督导，在社工机构内部或机构之间督导不同项目，成为不少社工较为认可的职业发展路径。然而，较为遗憾的是，2016 年 5 月，尽管有优秀的专业服务团队和良好服务基础，但因新一年招投标失利，该社工机构被迫撤出，由东莞另一家大型社会工作服务机构入驻。值得欣慰的是，老年领域原有社工均与新机构续约而保留下来，青少年服务领域部分社工保留下来，为专业服务的持续性提供了一定保障。

前述纯项目式或纯岗位式两种均为"外引式"社工服务引入形式，社工服务引入的第二大类别为"外引＋内生"式，又分为两种形式：内部转（设）岗与项目式购买社工服务相结合；内部转（设）岗与项目式购买督导服务相结合。下文将分别予以论证。

内部转（设）岗与项目式购买社工服务相结合。通常此形式为过渡性质，采取此形式的公办福利机构倾向于以内生方式开展社工服务，但囿于内生社工专业服务能力尚不足够，因此采取对外购买服务（社工服务、督导服务或二者兼有）予以补充的阶段性服务策略。内部转（设）岗社工的来源一般为公办福利机构内部转岗员工、事业单位招考渠道进入的社工专职人员或合同制聘用人员。以广州市 B 福利院为例，该福利院早于 2007 年即成立社工部，目前共有 21 位员工持有助理或中级社工资格证，其中 6 人服务于社工部，其余暂分布于其他工作岗位。社工服务由院内社工和院外项目购买方式提供。和其他部分公办福利机构类似，广州市 B 福利院内部转岗社工多为工勤岗（如护理员）转入[①]，至今已分批转岗近 20 人。在未来趋势

---

① 因专业技术岗在收入、地位方面明显改善，对部分本科毕业从事护理员、自身素质和自我要求相对较高的员工来说，转为社工类专业技术岗具有吸引力。值得注意的是，部分员工身份转换为社工，但仍保留在原领域工作，社工在一定程度上沦为体制内身份晋升的变通渠道。

上，广州市 B 福利院计划在 2020 年前设置 80 个社工专业技术岗位，会倾向于以内部转岗为主的方式满足以上岗位数量设置。在福利院各类专业技术岗位中，社工比例有增加趋势。内部转岗在广州市福利院并非一件容易之事。转岗之前需要考取社工助理证或中级社工证。转岗有三年考察期，在此期间，申请转岗人员的本职工作不变，但是需要利用业余时间参与社工专业服务，同时接受院内持续性培训与定期多方面考核（院方和合作机构的香港督导）。院方认为，高标准与严要求能确保转岗成功者均为院内优秀工作人员。对外招聘一般为福利院于编制内招聘社会工作专业毕业生，工作稳定性和待遇因编制内身份均有较好保障。B 福利院内设社工部，其主要职责是承接院内孤残儿童的专业服务，并对全院社工服务进行统筹管理。其他专业人员（如医生、护士、特教老师等）做不了的工作会转介给社工。另外，社工人员还在整合社会资源、志愿者管理以及儿童入院需求评估等方面发挥主导作用。在志愿者管理方面，目前有多家知名企业志愿者服务团队已稳定服务十年以上，社工部对大学生志愿者也有较为严格的培训和筛选流程进行管理。

在 B 福利院，院内社工和项目购买社工工作职责区分明显。项目购买社工主要承接院外青少年服务。购买具体形式为，由香港某儿童公益服务组织所注册的内地社工机构来承接 B 院院外服务。2009 年以来，项目约定服务内容为向在社区（如寄养家庭、类家庭等）与社会（独立生活的孤残青年就业、婚恋、教育、住宿等及散居孤儿等）生活的近一千名孤残青少年开展专业服务。此外，项目购买还约定了该香港服务机构提供督导服务。在多年项目购买过程中，B 福利院表示非常明确自身对社工服务的需求，与该香港服务背景社工机构之间也一直按项目协议稳定推进专业服务。双方社工专业服务合作的积极性较高，关系较为融洽。2009 年以来，尽管福利院年度购买资金并未增加，但该社工机构专业服务人员却一直在增加。广州市福利院认为，该香港机构"服务专业，有奉献精神，督导敬业，机构还通过自身募集资金弥补项目购买资金的不足"。合作机构的督导在提供院外服务支持的同时，还肩负着提升院内社工服务专业性的任务，在院内社工的培训、考核方面发挥重要作用，例如内部转岗社工要接受合作机构督导的考核，通过才能顺利转岗。

位于珠三角佛山市的 I 社会福利院，早于 2010 年即通过公开招标购买本地某机构社工服务，同时于福利院内成立社工部。社工部由 2 名派驻社工和 3 名内部专职社工组成。I 福利院在职员工转为社工岗位,均以考取社工资格证为前提,其中一位内部转岗社工为多年从医背景,目前担任社工部负责人(目前院内考取社工师证 11 人,但因无社工岗位设置,并未从事社工工作)。佛山市 I 福利院认为派驻社工机构在组织进程、管理架构、一线服务上均较为理想。该社会福利院每年均公开面向社会招标,福利院作为参与方,第三方专家作为评定方,当前社工机构连续 4 年中标。社工部服务计划由全员共同讨论决定,社工彼此间的工作内容并无分区,共同服务所有老人及儿童。一个值得深思的问题是,由于派驻机构经常更换社工,而内部转岗社工较为稳定,因此实际工作中,佛山市 I 福利院自称发挥了"社工人才孵化基地"的功能,由院内专职社工(尤其是部门负责人)充当院内服务督导角色,培训新进机构社工,架起了派驻社工与院内服务对象沟通合作的桥梁。

位于惠州市乡镇地段的广东省 C 社会福利院(省民政厅所属事业单位),亦采取内部转(设)岗与项目购买相结合的方式。2010 年成立社工科(科长为原福利院管理层成员),与广州市某高校背景社会工作服务中心签订合同,引入 2 名派驻社工,后因内部转岗社工增至 4 人。2012 年以后,福利院结束与该广州社工机构的项目合作关系,且与深圳某机构签订督导服务合同,引进该机构的督导服务。随着本地社工机构的发展,2015 年 C 社会福利院由异地引入社工机构合作转为扶持本地社工机构,与本土社工机构签订购买协议,由其提供督导(兼职)1 名和社工 2 名。项目合作内容包括内部转岗社工培训、专业服务指导以及院内社工服务。目前在内部转岗和院外项目购买的双向渠道中,杨村福利院社工科工作人员增至 7 名。2016 年开始,C 社会福利院参与广东省民政厅所属事业单位公开面向社会招聘社会工作专业人员。数年来,其社工专业人才培养经历了"引进——自主培养——引进与自主培养相结合"三个阶段。与其毗邻的广东省某军人康复医院目前持证社工 35 人,在经历与杨村社会福利院共同购买广州某社工机构的专业服务之后,为保障社工人才队伍的稳定性和专业服务的延续性,通过内部转岗、面向社会公开招聘等形式自主开展社工服务,但在督导服务上一直采取外部项目购买的方式。目前该康复医院采取"香港督导+深圳本土督导"双督导合作模式,在院内社工部门相关规章制度,包括岗位设置和职责、实习生制度、志愿者制度、服务标准化设计等方面趋于成熟。

位于广东省东北部欠发达地区的河源市,该市 U 社会福利院引入社工服务的起因为个别老人对院舍生活不满而频繁投诉。为减少投诉,提升服务质量,原任院长决定引入社工服务。在带领工作人员前往广州等地参观学习的过程中,引入了广州某高校背景的社工机构作为合作伙伴。2011年7月,该机构2名派驻社工入驻,加上4名内部持证员工,共6人组建了该福利院社工站,希望借此培养内生力量。后来因突发意外院长离岗,此后情况发生极大变化,行政管理层出现混乱情形,较长一段时间内群龙无首,社工没有分管领导,发展陷入停滞,其他领导相对缺乏社工理念,不重视社工发展,仅为应付上级检查。2012年、2013年院内转岗社工陆续返回原岗位。2013年,福利院新院长出于降低成本的考虑,终止与广州社工机构的合作,转为与本土机构合作。目前有2位社工开展福利院社工服务,一位为本土机构(为原广州社工机构的派驻社工,因是本地人,转为本土机构员工继续开展工作)派驻社工,一位为院内转岗社工。经费来源为每年申请福彩资金资助,费用为10万元。

内部转(设)岗与项目式购买督导服务相结合。此种方式为专业社工服务由内部转岗员工提供或院方直接聘用社工而来,对外则以项目购买形式购买本土督导或香港督导服务。广州市C老人院为国家二级福利机构,2016年被广州市质量技术监督局组织专家评审组核评为"AAAA级标准化良好行为"机构(4A级为最高级别),为该市养老服务业首家"AAAA级标准化良好行为"机构。自20世纪90年代起,广州市C老人院便开始探索院舍社工服务。早于2003年,C老人院选派3名文体辅导员到香港圣公会福利协会接受为期3个月的社工知识培训,并以此为基础建立了老年工作辅导小组(社工部前身)。2005年成立了本省民政系统第一个社工专业部门——社工部,通过内部转岗和事业单位公开招聘,社工部员工达至12人,后续因研究生及心理咨询人员的加入使得社工服务团队实力雄厚,以项目合作形式聘请香港颇具影响力的某社会福利机构资深社工担任督导。

临近广州的清远市W福利院为省二级事业单位,服务对象主要为低收费老人(清远市"三无"老人分布于公助民营机构)以及孤残儿童。2011年因清远市社工人才队伍建设项目成立社工部,社工由内部考证并转岗员工组成。目前W福利院有9位持证社工(持证人数为该粤北山区市事业单位中最多),社工部内部转岗而来的专职社工为2位。自2013年起,清远市W社会福利院于本市率先购买广州市社工服务机构的督导服务(其间历经与3家不同机构的合作)。项目开展的第一个月,对方合作机构派驻院社工进来,示范专业服务,开展院内宣传、小组与活动,其后主要合作方式为每月两次的督导服务。省、市民政部门的福彩公益资金是项目经费主要来源(市级为主),一年20万,含督导费与社工服务开展经费。W福利院因儿童服务在较早时期即和境外基金会有合作,资源相对充沛,因此福利院将社工服务对象主要定位于老人。分管社工服务的W福利院副院长为中级社工师,主导参与筹建本市社工师联合会。目前该福利院社工服务内容主要为小组工作和社区活动、义工管理(因转岗社工专业能力较为薄弱,个案服务较少)。社工部还参与组织全市社工考证培训与全市社工节。2位转岗社工自主制定工作计划,有一定数量要求,工作考核参照事业单位绩效考核进行,无专门针对社工工作质量的考核。尽管清远市W社会福利院社工服务的专业性有待提升,然而与本市各级福利机构相比,社工服务仍属先进行列。本市其他公办福利机构尚未开展社工服务,或仅为零散服务。然而,分管社工服务的副院长仍认为,目前社工服务在W福利院的地位类似调味品,尚未引起福利院管理层的高度重视,院领导班子其他人还不了解社工,社工服务还未上升到必需品的高度。

以丹霞地貌闻名的粤北地级市韶关,该市Y福利院于2013年底成立社工部,并向广州某社工机构聘请督导。目前社工部有4名持证社工,3位为内部转岗(事业编),一位为外聘(合同制)。相比事业编制员工,合同制社工工资待遇较低,加班时间较长,工资仅1000多元。毕业于广州某高校的本科生流失以后,由专科毕业、本地户籍的社工续约。该市民政局鼓励并支持福利院发展社工服务,但无专门资金资助。Y福利院管理层推动社工服务的积极性不高,主要靠认同社工服务理念的社工部主任积极推动,这位女性负责人为中级社工师,工作能力强,链接外部资源能力较强,然而在Y福利院身兼数职,兼任儿童部主任以及行政工作,社工部主任并非专职。

N社会福利院地处广东省中西部地区肇庆市,其主要通过内部考证员工转岗的方式开展老年社会工作服务,并于2011年设立社工部(有8位人员,其中4位中级)。2013年以后,得益于政策激励(社工等专业岗基本工资可上调10％),通过考取社工证提升工资成为部分在编人员的直接目标。考证后,根据自身专业背景和院方需要,在编人员可选择留在原岗位或调入社工部。现有社工服务的督导支持方面,2013年由该市民政局出资以项目合作形式引入香港督导服务,因若干家公办福利机构共同使用督导资源,故N福利院督导并非专属资源。

部分福利机构引入本土督导服务，因缺乏服务基础和经验，本土督导在专业服务开展初期兼培训与服务示范于一身，例如与 N 福利院同在一市的 O 复退军人医院，共有 130 名员工，其中 12 名原有工作人员通过考试获得助理或中级社工证，但一直以兼职形式开展社工服务。2014 年至 2016 年，该院以项目形式购买深圳某社工机构的督导服务，该社工机构派出 2 名社工常驻，既做驻院社工服务，又对康复医院的持证兼职人员进行督导培训。

内部转（设）岗与项目式购买社工服务相结合、内部转（设）岗与项目式购买督导服务相结合均为"外引＋内生"式社工引入形式。除以上所述"外引式"以及"外引＋内生"式引入形式外，社会工作参与公办福利机构专业服务的第三大类别为"内生式"，具体表现为以虚拟式社工项目购买和纯内生式社工服务两种形式。呈现如下：

虚拟式社工项目购买。具体表现为公办福利院内设社工机构承接社工服务。这种颇有争议的方式在广东省多地均有呈现。江门市 V 社会福利中心于 2011 年明确以 1 个内部事业编和若干合同制社工的办法开展社工服务。2012 年 V 福利院成立社工服务机构，由 4 名社工组成，日常运营经费为申请福彩资金资助。出于稳定性的考虑，合同制社工主要为本地户籍，且与福利院、而非机构签订劳动合同。福利院注册成立的社工机构并没有固定的工作人员，也不对外承接项目。相比江门市 V 社会福利中心，虚拟式项目购买在广东省其他地区的实践并不顺利，面临的问题和挑战不尽相同。

粤东地区汕头市 S 社会福利院，在广东省民政厅有关领导的鼓励之下，带着完成政治任务的荣誉感于 2013 年成立社工机构，全院十多个考证社工（事业编在岗人员）以兼职形式加入机构。福利院内设社工机构发展过程中面临过两个难题：一是持证员工名为社工岗，但实际工作并非从事社工服务，而主要从事原来工作（如工勤），兼职形式参与社工服务并没有补贴，但工作量和工作压力会相应增加，因此如何实现员工激励成为一大挑战；二是尽管该福利院内设社工机构进入政府购买服务名录，但因本市民政支持力度有限（汕头市各单位试点经费总额一年为 200 万元，仅相当于广州市一个街道社工站一年的服务经费），该社工机构主要由福利院负担社工服务日常经费。S 社会福利院表达了对这种状况的深切担忧，认为依赖公办资源的发展路径会影响内设社工机构的后续发展壮大。虚拟式项目购买在部分地区还因多种原因遭遇失败，粤西某市 M 福利院一度也自主成立社工机构，但因人事变动,创办人(亦为 M 福利院原负责人)带走社工机构人员后导致社工服务一度中止。粤西南滨海城市 T 社会福利院,因负责人更替导致内设机构尝试遇挫后,拟通过内部转岗与外聘社工的方式重启社工服务。可见,虚拟式项目购买受服务经费来源和公办福利机构人员稳定性的制约,推进方式的可持续性有待考量。因项目承接机构的单一性,项目购买的实际内涵或优势并未充分展示。

纯内生式社工服务模式。本课题调研中仅有两家公办福利机构完全依靠内部力量自主开展社工服务,其服务成效相比前五种明显较弱。广州市 D 残疾人康复机构早在 2007 年即开始内设有编制社工,但无专门科室。社工并无专业工作的界限,和医生、护士从事一样的培训、值班等工作,社工被称为"培训导师",康复学员并不了解其社工身份。中山市 M 养老院为公办民营性质,其前身为公办养老院,已设立有社工部,开展社工服务,并配备香港与本土督导。2014 年转制为公办民营后,成为资金自筹的企业单位。M 养老院出于控制成本的考虑,取消督导服务。目前 M 养老院有 7 位工作人员考取社工证,其中 3 人于社工部工作,但其工作内容主要为负责接待、咨询和行政类工作,其中 1 位专职社工负责院内活动较多,但无量化指标,无评估。对该企业性质的养老机构而言,社工部需要围绕提高老人入住率开展工作,服务具有明显营利导向的色彩。

(2)社工服务具体引入形式的比较

以上研究者通过丰富的例证,阐述了纯项目式引入派驻社工、纯岗位式引入派驻社工、内部转(设)岗与项目式购买社工服务相结合、内部转(设)岗与项目式购买督导服务相结合、虚拟式社工项目购买、纯内生式社工服务模式六种形式。调研过程中,六种社工服务引入方式在不同层面形成鲜明对比。在派驻社工的形式上,以深圳、东莞为代表的岗位社工与其他地区的项目社工形成对比;在"内生+外引"类别中,内部转(设)岗社工与派驻社工、转岗社工与公开招聘或合同制社工在身份、工作内容等方面也具有对比性。不同公办福利机构基于地方政策、自身需求以及对社工服务引入的差异化理解,在具体引入方式上呈现出不同的偏好和选择。

支持纯项目式引入派驻社工。持该种选择的公办福利机构认为派驻社工具有明显的专业优势和资源募集优势,且能避免行政化倾向。广州市 B 福利院认为,相比深圳岗位购买方式的不足(其列举如:政府为购买方、硬派,院方不了解,社工流失等),广州市项目购买形式引入社工服务更为科学

（福利院为购买方，明确自身需求，双方按协议进行，均有积极性）。本福利机构所引入的具有香港服务背景的社工机构，其督导和社工具有无私奉献精神和专业服务精神，更有筹集资金的良好能力。广州市越秀区 A 福利院亦坚持认为项目社工服务更佳，理由是：项目购买专业社工服务更纯粹，更有利于专业性和独立性的发挥，避免行政化倾向。内部员工转岗为社工，虽然通过考试具有相应证书，但实际操作能力未必能跟上。体制内转岗社工对上级负责，专业服务的时间和质量难以保证，而体制外社工更易做到对服务对象负责。

支持内部转（设）岗培养内生社工力量。社工服务实践中，内设社工岗位也成为较多公办福利机构的选择，其理由如下：一是内设社工岗位可增加财政拨款（如入财政预算，资金更有保障），增加人员编制；二是转岗社工为编制内人员，流动性小，工作稳定，熟悉服务对象、工作环境以及相关制度，对公办福利机构来说人员和服务管理更为便捷，内部社工和院方之间的行政关系能保证对院方需要的高度遵从。调研中部分公办福利机构坦言，项目派驻社工从长远看未必能满足自身需要，培养自己的社工人才队伍才是根本。不少公办福利机构鼓励工勤岗工作人员通过考取社工证或通过内部的培训考核机制转为社会工作专业技术岗。在少部分公办福利机构，转岗社工成为院内社工服务的唯一来源，缺乏外界督导支持。然而，在省市民政部门负责人调研中，广东省民政厅前社工处领导表示，仅通过内设社工岗来开展社工服务是一种"偷懒做法"，转岗社工存在专业基础不扎实、专业理念不强的问题。经过多年摸索可以发现，公办福利机构自己培养的社工专业性都不强；公办福利院可以项目购买形式聘请专业社工，带动内生社工力量（如转岗社工），等内部转岗社工成长起来，经考核合格后再撤出项目派驻社工，但一定要聘请督导予以服务保障。

内生社工与派驻社工的对比与取舍。部分公办福利机构社工为原有员工持证转岗而来，缺乏系统性、规范性专业学习和培训，原有工作方式和习惯根深蒂固，社工工作理念和方法尚显不足，因此以项目式或岗位式引入专业社工开展服务具有明显优势。然而派驻社工因其身份和工作地点下放的原因，可谓"两头不靠"：他们在公办福利机构内部工作，却不属于福利机构工作人员；他们是社工机构员工，又与社工机构和其他同事缺乏密切联系，对公办福利机构和自身所属的社工机构均缺乏归属感。因身份待遇与福利机构编制员工有差距，如果社工机构的专业支持再不充分，极易引起派驻社工的流动或离职，服务稳定性受到不良影响，因此派驻社工或合同制社工形式在现实中受到人员流动频繁的严峻挑战。"项目购买"或"岗位购买"的背后，或许蕴含着购买方与承接方之间的不对等关系，而驻点社工则具体承载着伴随不对等关系而来的直接或潜在压力，例如后文会探讨到的"行政化"现象。

当前公办福利机构派驻社工与内生社工各有优劣，而在 25 家受调研单位中，"内生＋外引"式成为社工服务引入方式的主流（一半以上公办福利机构在内部培养基础上，引入派驻社工或购买督导服务）。研究者认为，在试点基础上，"内生＋外引"式应成为当前公办福利机构引入社工服务值得倡导的现实选择。从长远来看，以何种方式推进社工服务，或可将选择权保留于公办福利机构手中。在社工行业和社工机构发展较成熟地区，在明确项目合作双方权利和义务、尊重社会工作专业独立性、社工督导与培训及时有力的前提下，公办福利机构持续以纯项目式引入派驻社工"嵌入"原有服务板块，也不失为一种明智选择。"内生式"社工服务为原有服务板块的叠加，采取此种方式对公办福利机构社工管理和服务能力均有较高要求。"内生式"社工服务模式需要在政策引导下，推动公办福利机构设立专门部门和专门岗位来推动本机构社工服务发展，现阶段可鼓励内部设岗的公办福利机构接受第三方评估或长期引入外聘督导以确保社工岗位发挥专业功能，淡化行政化倾向。

总之，无论是延续项目式引入社工服务，抑或是倾向"内生式"提供社工服务，均需要稳定的资金来源，目前只有珠三角等经济发达地区将社工服务购买纳入财政预算，其他地区为不固定财政拨款或申请福彩资金资助，因此本研究建议我国民政、财政部门逐步将公办福利机构社工服务资金纳入财政预算，确保社工服务的稳定性。另外，在公开透明招标的前提下，加大公办福利机构在服务购买中的主动性和决策权。"岗位式"引入社工服务因主动权在地方民政部门，公办福利机构在需求表达和具体购买形式的选择权方面受到限制，容易滋生公办福利机构和岗位社工的疏离感，不利于专业社工服务的开展，因此本研究并不倡导长期沿用纯"岗位式"引入社工服务。

2.公办福利机构对社工服务的接纳与内部合作状况

（1）公办福利机构对社工服务的接纳状况。被调研公办福利机构管理层对本院开展社工服务的态度，可划分为三类：社工服务为必需、社工服务可有可无、不认可本院开展社工服务或不认为当前为开展社工服务的恰当时机。广东省公办福利机构引入社工服务,起始于 2007 年以来我国民政局以及广东省民政厅社会工作人才队伍建设试点项目,在试点项目的示范效应下,部分福利机构也开始自主开展社工服务。然而,部分公办福利机构因认识到社工服务的独特价值与重要性而引入社工服务,另一部分则因从众跟风效应而设,公办福利机构并未真正了解社工专业的理念,另有部分公办福利机构社工服务因上级指令而设置,自身并未意识到社工服务的必要性。在社工行业发展的不同阶段,以上三类的比例逐渐在发生变化,主动认识社工专业服务价值,接纳并支持社工服务的公办福利机构日益增多。

在调研过程中,对社工服务接纳、支持程度较高的公办福利机构,具体情形如下:广州越秀区 A 福利院,院长认同并主动吸纳社工理念,高度认可和支持社工养老服务开展,秉承"将专业的事交给专业的人去做"理念,极少干涉社工日常服务开展,派驻社工站负责人小沈(化名)对此也深感庆幸。A 福利院社工一般工作流程是社工策划,至站长审批,再到督导审批,只有较大型活动才需要院长批准。社工有自主权,在工作时间和方式上可以自主调整,但亦需要和院方沟通。深圳市 F 社会福利中心从日常服务中深刻体会到社工的价值和重要性,福利中心领导层对社工服务的需求很迫切,也十分认可社工的工作,希望他们发挥更大作用,因此在活动开展、经费支持和部门协调上支持力度较大。云浮市 Q 社会福利院通过社工资料上墙等院舍环境改造,主动向地方主管部门介绍社工服务,赢得地方政府肯定和福利院认可,专业自主性得以保障。肇庆市某镇 X 敬老院中,社工与敬老院管理层、各级民政部门沟通关系良好,日常专业服务能得到管理方充分支持,社工对此感到较满意。河源市 U 社会福利院,院方给社工的空间和自由度较大,社工服务计划制定出来,均可以执行。汕头市 P 福利中心认为,社工机构与社会福利中心的合作关系应该是协力伙伴,两者相互协作,互相促进,社工机构为社会福利中心提供专业服务,社会福利中心帮助社工机构不断提升专业性。

对社工服务接纳、支持程度尚待提高的公办福利机构,具体情形如下:江门市 V 社会福利院管理层对社工了解程度不高,但是确实也看到了社工服务的成效,对社工服务为半认同状态,认为其可有可无,目前尚不能给予社工发展较为清晰的指引,V 社会福利院对外赞扬宣传本院社工服务,对内则认为社工资历不够,存有工作不足。清远市 W 社会福利院认为,目前社工的地位相当于调味品,尚没有像一日三餐中的盐一样,成为院舍日常服务的必需品,还没有引起福利院管理层的高度重视。在 W 社会福利院,除某分管领导为中级社工师,较为支持社工以外,领导班子其他人尚不了解社工,该分管领导认为需要通过专业服务提升专业地位,如果服务对象形成"有困难找社工"的习惯,社工或许会成为不可或缺的专业角色。

对社工服务接纳、支持明显不足的公办福利机构,具体情形如下:韶关市 Y 福利院因"管理层缺乏共识和统筹",社工服务为部分领导认同并推动,因此在实际服务中,社工对其他部门的调动能力有限,部门配合程度十分有限,转介不得力,同级别调动更为困难。Y 福利院发展社工是民政部门要求,非自愿主动,认为社工服务为锦上添花,非雪中送炭,对社工服务支持力度不够。佛山市 J 精神病治疗所对社工服务持观望态度,引入社工服务的积极性并不高(上级民政部门推动使然)。在社工开展服务的过程中,院方对社工能力存有质疑,认为社工服务与原有工娱疗服务相差无几,服务形式和效果都较难得到院方认可,院方实际支持较少,具体细节例如:院方因双方沟通不畅以及对专业服务的误解,认为社工服务可能引起安全隐患和外界误解(例如园艺治疗或被认为是利用精神疾病患者免费劳动),社工在节日给精神康复者家属发送祝福、交流信息也被禁止。J 精神病治疗所社工督导认为,院方态度保守,求稳心太重。

(2)公办福利机构内部合作状况。在研究者接触的大部分公办福利机构中,在一线社工孜孜不倦的工作努力之下,其他部门人员能与社工保持良性互动关系,在社工熟悉院舍环境、与服务对象建立关系、服务转介和服务开展过程中能为其提供一定帮助。广州市 B 福利院、东莞市 G 社会福利中心、佛山市 I 福利院、江门市 V 社会福利院表示社工在院内的"群众基础"较好,其他岗位员工对社会工作服务开展呈正面态度,能接纳社工,大多数情况下会配合社工工作。

在合作关系的保障方面,因内生社工具有天然的被认可身份,形成合作关系较为容易,因此在"外引式"社工开展方式中,保障条件尤为必要。不同公办福利机构在实践中探索出了促进院内各专业协同互助的多元化方式。惠州市某镇 L 社会福利院认为,管理制度和跨部门合作促使院内不同专业之间的关系更为融洽,目前 L 社会福利院对社工服务管理思路明确,因此社工在院内身份定位、工作内容和职责也更加清晰,社会工作者与各科室工作人员合作融洽。社工服务提供离不开其他工作人员的支持与协助,例如在针对服务对象开展的生理评估、精神状态评估、日常护理情况收集等方面需要护理科及医务科的协助,在社会工作行政方面需要福利院行政部门和财务科室的协助,跨专业的合作与交流促进了院内的良性沟通。与其毗邻的惠州市某镇 K 荣军医院(广东省民政厅直属单位)在领导重视、社工努力(主动沟通、员工服务)、督导支持、休养员和职工积极参与的背景下,社工服务在该院经历了"从不认识、不接纳,到认识、接纳,最后到主动参与"的过程。当前 K 荣军医院社工服务得到了广东省民政厅领导、兄弟单位、院领导和大部分医护人员的认可。广州市越秀区 A 福利院派驻社工负责人小沈(化名)认为,社工和院内工作人员关系会经历适应、磨合与融合三个阶段,目前处于磨合到融合之间。因社工平时开展医护人员考证培训、减压服务、职工亲子服务等,与院内工作人员互动较好,医护人员进而支持社工开展老人服务(给社工提供合适时间,并推荐老人参加)。佛山 I 福利院认为派驻社工与院内专职社工等级差距小,共同决策,为相互请教关系。广东省 H 儿童保护中心督导 M 老师认为,该机构目前正积极完成转型,实现管理和服务的平衡,社工成为该公办机构专业服务的核心。为实现跨部门合作,在专业活动中的一个技巧是,需要凸显其他部门员工(例如活动照片拍摄等),以使其获得成就感,继续参与和支持社工服务。在 H 儿童保护中心,社工部员工需要和其他部门人员定期轮岗,彼此体验对方工作,增进理解和默契。当了解到护理人员的高额工作量后,社工也许不会再抱怨护理人员服务不周、不够配合;督导亦会倾听其他部门的声音以及对社工服务的评价,促进社工与其他员工的合作。东莞 G 社会福利中心社工负责人小王(化名)认为,社工与院内员工的关系,伙伴关系成分比较多。派驻社工被安排在福利中心不同部门,除进行专业服务外,社工也需要参与部门其他工作人员的工作,关系密切,部分员工将社工视为内部同事看待,G 福利中心员工运动会、中秋团年晚宴等,都会主动邀请派驻社工参加。综上所述,内部管理制度、领导重视程度、社工主动沟通与服务院内人员程度(专业服务与行政化服务)、合作中的技巧运用程度等均会影响双方关系的和谐程度。

在部分福利机构,和谐关系的背后亦有微妙的失衡关系体现,在"外引式"中体现得尤为明显,例如珠三角地区数家公办福利机构表示,社工是第三方机构人员,在福利院为劳务派遣(形同保洁、保安),社工为提供服务的一方,福利中心为用人单位。深圳某福利机构坦言,社工机构与社会福利中心之间的关系应该是伙伴关系,但目前是伙伴与伙计皆有:一方面,社工机构通过招投标,派驻社工进入社会福利中心,发挥专业优势协助中心做好院舍服务;另一方面,当社会福利中心安排非社工专业工作时,社工机构与派驻社工处于较被动位置,更多是接受安排。云浮市 Q 福利院社工认为,社工和该院合作关系更像上下级关系,Q 福利院为当地民政局下属事业单位,行政作风浓厚。极个别调研机构中,存在社工与工作人员双方关系恶劣的情形,例如佛山市 J 精神病治疗所原有一位工娱疗专职人员(护士转岗,接近退休年龄),工作认真负责,院方对其极为认可,但是该人员与社工之间内耗严重。在彼此角色定位不清(社工工作经验不足,工娱疗专员则认为社工抢了自己工作)的情况下,双方欠缺合作思维,有争夺服务对象人数与时间的情况发生。向上级反映后,院长倾向于支持工娱疗专员,且不愿主动介入矛盾,建议社工与督导与工娱疗专员本人沟通。督导多次出面缓和关系,收效甚微。诸如此类不平等"伙计"关系的例子之中,社工服务时间、服务专业性和人员稳定性在一定程度上会遭受负面影响。

3.公办福利机构开展社会工作服务的经验

(1)领导层的重视和支持。深圳市 F 社会福利中心认为,福利中心已深刻体会到社工的价值和重要性,领导认可社工,在活动和经费支持、部门协调上都很用心。在专业社工机构的推动下,社工服务体现出专业化系统化思路,专业发展和晋升线路明确。院长考取中级社工师,学习各项社工服务技能,并亲力亲为推动福利院社工的发展,体现了认同社工的领导人的带动作用。惠州市某镇 K 荣军医院认为,领导高度重视院内社会工作的引入,成立社工科,负责院内社工服务的统筹及社会工作的推广,为院内的社会工作发展奠定基础。河源市 U 社会福利院派驻社工则在几年的服务经验中总结出,社工要在领导的需要(不关注专业服务本身,重点关注活动宣传、出成绩、减少投诉等)与老人需求之间进行灵活处理与转化,以取得院方领导的认可,取得服务开展中的支持。清远市民政局社工负责人直言,本市民政局推动社工服务方面受领导人意志的影响较大,领导人如果认可社工,社工发展就会较快。如果领导人不重视,社工服务则可能多年无起色。

(2)鼓励差异化途径开展社工服务。内设社工与派驻社工,两种差异较大的社工服务引入方式在不同公办福利机构分别被认为是自身积累的宝贵经验。广州市越秀区 A 福利院多年来坚守引入派驻社工的服务开展方式,院长认为脱离行政直接干预的专业服务方能体现社工专业的功效和价值,而同在广州,B 福利院领导则认为,单靠购买服务未必能满足自身需要,因此需要培养自己内生社工队伍,因为"内部社工和院方之间的行政关系能保证对管理需要的遵从"，可见二者在服务优先或管理优先的问题上给出了截然不同的答案。同时 B 院领导表示多年摸索出的另一管理经验为，不建议购买项目而来的派驻社工参与管理，原因在于，如果让其参与管理，寄（收）养类家庭儿童和家长会认为社工具有官方色彩而心存提防，以致让社工听不到真实的声音，所以保持其独立色彩最终有助于保障服务对象利益。日常服务中，各类型家长较信任代表非官方的院外社工。福利院内部转岗或招聘社工则存在这种风险，即难以发现最真实状况，B 福利院在实际工作中，派驻社工不会对收养家庭提出意见，但会向院内社工反映，院内社工则对收养家庭提出问题并提供支持性资源，最终以派驻社工为主导，促进问题解决。可见为保障服务对象利益，提升院舍服务水平，社工专业独立性究竟体现于专业服务引入环节，还是具体服务实施环节，不同公办福利机构管理层在实践中进行了差异化探索。

（3）保障社工服务的独立性和专业性。不少接受调研的福利中心表示，社工专业在本院的独立性得到尊重和保护。广州市越秀区 A 福利院已积累八年社工服务经验，院方管理层秉承不干涉原则，将（社会工作）专业事务交由专业人士（社工）完成，同时保障其他部门员工对社工服务的稳定支持。在多年的项目招标过程中，该地区级民政局也注重用人单位的需求表达，因此 A 福利院在明晰购买目标的基础上，能较为自主地选择合作机构。广州市 B 福利院多年来一直与香港较为成熟规范的儿童服务机构合作，在服务项目执行与人才培养方面取得共赢局面，院方在给予人财物支持的基础上，亦注重专业独立性原则，充分放手，让社工自行开展工作。佛山市 I 福利院设立社工部，定期邀请省社工师联合会、香港督导等进行专业培训，本市民政局和福利院也会自己开课，推动院舍社工服务专业化发展。惠州市某镇 L 福利院表示鼓励和支持院内工作人员考取社会工作资格证书，通过各种学习及培训机会发展自身能力，以提升服务专业性。因公办福利机构给予社工专业的尊重和信任，赋予社工服务探索的培育空间，部分地区公办福利机构社工已探索出多维度阶梯式服务模式，即采用团队协作、多元化专业方法和服务层次相结合，以社工正面文化为依托的专业服务模式。

（4）社工团队和公办福利机构管理层的沟通对话。社工服务团队通常借助团队督导与福利机构进行沟通交流。在广东省社会工作专业服务实践中，督导主要发挥支持性、教育性功能，重点在于提升社工专业服务能力，部分督导身兼行政管理角色。在院舍服务中，由于社工在现有行政框架内工作,为使专业服务拥有融洽的外部环境,督导通常需要和公办机构领导层、其他部门负责人保持对话,以了解福利机构管理思路和其他部门工作状况,并给予相关社工服务管理建议,否则社工服务收效甚微(尤其是当前社工工作经验相对薄弱,存在人员流动性,对外部环境的掌控能力较为有限)。在广东省 H 儿童保护中心(主要安置未成年流乞人员),院内青少年初中毕业后因义务教育结束,基本无学可上,在其他安置方式无法实现的前提下,会被再次转移到针对成年人的救助安置中心,缺乏通过继续教育回归社会的成功案例。针对这种青少年教育环境中资源匮乏的不利现实,H 中心社工督导(兼职)多次与机构领导沟通,向其强调儿童再次院舍安置的消极后果以及继续教育的积极意义,最终得到了中心领导的认同。中心领导向上级民政部门多次反映,探索可行性资源的链接。最终在 H 中心社工的积极协助之下,在监护人身份不变的前提下,院内义务教育结束的中学青少年继续前往广东省民政学校就读,获得了继续教育机会。该案例实现了广东省 H 儿童保护中心和社工服务双赢的局面,在行政层面亦具有显著的宣传意义,社工专业成效也彰显无疑。其后 H 儿童保护中心赢得广东省民政厅社工实训中心项目,社工们亦得到服务成效带来的正面激励。值得注意的是,在此过程中,督导在促进社工服务与院舍管理层沟通,影响管理层理念以及专业服务成效达成中发挥了极为关键的作用。如果督导囿于面向社工进行专业技能指导的工作局限,那么专业服务效果会大打折扣。

(5)有保障的社工待遇与职业稳定性。接受调研的部分机构中,如江门市 V 社会福利中心,合同制社工工资由福利院支付,按照不低于本地社工薪酬指导价的标准支付(收入在本地处于中等水平)。考取社工证(每月工资增加 200 元)、入职时间增加,都会有相应补贴,合作制员工和事业编制员工工资相差不大(约为事业编的八成到九成),院内通过调查,了解到合同制社工对工资满意度较高。部分社工为本地户籍人员或已经在当地安家落户,社工团队人员流失率较低。部分社工表示所在福利机构社工团队成员正在不断增加,彼此关系融洽,社工团队凝聚力较强。这些为社工服务的开展提供了可靠保障。

4.公办福利机构引入社会工作服务的不足与改进

(1)引入社工服务过程中的不足。因公办福利机构社会工作服务处于不断变动与改善之中,因此本研究所指的不足具有阶段性、时效性特点。2015 年 8 月—2016 年 12 月,研究者从公办福利机构管理层角度了解到,公办福利机构认为自身在社工服务开展方面存在以下困难或不足：

第一，经济欠发达地区资金匮乏问题突出。在广东省经济欠发达地区（多分布于粤西、粤北、粤东等地区），公办福利机构普遍面临购买社工资金不足而社工数量欠缺的问题，甚至部分地区社工服务开展一定周期后因经费不到位而停止（如湛江市 T 社会福利院）。在肇庆市，研究者了解到，肇庆市处于珠三角边缘地带，工业相关产业较为落后，可链接的企业资源也较少。因当地财政困难，可拨付的社工发展资金总量也较少。虽然肇庆市本地有国家民政部、广东省民政厅社工人才队伍建设试点项目，在社会服务尤其是老人服务方面积累了较丰富的专业经验，但后续资金跟不上去使得项目无法持续开展，如何推动下去成为难点（民政部和省市县财政部门提供一部分经费，但目前只给付一年，社会工作组织的项目运行比较困难，存在自垫资金的现象）。资金缺乏导致肇庆社工工资水平相对较低，人才流失严重；专职化优秀社工较少，专业性程度普遍较低。在研究者走访的公办机构中，肇庆市 N 复退军人医院表示，政府拨款不够，企业资助不够，自身缺乏筹资能力等内、外因共同导致了资金不足这一现实难题。同在一市的肇庆市 N 社会福利院也表示资金不足，影响本院项目的开展和持续性。云浮市是广东省经济最不发达地区之一，该市 Q 社会福利院陈院长（化名）已有十年社会福利院的管理经验，他表示，社工数量不够，想做的太多，但心有余而力不足。购买社工的经费仅为一年 10 万元，只能购买到一位社工。目前福利院面临的困难是资金不足导致购买社工服务不足，缺资金缺社工。云浮市 Q 福利院当前申请资金的方式为：福利院（申请）—民政局（递交）—财政局（审批和拨款）—福利院（收款，联系合作社工机构）。资金不足不仅导致购买社工服务的数量有限，而且当前社工工资待遇不高，提升空间有限。Q 福利院院长建议承接方社工机构提高社工待遇，以保障社工的安全感和归属感。中山市为珠三角经济发达地区，但是不同的福利机构因身份不同，获取到的政府资金资源也差异较大。作为公办民营的中山市 M 颐养院，因自身企业性质，无法申请民政部门的福利彩票公益金资助项目或享受财政专项拨款。因 M 颐养院用于社工服务的经费不足，目前只能选择成本低的服务活动，且主要依靠企业赞助。

第二，不同程度存在社工行政化现象。该现象多年来一直是广东省社工服务购买中的诟病，形成原因既有公办福利机构管理层对社工服务的理解与重视程度不够，也与承接方社工机构的管理规范性不足有关。清远市

W 社会福利院分管社工工作的副院长认为,目前社工服务尚未引起管理层成员的普遍重视,并未被认为是院舍服务的必备要素。类似观念在省内福利院管理层中仍占有一席之地。在部分管理者看来,医疗、护理、保育等传统服务是必需板块,社工服务尚处于可有可无的位置。这种定位直接影响了社工专业在院舍内获取支持的程度和专业化程度发挥的空间,行政化现象由此而生。在江门市 V 社会福利院,2013、2014 年社工曾自主制定服务指标,但后来发现因人手匮乏,服务指标无法完成。2012 年—2014 年,社工被借调的情况很严重,行政、接待都需要社工参与,后来出现人员流失一名。在督导引导下,院方和社工开始进行反思,近两年借调现象有所好转,社工工作职责相对清晰。在东莞市 G 社会福利中心,社工认为,岗位购买而来的社工会被配置到各个部门,相对项目购买,院舍服务涉及面更广。要随时根据服务对象和中心需要,提供各类服务,服务计划外还会增加一些常规性服务(大约三分之一的工作时间做合约外工作)。"与用人单位合作密切,是好事也是困扰",一方面,由于社工参与程度较深,包括新楼功能室设计、宣传、家庭管理、宿舍管理、物资管理发放等工作都需要社工去做,因此分散了社工一部分精力,导致其对专业呈现表示担忧;另一方面,社工参与行政事务的潜在好处是,做其他工作的过程也帮助社工争取到了熟识院舍管理流程和服务对象的主动权。云浮 Q 福利院社工表示,社工在福利院中的工作量较大,除却服务指标内容外,社工经常要做陪诊的工作,而且耗时过大,社工曾统计过一年儿童就医的陪诊比例达到 70%。

公办福利机构因编制制约,普遍存在人手紧缺的问题,在社工身份和地位尚未明确的环境背景下,服务购买而入的专业社工资历浅、学历高、服从院内管理,自然成为原有工作人手补缺的理想人选。然而,行政化衍生而来的工作任务并非均由公办福利机构施加之,部分行政任务由承接方社工机构赋予。在项目制购买社会工作服务的背景下,由于部分社工机构规模有限,人手紧缺,出于节省管理成本的考虑,项目社工在提供专业服务的同时,亦被赋予该项目或社工机构行政、财务、人事管理工作的重任。例如云浮市 Q 福利院项目社工小曾,为院舍社工服务的唯一提供者,同时还是承接方社工机构驻云浮市社工服务中心的负责人,需要兼顾社工机构的各种行政事务安排,工作时间时常会有冲突。相比而言,项目制管理的此种弊端或许体现了岗位购买下社工统一化管理的优势。

第三,社会工作者专业化程度不足。专业化程度不足体现为独特性专业服务尚未呈现、专业服务水平提升空间较大等方面。例如在广州市残疾人康复 D 机构，所有工作人员不分专业，均统一参与精神康复者服务工作，按服务对象人头进行分配，工作人员对自己负责的康复者进行全方位跟进——衣食住行、服药、家属、就业、紧急事件介入等。社工并没有特定工作内容，因此专业独立价值无法体现。在东莞市 G 社会福利中心，社工对院舍长者的分类分层、需求定位和针对性服务设计尚不足，志愿者管理能力有进一步提升空间。具体表现为：社工服务范畴涉及长者探访、个案辅导、康乐类活动、兴趣类小组、身心健康关注等各个方面，服务继续多元化和专业化，受益长者达 2600 多人次，吸引了越来越多的中心长者参加。然而，社工仍发现有相当大的一部分性格内向、不善交际的长者，或者行动不便、躺卧在床的长者，或者有自己独立安排院舍生活的长者等，很少参与到社工服务中，这几类长者也在不同方面折射出对社工各类服务的需求，社工应对起来颇感难度较大。G 福利中心社工于 2011 年已开始尝试在福利中心成立老人志愿者服务队，但总的来说，志愿服务未形成系统化管理，暂未建立一支常规的志愿服务队伍，参与志愿服务人数较少，形式及内容非常单一，仍未有突破性发展。粤西地区茂名市 S 福利院对外聘社工的评价亦为"专业能力不足"，具体体现为社工缺乏对老年痴呆症、自闭症儿童的相关了解与学习，导致与服务对象沟通困难，服务效果难以呈现。接受调研的多家公办福利机构通过各种举措提升社工的专业服务能力，譬如充分利用境内境外督导资源，积极将督导传授的专业方法运用于实际。同时，社工个人亦争取各类培训机会，促进个人业务能力提升。

第四，院内管理架构缺乏社工专门管理部门。在调研机构中，珠三角社会工作专业服务发展较为成熟的地区，尤其是以项目购买和内生社工相结合开展社工服务的公办福利机构，一般内部设有社工科或社工部来统筹开展社工服务。而在纯项目或纯岗位购买形式引入专业服务的背景下，因民政部门服务购买带有不稳定因素，而内部专业社工力量尚未启动，则无专门部门管理社工服务的情形较多，一般由公办福利机构综合办公室代为管理，提供院内社工服务的协调、支持服务。在社工服务人员较少（1～2 人）的情形下，没有相应专业或行政科室分管，一般由院领导直接管理。在管理架构方面，广东省 H 儿童保护中心督导老师认为，公办机构内部有必要孵化出社工科（部）这一专门管理科室。专门的管理科室意味着将社工作为内生服务岗位来看待，则社工服务的稳定程度会更高，如果院内没有专门部门来统筹社工服务，依靠社工个体或院领导的临时指派，则跨部门的持续性合作较难实现，社工服务质量难有保障。在缺乏专门管理部门的被调研福利机构，跨专业团队尚未真正组建，社工缺乏与其他专业人员平等对话的平台与身份。以下案例在某种程度上可以体现出缺乏社工专门管理部门为社工服务代言，导致跨专业、跨部门合作难以实现的现象：

　　在东莞市 G 社会福利中心，岗位形式为购买社工服务，无专门管理科室（由综合科代管）。在个案服务中，因社工与医护、保育员等人员所在部门未建立较稳定的工作合作关系，社工希望其他部门给予配合的事宜并未有正式交流的机会。在儿童服务领域，某社工曾遇到案主在医疗检查中因害怕而出现强烈抵触的情况，医生强行拉其至医疗区，社工面对此景，想和医疗人员沟通一下，但却不知以何种妥当方式和医护部门沟通。该社工提出，在个案服务中，如果在与孩子密切接触的保育员、医疗人员及社工等人员与部门中有定期工作上的沟通会议，整合各专业意见并制定服务计划，相信会对孩子有一个更好的交代。在长者服务领域，随着老人生理功能退化以及慢性疾病的增加，他们在健康维护、肢体康复、社会适应、心理保健等方面反映出多重性需求。社工在介入此类个案时，往往需要护理员、医生、护士、后勤工作人员等相关人员共同合作才能更好地服务长者。然而实际工作中，医生、护士、陪护人员以及社工等各自提供独立性服务，彼此沟通和联系较少，容易造成社工对老人的生理和照护情况不了解而出现服务断层。面对这种跨专业、跨部门合作不利的局面，东莞市 G 社会福利中心岗位社工小组计划拟定相应方案，联系和整合院内医生、护士、护工照顾者等资源，发展跨部门、跨专业的团队合作，建立服务对象转介机制，并就疑难个案定期召开沟通会议，建立较为顺畅的合作平台。

　　上述案例中社工自身为实现跨专业合作进行的多种努力值得肯定。然而，因服务购买过程中双方关系存在天然的不对等性，社工话语权相对较弱，易导致其合理化诉求难以得到有效满足。鉴于公办福利机构推进社工服务的趋势逐渐明朗，研究者建议社工服务评估过程中，将"院内是否设立社工服务管理部门"作为评价尺度之一，列入评估指标体系。院内设立社工服务管理部门（尤其是独立管理部门，如社工部、社工站等），是社工取得院内平等对话权，推进社工服务取得预期成效的有力保障。

　　第五，多因素导致院内社工数量不足。公办福利机构社工数量不足与身份待遇、工作环境、晋升空间、从业观念、院内岗位配置等有密切关联。前文研究者已对资金问题有所论述，购买资金不够稳定且数额不足，导致公办福利机构社工工资普遍不高；因服务承接者的身份，也无法享有服务购买方（即公办福利机构）相关福利待遇。在部分地区职业上升通道尚不明朗的背景下，社工对职业未来发展前景表示担忧。在其他影响因素方面，社工从业者观念也在一定程度上导致了社工机构招聘难的现实困境。云浮市 Q 福利院在 2016 年 9 月结束了与佛山市某社工机构的服务购买关系后，截至 2017 年初，至今无社工机构入驻。前社工小曾向调研者反馈："目前愿意做院舍服务的社工很少，我所在的社工机构在招聘时，应聘者听说要到福利院，就不愿意去了。不少社工不愿意和福利院的病残人员打交道。老人的确有体味，脑瘫儿童的工作区使用消毒水，导致儿童体味也很大。在像福利院这样的体制内事业单位，社工身份多少还是有点不被接纳的，社工服务被接纳或者社工自己去接纳服务对象都需要一个过程。"相对社区服务而言，当前公办福利机构（尤其是老年、精神康复机构）多处偏僻地段，服务对象相对单一，服务环境相对闭塞，社工均为 90 后年轻群体，能否沉心静气地进行服务探索面临巨大考验。在研究所调研的公办福利机构，派驻社工频繁更替或出现人员空当期，成为常见现象。在社工服务相对成熟的广州市越秀区 A 福利院，尽管本院院长表示已经尽最大可能优化社工工作环境，提供各种支持和保障，但目前最长的社工服务时间不足两年，社工和养老服务尚未融合便出现人员流失状况。粤西地区茂名市 S 福利院存在社工招聘难的问题，S 福利院院长表示，珠三角地区社工发展比较迅速，有可能会引起社工在专业评价方面的自我膨胀，过分强调或放大社工服务的作用。S 福利院院长认为社工从业人员要对自己有冷静和踏实的专业定位。社工服务沉淀、积累和发挥应有功效，需要 3～5 年时间。从上述两机构情况可看出，保持公办福利机构社工人才的稳定性并非易事，需要在工资待遇、从业观念，编制内设立社工专岗等层面予以强化。

肇庆市 O 复退军人医院院长表示，本单位没法将考过证的医护人员转到社工岗，因为无论是医护人员还是社工都非常缺乏，如果有招聘机会，他们肯定会优先招聘医生，对医生的需求更为迫切。汕头市 P 社会福利院以前以医务人员为主要专业岗，现在以社工岗为主要技术岗（达到专业岗的 49%）。现在福利院社工岗位已满，但是占有社工岗位的人员，其当前从事的工作并非社工，仍是原工作职责。从以上现象可以看出，社工数量不足与公办福利机构选择性满足专业技术岗以及福利机构持证人员并未全职从事社工服务的事实有一定关联。

第六，社工服务缺乏长远规划。粤北某市民政局负责人表示本市社工服务发展并无模式可言，主要是摸着石头过河。地方主管部门在政策和资金上的不确定性，会潜移默化地影响公办福利机构，使之在发展社工服务方面呈现保守谨慎取向。中山市 M 颐养院也表示因资金无保障，本院社工服务无长远规划，未来走向不明。

（2）公办福利机构社工服务的改善方向

第一，广东省民政厅社工处前处长向调研者描述了一种良性互动局面，研究者将其称之为"公私协力"推进社会工作服务的模式。其内涵为，公办福利机构引入专业社工服务，或把公办福利机构专业服务的管理权让渡给专业社会服务机构，在保证基本服务对象的需求得到满足的情况下，如有闲置资源，可将其以有偿服务方式提供给社会。资源充足的公办福利机构可以聘请足额的专业社工人员提供专业服务，资源有限的机构可以通过"社工、义工双联动"的方式来提供服务，这样既减轻了公办福利机构的负担，又扩大了政府为民服务的影响，引导社会力量关注并服务弱势群体。在临近的香港，其院舍养老服务主要是社工在起主导作用。可见，"公私协力"视角下资源整合和社义联动的方式推进社工专业服务是公办福利机构的可行性路径。

第二，资金来源稳定化、多元化。稳定性方面，广州市越秀区 A 福利院每年需要申请一次福彩资金，资金不稳定，该院希望有持续性的资金来源。汕头市 P 社会福利中心希望政府给予经济欠发达地区公办福利机构更多资金支持。肇庆市民政部门亦希望当地政府能给予更多资金支持，同时亦认为社工组织应具备一定造血功能，而不完全依赖政府资金。该负责人提出，民政部社工人才队伍试点项目类似药引子，后续发展道路需要社工机构自己去探索，自己去寻求其他资金来源渠道。

第三，壮大社会工作者服务队伍。肇庆市 O 复退军人医院提出，未来医院会搬至新院区，届时因服务对象增加，编制人员增多，也会对专业服务提出更高要求。本院可能会增加购买两位社工服务，并动员内部其他人员（如护工等）考取社工证。持证或购买社工服务人数多了之后，会成立社工科或者社工办公室，进行自己院内的社工服务机制和服务计划设计；本院亦计划增强激励力度，例如报销考试来回车费、一次性或定期奖励持证社工，要逐渐孕育出自己的社工队伍。清远市 W 福利院亦希望能招聘一位社工专业毕业生,将内部转岗社工与科班毕业社工相结合,共同推动本院社工专业化发展。

第四,社工督导管理与服务的改进。佛山市Ⅰ社会福利中心建议本省更大范围内能建立统一的督导认证标准,例如设立集中的考试、评估、实践时数、论文等选拔机制,而不是像目前地区间标准不一,跨区得到认可较难,限制了督导资源和社工的流动。清远市W福利院在督导成效方面认为,尽管每半年院方会对督导成效进行评估,了解社工对督导的评价,客观说督导还是促进了社工专业能力的发展,但是由于院内转岗社工专业能力相对薄弱,尤其是实际操作能力不足,因此建议督导在工作中能亲自示范和演练,而不是理论上的团督和培训。

第五,应服务对象变化而不断提升专业服务能力。以儿童福利院为例,因国内居民经济状况和医疗保障状况的改善,每年新入院的弃婴在减少,国内已经有儿童福利院设施处于闲置状态。福利院未来的新增对象可能是院舍外困境儿童,服务区域会逐渐向社区辐射,因此公办福利机构社工要积极在社区服务以及困境儿童帮扶方面进行学习并预备相应能力。

5.社会工作者人才需求调研——以老年服务为例

研究者对承接省内公办福利机构(曾承接广州市越秀区A福利院社工服务项目以及粤东地区梅州市R福利院社工服务项目)的某社工机构W理事长(化名)、广州市越秀区A福利院曾院长(化名)进行了养老社工人才需求方面的专项调研,梳理出养老服务业以下人才需求:

(1)目前养老服务业的人才缺口。目前养老服务业缺乏三种人才,一是高端管理型人才缺乏(现有管理队伍来自医院、家政和企业等方向,对养老业发展趋向了解不多,开拓性、前瞻性不够);二是基础服务人才缺乏(护理员);三是专业型人才缺乏(目前社工能满足长者一般性需求,给予精神关爱,但对于个性化需求如何满足还需要探索)。专业型人才缺乏的现象在A福利院表现为,4名社工面向400位老人提供服务,工作量和服务需求均较大,但人手极为短缺,因养老院位置偏远,招募义工扩充人手有一定实际困难。

(2)从事养老服务的能力素养要求。结合访谈资料,研究者梳理出五类养老服务的相关素养要求:第一,能否接受老人作为工作对象,为老观念需要树立。第二,是否了解老人需求,需求把握需要精准。当前不少老人对机构托养期望值高,不仅希望获得生活照顾需求,更有健康、情绪、能力特长保持等需求,而且不同个体需求差异大。一些地位较高的退休老人服务难度比较大。第三,是否具有某项服务专长,核心能力需要具备。广州市某社工机构 W 理事长认为社工需要重新分工,走更专业化的发展路径,"专"的基础上工作内容需要细化,例如专岗做园艺治疗,专岗做临终关怀,或专岗从事沙盘治疗,但是社工专门从事一种服务内容也面临较大风险,其出路是什么,能否有多样化施展空间,比如在家中、医院是否都可以进行? 第四,是否有积极正向的能量输出,价值理念需要端正。长者服务是生命陪伴生命,是能量和时间的传递。第五,是否能长期坚守养老服务,保障支持需要跟上。社工如何面对发展中的瓶颈? 院舍服务可能对社工造成一些负面影响,怎么消解? 老年服务面临普遍性问题(价值感不足,职业倦怠),如何应对? 政府部门是否可设计专业化路线和发展的分层来明晰这些问题? 社工的输入(培训、督导等)和输出(服务产出)要保持平衡,哪个占上风,可能决定了其职业的不同走向。该社工机构 W 理事长还认为,养老机构社工人才培养一般要经历三个阶段:了解(了解机构、政策、服务对象,1 个月)、磨合(与管理层、其他工作人员以及老人开始合作尝试,2 个月)、融合(与其他岗位或专业形成互补和深度合作关系,6 个月及以上)。

(3)在校社工学生需进行的知识储备。第一,心理学知识储备,养老机构的老人的心理和外界社会中的老人有所不同,或有遗弃感,需要及时化解。第二,基础康复知识,要了解老人遭遇紧急病症的处理办法,要有医学知识的积累。第三,全面性知识要求,对长者生命历程深入理解。建议设立有社工专业的相关高校实验室内可陈设生命曲线图,用图表展示长者的人生轨迹,增进学生了解服务对象;学生分批参观福利院,了解福利院老人的不同类型(活跃、一般、失能、失智、临终);对学生进行临终关怀、园艺治疗、沙盘治疗等教育;对学生进行参与老年服务的职业心理评估;向学生描绘养老服务前景,规划职业发展路径。

(二)公办福利机构问卷汇总与分析

为从管理者角度了解公办福利机构社会工作服务管理现状,验证并扩充前述访谈内容,研究者于 2017 年 1—2 月选择其中 12 家公办福利机构负责人进行了有关社工服务管理的问卷调查。问卷内容涉及调查单位基本情况、社工服务规划与总结、社工服务管理与执行、社工服务支持与推进、服务

成效考核、服务成果推广、对福利机构社工服务推广的建议等七部分(问卷见本章文尾附1)。具体调研结果如下:

1.基本情况

本次参与问卷填答的12家公办福利机构中,11家为公办机构院长或分管副院长填答,1家为行政部门负责人填答(代管社工服务项目)。其中8家为综合型福利机构,4家为特定服务对象机构(老人院、荣军医院及儿童保护中心)。其中8家为公益一类事业单位,4家为公益二类事业单位。

调查对象中,7位公办福利机构负责人持有助理或中级社工证,4位无相关证书,1位无填答。研究者认为考证能够提升公办福利机构负责人对社会工作专业的重视意识并将其化为实际行动。在调研单位中,本单位职工中持证人数除云浮Q社会福利院暂无外(项目购买社工服务),其他单位均有1~43名数量不等的职工持证。一个有趣的现象是,例如E福利服务中心和K荣军医院,因社工服务引入较早且医护人员占据较高比例(文化程度较高),社工持证人数分别达到43名和25名。虽然持证人员大多并未全职从事社工服务,但通过考证环节,机构内部增进了对社工服务的认知和了解,有助于形成专业服务中的跨团队合作的局面。其余广东省H儿童保护中心、江门、清远、深圳等地福利院的持证人数也分别达至23人(初级10人、中级13人)、15人、10人、10人。研究者认为,如果从持证角度界定社会工作专业人员,则接受调研的绝大多数广东省公办福利机构均不乏专业社工人员,具有成立专门科室、推动社工服务的专业人员背景基础。从社工内生力量培育的角度,地方民政部门、行业协会或公办福利机构管理层面需要从持证人员的持续性培训和转岗待遇激励方面予以改善。在12家参与问卷调研的单位中,社工服务的开展经费有5家单位资金来源于财政预算,6家单位资金来源于福彩资金,1家单位资金来源于福彩资金和其他资金(如社会公益慈善组织支持、自筹资金等)共同支持。

2.规划与总结

(1)社工服务在本单位各项业务中的重要性:其中9家单位认为非常重要,2家单位认为比较重要,1家单位认为重要性一般。对社工服务的重视程度与单位分布地域无明显关系。(2)本单位是否编制3年或以上社工服务发展规划:其中7家单位有(主要分布在珠三角社工服务较成熟地区),5家单位没有。这一指标有助于检验社工服务管理是否具有长远规划,上述结果显示,珠三角地区社工服务开展时间较长,资金来源有保障,专业化水准相对较高,因此能够考虑到服务的长远规划性。接下来,研究者询问了被调查单位是否具有社工服务年度计划、年度总结与下一年度社工服务改进计划(均形成文字材料),问卷调研的 12 家单位均表示具有以上计划、总结与改进对策。可见,受调研的公办福利机构社工服务管理具有规范化与系统化意识。

3.管理与执行

(1)本单位当前开展社工服务的方式(作为前述访谈结论的印证),在受访单位中,内部自主开展社工服务成为较多单位的首选,原因各不相同,部分单位专业服务经验丰富,部分单位缺乏购买资金,部分单位内设社工机构等不同因素导致了社工服务开展方式的殊途同归的局面,然而采取相同方式的不同单位在服务水准中仍会有较大差异(见表 4-3)。

表 4-3　受调研机构社工服务开展方式

社工服务开展方式	单位内部转岗或自主招聘社工来开展+购买外部督导或培训资源	项目购买	项目购买+单位内部转岗或者自主招聘社工	岗位购买
问卷调研单位	清远 W 福利院、H 少年儿童救助保护中心、江门 V 福利院、K 荣军医院、广东省 E 社会福利服务中心、茂名 S 福利院	云浮 Q 福利院、广州某区 A 福利院、梅州市 R 福利院、河源 U 福利院	佛山市 I 社会福利院	深圳 F 社会福利院

(2)本单位是否针对社工服务设立有专门管理制度:受调研单位中,7家设有专门的管理制度,例如广东省 K 荣军医院设立有社工科及其专门科室管理制度,深圳 F 社会福利院设有本院社工管理制度,清远 W 福利院设立有社工岗位职责及各项服务流程,广东省 H 少年儿童救助保护中心设有专门科室以及个案、志愿者、技能培训等管理办法,广东省 E 社会福利服务中心设立有 IS09001、5S 管理制度。5 家尚未有社工服务专门管理办法。(3)目前本单位管理制度或办法是否能满足社工服务开展的需要:12 个单位负责人中,8 人认为可以,而茂名、云浮、梅州等起步较晚地区的福利院负责人则表示不能满足社工服务开展需要。(4)在本单位是否有社工与其他

部门人员的工作沟通协调办法(有文字记录):除一家没有外,其余11家单位均有。可见,多数公办福利机构具有跨团队合作的沟通意识和行为,并有规范管理(如记录)的举措。(5)本单位是否设有专门科室管理或组织社工服务(如社工部、社工科):除江门市和梅州市下属福利院表示未有专门部门管理外,其他10家调研单位负责人均表示有专门管理部门。其中深圳F社会福利院社工服务由综合部主要管理(兼任),其他9家均为专门设立部门管理。可见看出,多数专设社工科(社工部、社工办公室)的福利机构为内生力量形成的社工服务,因人员和服务的恒久性,需要专门科室管理专业服务,相比之下,项目或岗位购买具有一定独立性和不稳定性,因此在部分福利机构看来,专设部门的意义不够凸显。(6)您认为开展社工服务的有效途径:12家单位中,超过半数的福利机构负责人认为有效途径是,借用社会组织派驻社工力量+培养内部工作人员+借用外部督导或培训资源。这一结论也符合前述访谈中"外引式+内生式"为当前社工服务主要引入路径的结论。(7)本单位是否因各种原因在不同时期存在社工空岗情况:9家单位负责人(覆盖珠三角以及粤东西北地区)表示本单位社工人员在部分时段存在空缺现象,有2家表示人员始终满员,1家表示不清楚。社工服务人员流动导致的岗位人员缺位现象是影响服务连续性以及服务质量的重要原因,引发原因多为项目期满未续约、项目变更承接方或工作环境、待遇等问题引发,需要分析具体原因予以针对性的改善。例如有的项目变更承接方后,原有社工有优先留岗的权利,但是工龄在新承接服务的社工机构却得不到连续承认,待遇和晋升机会受影响,因而部分原有社工选择流出,而新社工招聘不到位引发空岗现象,需要社工机构从服务质量角度予以保护性考虑。

4.支持与推进

所有单位均表示本单位具有培训计划或督导服务计划并执行,所有单位均表示本院(中心)进行过管理层与督导或承接方社会组织的沟通交流,所有单位均表示为社工服务开展链接了各方(政府和非政府)资源,例如促成了广东省民政厅社工联合会议、链接了学校团委与医院资源、链接了当地义工服务组织、协助本单位社工申请省级社工实训基地等。多数单位认为为社工服务开展投入的人力、财力和物力等资源完全或基本能够满足服务开展的需求,经济欠发达地区单位,如河源U福利院、茂名S福利院表示资源较为匮乏。绝大多数公办机构负责人表示本院(中心)对新入职社工有指引协助办法。绝大多数公办机构具有针对社工的各种激励措施(考证、工资福利、评优等），分别是考证报销、获证奖励、工资福利、评优竞赛、节日慰问等，1家单位没有（云浮市Q社会福利院）。在薪酬增长机制方面，多数单位表示均有相应机制，少数单位表示没有或不清楚。在当前社工服务成效的取决因素上，多数公办机构负责人认为资金、相关部门的制度、领导重视程度、单位内部对社工的管理和支持、社工自身素质、数量及稳定性均对社工服务具有较大的影响力。可见，多数公办福利机构管理层能够意识到社工服务的影响因素并从外部资源和内部管理等多层面为社工服务推进提供积极性、多元化支持。

5.服务成效考核

（1）本单位对社工专业人员的绩效考核办法：接受问卷调研的单位中，六成表示本单位内各类人员（含社工在内）均执行相同的绩效考核办法，四成单位表示社工人员接受专门的考核办法。在这里，社工服务引入方式对考核方式具有较大影响力，例如由内生力量开展社工服务者多为院（中心）内统一——套考核标准，而岗位或项目购买形式下的社工人员则接受其所属承接方社工机构或行业第三方组织进行定期评估，公办福利机构则未有对其进行叠加式评估的必要性考虑。本单位内部是否有社工服务成效评价机制或办法，此部分统计结果与"本单位对社工专业人员的绩效考核办法"相似，即六成表示本单位内各业务部门（含社工服务）均执行相同的绩效考核办法，四成单位表示社工服务接受专门的考核办法。

（2）本单位是否在服务对象或员工中开展过社工服务效果的民意测评（如开展调查）：除一家单位外，11家公办福利机构负责人均表示都曾开展过社工服务效果的民意测评。本单位社工服务成效主要体现在（多选）：此部分选择有一定分散性，相对较多的选择（4家单位）集中在以下三项：化解服务对象生活困扰，提升服务对象生活品质；协助本单位更方便地实施管理；在提升本单位社会形象，树立良好口碑等方面发挥了积极作用。部分单位选择其中两项或一项，认为社工成效在以上三个方面并未完全展示。本单位是否建立有服务对象对社工服务的申诉或投诉办法：12家单位中，11家表示有相应的申诉或投诉办法。

6.服务成果推广

近年来本单位社工或社工服务有无获奖（社工项目、社工个人、督导、优秀案例等）：12家单位中，5家单位表示本单位社工服务未有任何形式获奖。7家单位表示有，例如：清远市W福利院社工获评"广东省社工之星"；广东省 E 社会福利服务中心社工获得"广东省五一劳动奖章""青年岗位能手""社工之星"等荣誉称号,相应社工服务研究论文亦获得奖项;广东省 K 荣军医院"有情天地"项目活动获得社工服务优秀表彰;广东省 H 儿童保护中心社工获得"广东省社工之星",督导获得系统内"优秀督导"称号,参与社工服务研究论文征文亦获得奖项;广州市 A 福利院因临终关怀项目获得表彰。可见,公办福利机构社工类获奖来源多为专业人员、服务项目和专业研究成果。目前公办福利机构社工已在行业崭露头角,展示出人员培育、服务项目研发以及专业层次不断提升等优势。本单位社工服务是否有品牌推广计划与行动:多数受访单位并无品牌项目推广计划,调研中仅有四家单位表示有服务推广计划,例如广东省 H 儿童保护中心的"圆满计划"(回归家庭)、广东省 E 社会福利服务中心的"临终关怀计划",梅州市 R 福利院的义工服务管理计划,广东省 K 荣军医院的"斑马计划"等。本单位社工服务是否有研究成果推广或发表:仅有四分之一的受访单位表示有,分别是广东省 H 儿童保护中心、广东省 E 社会福利服务中心、广东省 K 荣军医院。本单位是否参加过本地社工服务标准起草或行业组织组建等工作:多数受访单位(7 家)表示曾参加过广东省或所在地级市的行业标准起草工作,例如广州某区 A 福利院、茂名 S 福利院、清远 W 福利院、江门 V 福利院、广东省 E 社会福利服务中心、广东省 K 荣军医院、云浮市 Q 福利院。以上结果说明,广东省受访公办福利机构已具备专业服务品牌推广意识和行为,在社工人员和优秀项目培育、参与不同层次行业标准起草方面能发挥重要作用。公办福利机构社工服务亦有相对丰富的服务经验输出,在社会工作政策倡导和研究等间接服务层面初有建树。

7.对公办福利机构开展社工服务的建议

专业服务层面:养老机构社工在老年人身体健康、精神健康、经济保障、人际关系、社会参与及融合、教育培训方面可发挥重要作用;要更多关注重点人群,如不能自理者、老年残障和儿童残障人员;常规工作不一定要让社工做,社工应做更专业的工作,而不是停留在表面,在福利院内要多关注老人的生活适应、精神关怀,而不单单是早上做操;善于分享总结,敢于创新,根据工作实际不断完善,积极链接社会资源。

政府及政策层面:重视是最关键的因素,加上宣传及资金的扶持,才有条件推广;加大政府购买社工服务的力度,完善社工聘用制度;有时候上级部门管得太多、干涉过度导致社工有些活动无法开展,要适当放权;提高社工到手薪酬;减少社工承担的行政事务工作;购买专业社工团队服务;民政部门及单位负责人应对社会工作加大支持力度。

行业层面:在公办福利机构社工服务人员间建立微信群,方便互相交流;加强社工继续教育和专业培训。

8.公办福利机构管理方调研结论

(1)公办福利机构持证社工数量较多,而专职从事社工服务者较少;(2)社工服务经费主要来源于财政预算拨款和福彩资金资助;(3)多数公办福利机构对社工服务较为重视,拟定中长远发展规划;(4)"内生式＋外引式"引入社工服务,即单位内部转(设)岗结合购买外部社工服务或督导资源,为当前社工服务引入的主要形式;(5)多数公办福利机构设有社工服务专门管理制度与专门管理部门,能满足专业服务的日常管理需要;(6)多数公办福利机构在不同时段出现过社工人员空缺现象;(7)多数福利机构表示在院内人财物及激励制度、院外各类资源链接方面给予社工较充足支持;(8)"内生式"社工引入形式无专门评估办法,"外引式"社工服务形式接受外部评估;(9)多数公办福利机构针对社工服务设有服务对象投诉机制,并进行过满意度测评;(10)多数福利机构社工或社工服务曾获奖项,少部分福利机构有项目品牌或研究成果推广、参与行业标准起草等经历;(11)公办福利机构在政府部门提升管理水平与支持力度、提升社工专业能力、加强行业交流方面有所期待。

附1:

公办福利机构社工服务管理调研问卷

尊敬的领导:

您好!

我们是××大学社会工作系师生。为总结广东省公办福利机构社工服务开展的宝贵经验,形成国内可供借鉴的推广模式,本系在广东省民政厅福利处的大力支持下,借助 2015 年国家社会科学基金社会学项目(立项号:15BSH119),特进行以下调研,邀请您参与! 本课题坚守研究操守,对您的单位名称和填答资料将严格保密,感谢您的支持!

课题负责人:×××　(××大学社会工作系)

联系方式:×××

联系地址:×××

课题主管部门：全国哲学社会科学规划办公室

说明：以下问题，请在选择项上打钩即可。

一、基本情况

1.请问您是：（　　　）。

　　A.本单位领导　　　　　　　　　　B.社工部门负责人

　　C.其他

2.请问本单位类型为：（　　　）。

　　A.老人院　　　　　　　　　　　　B.儿童院

　　C.综合院　　　　　　　　　　　　D.其他（　　　）

3.本单位为公益＿＿＿类事业单位，级别为＿＿＿（如国家或省一级等）。

4.请问您是否持有助理、中级社工证？（　　　）

　　A.是　　　　　　　　　　　　　　B.否

5.本单位职工中持证人数为（　　　）人。

6.本单位社工服务经费来源为：（　　　）。

　　A.财政预算　　　　　　　　　　　B.福彩资金

　　C.其他社会资金支持

二、规划与总结

1.您认为社工服务在本单位各项业务中的重要性为：（　　　）。

　　A.非常重要　　　　　　　　　　　B.比较重要

　　C.一般　　　　　　　　　　　　　D.不太重要

　　E.不好说

2.请问本单位是否有 3 年及以上社工服务发展规划（形成文字材料）？（　　　）

　　A.有　　　　　　　　　　　　　　B.没有

3.请问本单位是否有社工服务年度计划（形成文字材料）？（　　　）

　　A.有　　　　　　　　　　　　　　B.没有

4.请问本单位是否有社工服务年度工作总结（形成文字材料）？（　　　）

　　A.有　　　　　　　　　　　　　　B.没有

5.请问本单位是否有下一年度社工服务改进计划（形成文字材料）？（　　　）

　　A.有　　　　　　　　　　　　　　B.没有

三、管理与执行

1.请问本单位当前开展社工服务的方式是(可多选)：(　　　)。

　　A.单位内部转岗或自主招聘社工来开展

　　B.与社会组织合作,由其派驻社工来开展

　　C.民政局派驻岗位社工来开展

　　D.购买外部督导或培训资源

　　E.其他

2.请问本单位是否针对社工服务,设立有专门管理制度？(　　　)

　　A.有(具体是　　　)　　　　　　　　B.没有

3.您认为目前本单位管理制度或办法是否能满足社工服务开展的需要？(　　　)

　　A.可以满足　　　　　　　　　　B.不能满足

　　C.说不清楚

4.请问本单位是否设有专门科室管理或组织社工服务(如社工部、社工科等)？(　　　)

　　A.有(具体是　　　)　　　　　　　　B.没有

5.请问本单位是否有社工与其他部门人员的工作沟通协调办法(有文字记录)？(　　　)

　　A.有　　　　　　　　　　　　B.没有

6.您认为开展社工服务的有效途径是(可多选)：(　　　)。

　　A.培养内部工作人员　　　　　　B.借用社会组织派驻社工力量

　　C.借用外部督导或培训资源　　　　D.其他(　　　)

7.请问本单位是否因各种原因在不同时期存在社工空岗情况？(　　　)

　　A.满员　　　　　　　　　　B.部分时段有空缺现象

　　C.不清楚

四、支持与推进

1.请问本单位社工服务是否有培训或督导计划并执行？(　　　)

　　A.有　　　　　　　　　　B.没有

2.请问本院(中心)是否进行过管理层与督导或承接方社会组织的沟通交流？(　　　)

　　A.与督导有交流　　　　　　B.没有

3.请问本院(中心)对新入职社工是否有指引协助办法？(　　　)

A.有   B.没有

4.请问本院(中心)是否为社工服务开展链接了各方(政府和非政府的)资源?(   )

A.有(如   )   B.没有

5.请问本院(中心)为社工服务开展投入的人力、财力和物力等资源是否能够满足服务开展的需求?(   )

A.完全满足   B.基本能满足

C.资源较为欠缺   D.完全不能满足

6.请问本院(中心)对社工是否实施过各种激励措施(考证、工资福利、评优等)?(   )

A.有(如   )   B.没有

7.请问本院(中心)社工是否有薪酬增长机制?(   )

A.有   B.没有

C.不清楚

8.您认为当前社工服务发展主要取决于(可多选):(   )。

A.资金   B.相关部门的制度、政策

C.领导重视程度

D.单位内部对社工的管理和支持

E.社工自身素质、数量及稳定性

F.其他

五、服务成效考核

1.请问本单位对社工人员的绩效考核办法是:(   )。

A.单位内执行一套考核办法

B.针对社工人员专门制定考核办法

C.不清楚

2.请问本单位内部是否有社工服务成效评价机制或办法?(   )

A.单位内各业务部门执行一套考核办法

B.针对社工服务专门制定考核办法

C.不清楚

3.本单位是否在服务对象或员工中开展过社工服务效果的民意测评(如调查)?(   )

A.有   B.没有

C.不清楚

4.您认为本单位社工服务成效主要体现在(可多选):( )。

A.化解服务对象生活困扰,提升服务对象生活品质

B.协助本单位更方便地实施管理

C.提升本单位社会形象,树立良好口碑

D.其他＿＿＿＿＿＿＿＿＿＿＿＿＿＿＿＿＿＿＿＿＿＿＿

5.本单位是否建立有服务对象对社工服务的申诉或投诉办法?( )

A.有　　　　　　　　　　　B.没有

C.不清楚

六、服务成果推广

1.请问近年来本单位社工或社工服务有无获奖(社工项目、社工个人、督导、优秀案例等)?( )

A.有(具体是＿＿＿＿＿＿＿＿)　　　B.没有

C.不清楚

2.请问本单位社工服务是否有品牌推广计划与行动?( )

A.有(具体是＿＿＿＿＿＿＿＿)　　　B.暂无

C.不清楚

3.请问本单位社工服务是否有研究成果推广或发表?( )

A.有　　　　　　　　　　　B.没有

C.不清楚

4.请问本单位是否参与过本地社工服务标准起草或行业组织组建等工作?( )

A.有　　　　　　　　　　　B.没有

C.不清楚

七、您对福利机构社工服务推广的建议是:＿＿＿＿＿＿＿＿＿＿＿＿＿＿＿

＿＿＿＿＿＿＿＿＿＿＿＿＿＿＿＿＿＿＿＿＿＿＿＿＿＿＿＿＿＿＿＿＿＿＿

问卷结束,再次感谢您的大力支持,课题组全体人员祝您生活幸福!

四、公办福利机构引入社会工作服务的具体过程

(一)专业服务的推进形式

　　1.人员分工方面,职责划分在调研机构中呈现多样化态势,如按服务对象、服务内容、服务地点等进行分工。大多数公办福利机构按照服务对象人数比例(老人、儿童等)将社工分配至各个部门。按服务内容来分,多数公办福利机构由项目社工或内部社工(内部转岗、内聘)等直接开展社会工作一线服务,亦有部分福利机构社工服务依托跨专业服务团队来共同完成,譬如上述粤东地区 P 社会福利中心要求所有社工每周深入各楼层四次。为减轻专职社工的工作量,P 社会福利中心实际操作中由专职社工负责拟定服务计划,并负责个案跟进①,而一线社工服务则依托依靠考取社工资格证的原有活动员、特教老师来执行。新入职社工也需要参与一线社工服务,以熟悉工作流程。被调研的公办福利机构均重视社工与服务对象服务关系的建立,通过社工对院舍服务对象的定期、经常性深入走访,从专业角度来说,方便社工了解服务对象需求,收集服务对象反馈,建立并巩固专业关系。按服务地点分,广州市 B 社会福利中心由福利院内部社工跟进院内儿童社工服务,而由项目社工跟进院外服务儿童与青少年。肇庆市某镇 X 敬老院项目点有 4 位社工,负责院内孤寡老人服务和社区五保、低保、残疾、复退、留守老人等服务。社工一周约 2 天在敬老院开展院内服务。在推进策略上,X 敬老院社工在项目伊始以康娱服务为主,后随着专业关系的深入建立,社工开启个案服务,对老人的需求瞄准更加精准。

　　2.文书记录是反映社工服务过程与检讨服务成效的重要依据,在项目

---

　　① 研究者在公办福利机构社工服务调研过程中,发现部分机构存在思维误区,即认为个案能体现最高专业难度,而小组、社区工作难度较低。这一思维导致其开展服务时,对个案服务存在畏惧心理,而小组、社工工作难以达到应有的专业高度。在服务流程方面,部分机构将社工服务执行与文书记录等割裂,认为是为社工减负,实则是对社工专业的偏颇理解所致。对服务改善极具价值的社会工作研究或政策倡导等间接手法在当前阶段尚未引起足够关注。

购买情形中,由于社工通常在项目约定指标之外,还会应购买方要求,协助公办福利院在合同指标之外开展更多内容与数量的专业服务或一般性活动(涉及购买方对购买内容不清晰以及购买双方的不对等地位),因此部分地区社工管理进行了变通性处理,即指标内专业服务有较详细记录,而指标外服务内容不做记录。

3.社工服务宣传方面,在东莞市 G 社会福利中心,社工每月、年底均向公办福利机构进行服务汇报,同时在机构内部发放服务宣传单、在宣传长廊粘贴相关资料等宣传社工服务成效。福利中心要求重视对儿童隐私的保护,因此社工"较为低调",仅限于中心内部社工服务及成效的宣传,对外不做新闻宣传。2016 年,福利中心开辟网站并专设"社工服务"专栏,利于社工服务宣传。同时,G 福利中心与当地残联合作,刊登经典案例至残联杂志。承接方社工机构层面,组建福利中心社工品质宣传小组,每季度编排报刊,发放给相关用人单位,利于宣传。

(二)专业服务的外部支持

1.硬件条件支持:大部分被调研公办福利机构,如佛山市 I 社会福利院、深圳 F 社会福利院、汕头市 P 社会福利中心等均为社工服务提供相对充足的设备、办公场地、服务场所与办公、活动物资、交通工具等。部分儿童福利机构在寒暑假外出就学的儿童、青少年返回较多时,场地、设备会出现相对不足的情形。服务经费方面,东莞 G 社会福利中心、深圳 F 社会福利机构、汕头市 P 社会福利中心等将院内青少年的社会实践主要交由社工负责,经费则由福利机构支付。

2.软件条件支持:主要体现为福利机构管理层及其他工作人员对社工服务的协助,包括服务计划批准、服务对象转介、协助建立专业关系、链接资源支持服务开展等。例如东莞市 G 社会福利中心对于社工服务规划,一般不做否定性干涉(但也会根据中心临时性需要,要求社工增加服务)。中心各部门员工在了解社工的基础上,在社工与儿童之间搭建了解、熟识的桥梁,便于社工获得服务对象信任,并使有需要的儿童转化为社工服务中的个案来源。社工服务初期,汕头市 P 社会福利中心在社工开展服务时会协助动员服务对象的参与。深圳市 F 社会福利机构能够帮助社工联络院外资源,如志愿者、专业讲师等,中心提供的支持能满足社工日常服务开展的需要。

3.福利机构提供支持不足的情形：佛山市 I 社会福利院社工表示在福利机构内部，除了社工部的支持外，院方其他工作人员支持较少，希望在这一方面能有改善，在人力、物力申请协助方面简化社工工作环节。云浮市 Q 社会福利机构社工认为：第一，本院为社工提供的条件较简陋，可能是并不了解社工的工作原因，刚开始社工进驻本院时，院舍为社工办公室提供了两张办公桌和两张办公椅，便没有了其他设备。第二，本院提供的帮助主要是活动中的人手协助。因本项目点仅有一名社工，因此在日常服务开展中，护工会施以援手，但因院内编制人员不足，提供协助的时间并不能保证。因此，欠发达地区公办福利机构在硬件条件方面较为不足，部分福利机构因人员数量有限和沟通信任不够导致跨专业协助有难度。

(三)专业服务内容与反馈

1.服务内容

社会工作者在公办福利机构的服务人群以公办福利机构收养对象为主，员工、家属、志愿者为辅。在专业服务方法上，以直接服务手法为主(个案、小组、社区活动)，间接手法运用有限(以督导服务为主，社会工作研究、社会工作行政等内容涉及较少)。主要服务目标如下：

儿童方面，康复、教育、回归社会是三大目标。在丰富其院舍生活的同时，协助儿童面对可能妨碍其情绪、学业、社交等个人成长中的困难，培养其生活自理能力，协助其适应院外生活，最终促进具备相应能力的孤残青少年回归社会。其中，心理和社会交往辅导是重点，协助儿童自我认知、自我接纳，建立自信和自我支持系统；协助其提升人际交往能力及改善朋辈关系，恢复和强化其社会功能。老人方面，满足康乐需求、精神需求，开展生命教育与临终关怀，服务家属等是主要目标。原有院舍工作专业化和精细化不够，而老人要求日益多元化和个性化，因此院舍长者服务目标一般为：第一，丰富院舍康乐生活，满足长者的情感、社交需求，增进院舍生活的归属感。第二，改善人际沟通，促进老人与院方管理层及工作人员之间的沟通，协助调解老人与家庭之间的关系等。社工需要发挥信息传递和资源整合角色，尽可能减少各种矛盾(包括可能会引发的事件，如投诉、自杀等)。第三，老人自我实现需要，比如持续性学习与培能、展能等。精神疾病等残障者康复机构的服务目标包括丰富院舍生活、协助康复者建立正确的自我认知和生活自理能力训练,并以社会功能恢复、回归社会作为重要服务目标。

服务内容分为直接服务与间接服务:

(1)面向服务对象的直接服务。本课题所调研的公办福利机构,其社工服务内容基本都能覆盖服务对象生理、心理、社会功能等方面,社工服务经验较为丰富的机构表示会采用全程式(入院、住院、出院全过程)、全人式(个人的全方位需求)跟进的方式开展个案管理。按服务对象院舍服务中所处的不同阶段分,具体内容如下:

首先,在调研中,过半公办福利机构表示社工会对服务对象进行需求评估(服务规范化程度较高的机构表示会进行多次动态评估)。服务对象进入院舍初期,社工团队会整合跨专业团队(如医生、护士、康复师、特教老师等)合作评估服务对象生理、心理状态,为其建立康复档案或个人服务档案,设计符合其需求的服务计划。广州市 B 社会福利中心表示对收养儿童从入院开始进行评估,社工牵头成立儿童评估小组,汇总医护、教师、社工的综合建议后,对儿童进行分流,评估为个别化、持续性进行。另外,B 社会福利中心还引入外部社工服务机构参与服务评估,内容包括类家庭收养状况评估、即将踏入社会的适龄青少年生存技能评估以及社区困境儿童(事实无人抚养儿童)评估等。

其次,在评估需求的基础上,满足普遍性康乐类需求是院舍社工服务的切入点和重要内容,保持或强化服务对象的社会功能是社工服务的终极目标。

各类公办福利机构均会在我国传统节日、假日组织大型文体娱乐、外出参观游玩活动。例如汕头市 P 福利中心表示,重阳节会带全部小朋友和一些行动方便的老人去公园开展活动,室外活动让长期生活在福利院的孩子和老人异常开心,活动效果很好。除了社区活动,兴趣类小组(书法、茶艺、手工、歌唱、美术、厨艺、读书读报、运动类等)和专业类小组(如缅怀、健康教育、生命教育、园艺小组、社会生活训练、职业训练等),各类培训和讲座也为常见形式。在此过程中,按照服务对象不同需求,社工开展个案服务,涉及内容含院舍适应性辅导、协助医疗康复(督促服药、康复训练、异地就医等)、心理辅导、情绪疏解、信息咨询、增能展能等。对青少年、儿童的个案服务包括自理能力培养、学习教育(针对院内特教技能班及外出就读的孤残儿童开展)、人际关系辅导、生涯规划等;对老人开展的个案服务包括重建或强化家属支持、化解院舍生活矛盾等。东莞市 G 社会福利中心在访谈中表示,个案服务已经实现全院 105 位长者全覆盖。社工除了跟进问题需求明显以及积极参与服务的长者外,更将个案跟进的重心投入到重病、卧床、较少参加社工服务等长者方面,为他们提供兜底性服务。

例如东莞市 G 社会福利中心社工团队以促进孤残儿童及青少年身心健康成长、推动其社区融入为目标,拟定以下儿童分类服务内容(见表 4-4):

表 4-4 东莞市 G 社会福利中心儿童分类服务表

年龄段	是否入学	服务类型	服务项目	服务内容简介
0~6 岁	否	补救性	"大哥哥大姐姐"计划	对 20 名孤残儿童进行言语、认知、精细动作方面的训练,使 9 名儿童语言及认知能力提升
6~12 岁	否		"小小向日葵"关怀计划	基本的认知技能,提高其对日常生活所接触事物的认知程度,听懂指令,发展多元智能,培养良好的行为习惯,鼓励孩子主动交流
12 岁以上	否		"青青展翅计划"	提高大龄儿童生活技能,培养自我照顾能力,塑造家庭责任意识
6~15 岁学龄儿童青少年	已入学		"微课堂"学生课业辅导项目	主要透过"社工+义工"的服务模式,针对学习成绩不理想的低年级学生开展一对一辅导服务,提供诸如拼音补习、算术班等服务,以帮助其完成学校的学习任务
0~15 岁全体		发展性	多元智能培育发现社区之美	在中心的大力支持下,根据儿童的年龄、智力发展等特点,两个部门联合社工共同设置了更具针对性、更多元化的社会实践及户外活动,每月 1 次外出活动

续表

年龄段	是否入学	服务类型	服务项目	服务内容简介
15岁以上	是		弱势青少年社区融入项目	培养青少年独立生活、社会交往、工作学习能力,促进其从体验社区、了解社区到参与社区服务、融入社区
	否		"职青路"青年就业辅导项目	培养15岁以上待业青年的社会生活技能及职场与不同群体互动技巧,协助其做好就业准备。通过个案辅导方式,协助18岁以上青少年进行求职,并稳定就业
18岁以上			成年孤儿安置工作	18周岁以上,工作稳定就业后,协助其树立自力更生意识,能够在社会独立生活。根据东莞《成年孤儿安置办法》,协助青少年进行户口迁移,完成安置工作
宿舍及寄养家庭儿童青少年服务		预防性		培育学生正向行为,构建良性的生活环境。分别设置学习习惯培育、卫生健康、安全、文明礼仪及人际交往和生活习惯培育7方。通过对寄养家庭及学生宿舍开展家访,及时了解学生学习生活动态。同时对宿舍管理员及寄养家长的工作进行监督指导,以推动儿童养育事业稳步发展

再次,离院阶段,社会工作者一般对长者开展临终关怀与哀伤辅导等服务,对孤残青少年进行类家庭或寄养生活状况跟进或收养跟进(家访、家长辅导等)、升学辅导或职前培训、链接庇护工场与就业资源等安置服务。

(2)间接服务内容

在调研机构中,社会工作间接手法主要表现为志愿者管理、社会工作督导、参与政策及行业标准拟定、社会工作行政等方面。志愿者服务能有效促进院舍服务对象与社会的联结,因此志愿者管理亦是院舍社工服务的常规服务领域。在珠三角地区的公办福利机构,因高校、企业等志愿者资源相对充沛,社工能对志愿者队伍做到精细化管理,在志愿者队伍的稳定性和服务能力上有较高要求,并制定有流程化、制度化管理办法,例如广州市 B 福利院院内社工整合社会资源,负责志愿者管理,目前与知名民营企业志愿服务团队建立长期稳定合作关系,对于高校志愿者招募和遴选,也需通过以下流程:院方需求发布—学生报名—长期培训—筛选、择优录取。江门市 V 社会福利中心在来访志愿者方面有如下管理办法:一次性志愿者服务由福利机构根据情况临时指派部门跟进;持续性志愿者服务,则由社工部门专门跟进。少部分福利院内部推进党员志愿者工作,安排院内党员工作人员与院内老人、儿童结对子,以弥补常规性院舍服务的不足,此种方式对志愿者的理解是否恰当值得商榷。为提升院内工作人员对社工服务的理解、配合与参与,提升其服务能力,社工理念宣传、员工培训、员工减压及亲子服务等社工也会积极策划与组织。东莞市 G 社会福利中心在志愿者与院内儿童结对过程中,对志愿者稳定性提出较高要求,以保障儿童与外界稳定的情感与信任关系的链接。

督导方面,不少地级市民政局在不同时期引入过香港督导服务。例如粤东地区某市,2015 年当地社会工作者协会派驻香港督导进入公办福利机构开展督导服务。由于便利程度有限、购买资金有限,此阶段香港督导为 2 个月开展一次督导工作,且方式为各单位项目点轮流督导,团督培训形式居多。因此,督导服务的精细化和专门化程度受到制约。在社会工作行政与管理方面,派驻社工一般接受承接方社工机构和公办福利机构的双重管理。出于管理便利性的考虑,部分岗位购买形式的公办福利机构中,派驻资深社工被其所属社工机构赋予督导与管理双重角色,对其他社工行使行政管理与专业指导的职责[①](例如深圳市规定,21 名社工配备一名初级督导,7 名社工配备一名督导助理。初级督导或督导助理在社工服务机构中,兼管理和督导双重身份)。

---

① 行政的特征是自上而下,而社工需要是自下而上的倾听与协助(邵卓晨等:《社工督导与"体制内"社会工作发展》,载《中国社会报》2016 年 3 月 28 日)。两种角色重叠,是否达到行政与督导各自的目标,值得实践探索。

社会工作研究、参与政策拟定等对社工学历背景、专业能力和所在机构的行业影响力等有较高要求,因此仅在少数发达地区的公办福利机构中有所体现,如广州市 B 福利院社工部部长曾参与民政部儿童福利服务行业规范设计,在困境家庭儿童(父母残疾、犯罪、失踪等)、困境儿童(病、残或遭遗弃)等新型弱势儿童社工介入方面均有专业服务倡导。广州市 C 老人院亦主导广东省《养老机构社会工作服务规范》拟定与意见征询,由广东省质量技术监督局权威发布,同时,该老人院在联合高校进行实习生培养、联合开展科研课题方面不乏先例。在深圳市南山区某社会福利中心,佃女士为2016 年深圳社会工作者协会首批认定的中级督导之一,她在解答、示范、指引一线社工开展服务的同时,也曾作为民政部发布的《老年社会工作服务指南》撰写团队中的一员。佃女士从事老年社会工作领域服务 9 年,在总结服务经验并参与行业标准制定、推动老年领域社工发展方面也做出了积极贡献。[①]

社会工作行政方面,部分派驻社工(尤其是项目式)在服务的同时兼任管理角色,对人员调整、内外接洽、财务管理等负有直接责任,受调研的部分一线社工也表示会参与院舍环境布置或实习实训基地的建设与运作工作。

(3)社工服务的差异化表现

广东省地级市公办福利机构在不同时期均已经开启社会工作服务(个别地区开启后暂停,如粤西地区 T 福利院),然而因省内不同地区经济环境和发展理念存在差距,不同福利机构社会工作专业服务在全面性、精细化、稳定性以及服务深度等方面体现出差异。全面性指向服务对象的个别化、全程式服务是否到位;精细化指向服务对象身体、心理、社会等层面需求覆盖的完整程度;稳定性指向专业服务在资金、人员和服务方面的可持续性状态;服务深度指向专业理念、原则、理论和专业手法的运用层面。在调研对象之中,专业服务探索实践较长、资金较有保障的珠三角地区在专业服务的全面性、精细化、稳定性以及服务深度等方面呈现出现阶段较为理想的发展状态。例如广州市某区 A 福利院目前项目经费为一年 40 万,配备 4 名专业社工(3 名专业背景为社工,1 名为社会学)。社工服务的推进策略已归纳为依次从活跃老人到一般老人,再到失能失智老人,最后为临终关怀服务。

---

① 罗莉琼、王冠:《深圳 24 名社工成全国首批中级督导 每月补贴 8000 元》,载《深圳特区报》2016 年 8 月 23 日。

社工服务从过去的院舍服务发展到现在从入院咨询、院舍生活到出院后的全程式跟进。社工站内设有工作程序指引和制度规范。因精细化服务迎合服务对象与院舍管理层各类型、多层次需求,该社工服务得到购买方较高评价。

部分地区社工专业服务在全面性和精细化方面有所欠缺。茂名市 S 福利院内老人享有社工服务,正计划对院内儿童开展个案服务跟进,因此服务全面性在当前阶段有提升空间。清远市 W 福利院和汕头市 P 社会福利中心,社工服务主要形式为小组和社区活动,系统性个案服务较少。中山市 M 颐养院(公办民营)院内社工服务主要为社区活动和个案调解。传统观念和社工服务技巧不足造成的制约也在影响着社工专业服务手法的施展,例如粤东地区 U 福利院因院长忌讳临终关怀的表述,拒绝社工参与其中,因此此项服务未能开展。

广东省欠发达地区社工服务稳定性欠佳,资金不足成为其主要障碍。粤西地区 T、N、Q 三家社会福利院和粤北 W 社会福利院、粤东 U 福利院等均在不同阶段或持续性面临资金困难,从而导致社工人员流动率高和专业服务时断时续等不利情形。① 中山市 M 颐养院(公办民营)的社工服务是否开展视能否募集到赞助资金而定,缺乏赞助社工服务就无法进行,因此服务常规化、持续性未有保障。

部分地区社工服务在专业深度方面亟待提高。例如粤东 U 社会福利院专业服务开展过程中,社工认为:"像小组活动,一开始社工与服务对象都比较有热情,后来因为院方支持有限,活动经费较少,再加上老人文化程度较低,120 个老人中认字的不足 10 人,理解能力有限,还有生理原因,如严重耳聋,沟通和交流困难,缅怀疗法等专业性较强的难以开展,只能开展浅层次的康乐活动。服务对象都是同一拨老人,无新人加入,活动乏味,吸引力有限。"从表述中,社工认为院方支持不足、老人自身条件所限,是无法开展深度服务的原因。值得思考的是,院方支持不足确实构成社工发展的障碍,但是社区、社会资源的链接可以作为弥补。对老人而言,深度服务并非完全依赖于其较高文化素质和健康体魄,只要契合老人当前的生理、心理、社会参与等现实性需要,都可以在整合跨区域、跨团队资源的前提下体现应

---

① 个别专业服务中止、不稳定由外在、不可抗因素所致,如诸如病毒爆发,出于为服务对象健康考虑,粤东 U 福利院儿童服务暂时停止。

有的专业水准。抛弃对老人当前需求的精准定位，一味追求缅怀、艺术、叙事等专业手法的运用，恰恰反映出社工的专业能力局限，任何抛弃服务对象主要需求的服务内容均难以体现其专业程度。中山市 M 颐养院（公办民营）对社工服务并未有清晰界定，他们在部分时段集中开展"春雷计划"，将聆听、探访、组织外出等任何积极、正面的服务都模糊化为社工服务，推进人员为社工加院内义工（该院将院内其他工作人员视作"义工"，概念界定不足）。在广州残疾人康复 D 农场，社工专业特殊性并未得到普遍认可。不同专业背景的工作人员共同承担服务对象的需求评估与医疗康复、生活安置、家属联络、就业促进、紧急事件介入等工作，按服务对象人头划分服务范围，专业社工并没有特定工作内容。

　　（4）社工服务的特色内容

　　广东省公办福利机构社会工作专业人员在老人、儿童、精残康复者服务中不断探索适合服务对象生理、心理、社会需求的特色内容。

　　老年服务方面，社会工作者在院舍适应、精神需求、临终关怀等方面获取探索成果。例如东莞 G 社会福利中心在长者入院导向适应服务方面经验颇丰，针对中心随时有长者申请入住的情况，在督导指导下，社工组制定出长者迎新导向服务流程，对处理新入住长者适应个案时帮助较大。长者入院导向工作流程如图 4-2 所示：

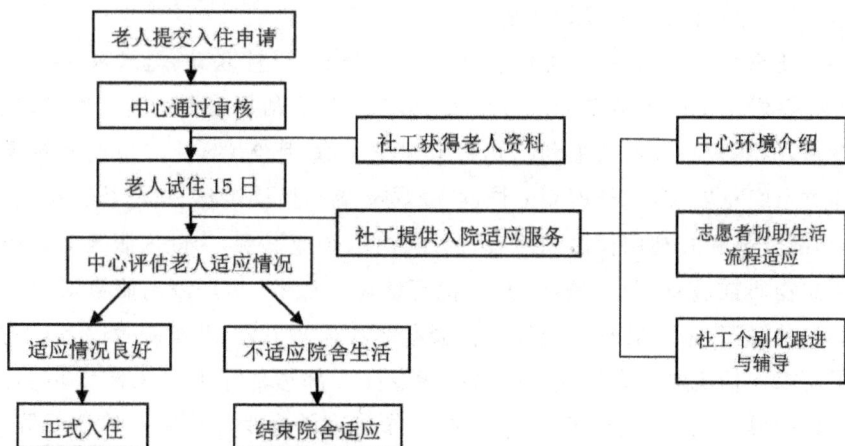

图 4-2　G 社会福利中心长者入院导向工作流程

在老年福利院,部分老人刚入住时对中心较为陌生,缺乏熟悉的院友支持,对社工服务了解甚少,表现为长时间待在房间而较少外出。社工获取新入住老人信息后,及时开展迎新导向适应服务,一方面向老人介绍中心的生活环境、饮食习惯、娱乐健身以及园林景色等,另一方面也引领老人接触和认识其他院友,推介社工服务,鼓励和动员老人积极走出房间、参与社工服务,协助新入院长者愉快融入院舍生活。

广州市 C 老人院社工团队根据长者不同需要设计不同特色服务内容,譬如结合本院在长者痴呆护理照顾方面所投入的设施设备、人力物力和较为专业的医学介入手法,在院内辅助医护人员开展痴呆长者认知训练、感官刺激等专业服务;对于文化程度相对较高的长者,社工推广耆老学堂、老年大学与传统文化基地(儒释道)服务项目,并定期为有宗教信仰的老人举行简易宗教仪式活动,满足长者精神层面的自我发展与灵性需求;针对一些重症临终患者则提前开展宁养关怀与生命教育计划(广州市 C 老人院该服务获得民政专项拨款)。

部分福利院(如广州市越秀区 A 福利院)还组建包括医护在内的跨专业团队,为有需要的长者提供临终关怀服务①与哀伤辅导服务,并梳理出相应流程为:医护转介多方评估→收集资料→上报院方→家属沟通(注意措辞)→具体服务策划(陪伴、表达遗憾或遗愿、家人关怀、朋友、环境改造、情绪支持、死亡认知)→成效评估。

儿童服务方面,社会工作者在类家庭服务、三社联动、需求评估体系等方面探索出了较为典型的服务模式。类家庭(福利院出资租用廉租房,配备设施,招募爱心家长与福利院儿童组建类家庭)服务中,社工根据儿童需要和类家庭意愿,定期开展家庭访问、家属交流与培训工作。"三社联动"服务中,部分福利院利用社区志愿者、驻区学校、企业资源,为院内服务对象链接所需物质或教育、就业资源,开展稳定性志愿服务,扩展院内服务对象与社会的接触面,增强其社会交往与社会参与功能。另外,儿童院舍服务还完善了需求评估机制。在广州市 B 福利院,社工部形成了儿童入院评估体系、儿童领养评估体系、年满 18 周岁有工作能力的青少年出院评估体系等;在

---

① 鉴于中国传统文化对死亡的避讳以及长者对其高度敏感,生命教育与临终关怀的实践面临较大挑战,甚至个别公办福利机构管理者本身不能接受临终关怀理念,而使相应服务无法实践。

具体服务开展过程中,自2013年派驻社工引入以来,为类家庭收养状况、社区困境儿童(事实无人抚养儿童)院舍转介、即将踏入社会的适龄青少年生存技能及心理状况等也建立起动态评估机制。需求评估、过程评估和结果评估成为社工专业服务中不可或缺的连续环节。

精神康复者方面,社工在使其成功就业、回归社会方面获得成功案例。广州市残疾人康复D农场经过企业资源链接和职业培训,帮助数名康复者在餐饮连锁企业稳定就业,社工对其有长期跟进与协调服务。园艺治疗方式在精神康复者领域运用较为广泛。

2.服务对象的反馈

(1)服务对象访谈汇总

本部分调研,研究者采用半结构式访谈与问卷调查相结合的方式进行。调研过程存有较大难度,一部分福利机构对外界调研服务对象的动机存有疑虑,配合程度有限,因此调研范围和调研人数受到一定局限。2016年1月至2016年8月,基于公办福利机构管理方的配合意愿,课题组分别对广东省5城5家公办福利机构的17名服务对象进行了访谈调研,其中包括7名老人、10名青少年。另外,在广州市1家区级福利院通过问卷形式集中调研了40名老人。因公办福利机构老人以生活不能自理或半自理者为主,儿童青少年以病残人群为主,本研究选取部分健康状况相对较好,曾参与社工服务的服务对象进行调研。调研所涉及的6个城市分布于广东省珠三角地区以及经济欠发达地区,调研内容包括服务对象社工服务参与状况、满意度与相关建议等内容。访谈与问卷具体情况如下文所示,受访服务对象基本情况如表4-5所示:

表4-5 公办福利机构受访服务对象基本情况

地区	性别	年龄	入院时长	身体状况
东莞	女	78	2年	有高血压、骨质疏松、痛风、风湿等常见疾病,总体良好
	女	88	10年	没大毛病,生活能够自理
	男	78	不详	除痛风、骨质疏松等常见疾病外无其他病痛
佛山	女	76	3.5年	体健,开朗,乐观
	女	80	2.5年	身体一般,有小病痛
	女	82	8个月	身体比较差,皮肤痒

续表

地区	性别	年龄	入院时长	身体状况
汕头	男	16	5	身体健康
	女	25	15	唇腭裂术后
	女	26	17	紫癜
	女	27	17	白癜风
	女	30	20	身体健康
深圳	女	17	8.5年	身体健康
	男	19	10	身体健康
	男	16	15	智力低下
	男	15	14	轻度脑瘫
	男	20	18	身体健康
云浮	男	85	4	身体健康

受访对象对社工服务的了解及参与程度：17位服务对象均对社工服务有所了解和参与，但具体程度有差异。青少年服务对象因接受教育相对规范，因此倾向于对社工服务主题和名称有较多了解，而长者对社工服务所传递的精神、社交功能有深刻体会。

受访公办福利机构青少年均认为对社工服务有了解，曾参加过相关服务，如户外活动（梅林绿道徒步行、购书活动、创伤治疗团体活动、拓展或郊游、公益劳动等）、小组工作（如心理辅导、人际交往学习、小吃制作、读书小组、主题电影等），也接受过一对一的单独个案辅导。深圳市F社会福利中心一位成年女性服务对象（部分福利院存在孤残儿童因多种原因无法实现院外独立生活，长期生活于院内的情形）称："参加过社工多次活动，社工的工作范围和服务对象很广，从现实层面来说，社工并不是一个收入很高的工作，但是对福利院生活的人来说，可以促进他们的个人成长，是一件好事。通过不同的活动，接触不同的人，作为社工和服务对象都是双向进步，同时获得了发展和收获。"

受访长者多数身体较为健康，积极参与院内社工提供的各类专业服务。云浮市Q社会福利院一位80多岁高龄的阿伯向研究者呈现了一份手写的极其工整、长达四面的院舍生活反馈（部分与社工服务有关，见文尾附录

3)。反馈显示,该阿伯一年来多次参加过××社工组织(项目承接方社工组织名称)举办的敬老慰残活动,其中院内活动有聊天慰问、体检、康乐活动,逢年过节、过生日有庆祝活动,院外活动有联欢游玩观光。这些活动中,最近感觉比较满意的活动是 2016 年春节前的一次活动,儿童、老人、领导、职工等一起参加了院内康乐活动,院长也来视察。另一位老人说:"每次有社工活动我都很积极参加,参加完之后我觉得人都会开心点,平时生活上有什么难题我也会请教社工,这里的社工也会定期过来跟我聊天,问问我最近的情况,对我也很关心,就像我参加的唱歌小组一样,我学了很多歌,有几十首了,平时在房间的时候我喜欢拿这些歌词出来看看,唱一唱,唱得还挺大声的。"第三位老人表示:"唱歌、写毛笔字这些我都很喜欢,不过最喜欢的还是游园会,每年圣诞、中秋这些节日的时候,社工会组织开展游园会,每个摊位都会有很多游戏玩,也有志愿者来陪我们一起玩,很开心。"佛山市 I 福利院一位老人说:"参加过合唱队、植树小组等等,都很好。"

社工服务为受访对象带来的改变,长者和青少年分别做出陈述:

长者:第一,丰富院舍生活,满足心理慰藉与院内人际互动需求。社工服务让院舍服务对象告别了过去单调乏味的院舍生活作息,生活变得更加充实。① 佛山市 I 社会福利中心老人表示:"社工组织室内外活动方面,总体来说蛮好玩的,有些活动很有趣。"深圳市 F 福利院老人谈道:"在这里学习了太极、早操、画画等;按时做操,在时间上生活有了规律,开心,社工改善了我们的生活,感觉生活充实了很多,丰富了我们的业余生活。"佛山市 I 福利院老人表示:"驱散了老人、儿童生活中的寂寞、孤独、清冷气氛,增进了人际间的友谊、团结与和谐,从而感到大家庭的温暖和友爱。"深圳市 F 福利中心一位年轻人说道:"觉得社工服务很好,经常有一些手工活动和外出活动,丰富了我们的生活,参加活动感觉很快乐。"

东莞市 D 福利中心一位阿婆表示:"我在福利中心的好朋友都是通过社工活动认识的,我们一起参加活动,活动结束后也一起聊天、喝茶。本来

---

① 调研过程中,尽管研究的客观性要求研究者保持价值无涉原则,然而当多个服务对象充满感情地陈述对社工服务的称道和感谢时,研究者内心一次次被一线社工的敬业态度和专业化付出所打动。他们把青春和汗水挥洒在社会最弱势人群生活的地方,令人心生敬意。固然,本研究亦从不同侧面发现影响社工服务成效的诸多因素,对其表现也有实际观察。因此在褒扬的同时,研究者会秉持客观中立原则,就服务的弊端和改进途径进行全面解析。

我还担心一个人住在这里会很寂寞,没想到有社工为我们服务,很感谢他们。""很开心,社工们对我们老人很好,每天都有活动,生活也变得丰富起来,时间也过得快一些。我们一群七八十岁的老人,社工每天把我们聚在一起,无论是什么活动,大家一起聊聊天、见见面,就已经很开心了。"云浮市 Q 社会福利院一位老人认为,社工服务让院内形成了互帮互学的气氛,好像一个大家庭。他举例说,在一次节日活动中,老人要把半成品剪纸灯笼做成成品灯笼,就必须动脑动手。做成了,老人就得到康乐的好处。首先,在制作灯笼的过程中,老人可能会互相商量、帮助、学习、欣赏,人与人之间自然会产生热情、友谊、仁爱、乐趣和自信,有利于老人身心健康。其次,灯笼曲线优美,得人喜爱,社工们有美学的观点,他们把美学运用到老有所乐的敬老活动中,使老人做出了美好的事物,又从中得到美的享受,灯笼还可以成为春节的庆品,一举三得。再次,社工们把一部分灯笼送给小朋友,另一部分留给老人。春节前,他们来院搞节日装饰,他们先把灯笼分别挂在幼儿院和老人区的走廊,然后还在门上粘上门贴,在墙上粘上墙画,呈现出一片节日的喜庆气氛,男女老少好像在一个大家庭里共同创造节日庆品,内心感到温馨、快乐、幸福、自信。

第二,长者优势和能力得以发挥,个人价值感增强。部分服务对象还从受助者转变为助人者,发挥个人能力优势,服务院内长者。东莞市 D 福利中心老人谈道:"最喜欢的是唱歌小组。一开始参加唱歌小组时是社工教我们唱歌,因为我本身热爱唱歌,所以在小组中表现比较积极。后来社工找我,希望我可以尝试担任唱歌小组的老师,教组员唱歌。刚开始我有些害羞,担心教不好,后来慢慢摸索出了门道,现在我已经教到第十七首歌啦!每周一下午,我们十多个老人家就会聚集在活动室唱歌,普通话的歌、粤语的歌,什么歌我们都会学唱,平时院里生日会我们还会登台献唱。社工会与我交流、探讨教学的技巧,譬如要唱慢点、一句一句地慢慢教、重复练习等等。退休前我是幼儿园老师,想不到来了这里还能发挥一技之长,我也不让别人叫我老师,大家都是相互交流、相互学习。自从教唱歌后,每教一首歌都会提前练习,看看怎样能教得更好。感觉很开心,可以跟大家一起唱歌。"

第三,院舍服务对象与外部联结增强,其社会参与能力得以保持。云浮市 Q 福利院阿伯表示:"2016 年 8 月,顺德大良社工和云浮××社工组织(项目承接方)携手举办了一次敬老活动,很有特色,想不到他们竟然把青少年朋友也带来了,让他们对老人亲近地叫爷爷奶奶,谈话、握手、喂食、同唱同乐、合影，在真实的场面里，在具体的实践中受到德孝仁爱教育，这样做，就比课堂教育进了一步，比单纯给糖果、饼干慰问意义大一点。一位男社工还从房间到现场来回背一位 96 岁阿婆参加敬老活动，让人感动。"珠三角地区 D 社会福利中心一位长者表示："每天上下午都有活动，定期有志愿者探望，陪伴聊天、做手工，不定期还有粤剧表演、义诊、义演，很开心。"

青少年：自我认知能力提升，优化人际关系。这一改变在公办福利机构青少年群体中体现得较为明显。珠三角东莞市 D 社会福利中心两位受访青少年提道："社工服务提供了不同建议让我去选择与思考，听着她们的故事才发现，我在学习，他们也在学习，学会包容与谅解。""通过社工服务，对自身了解更加深入，与周围亲戚朋友及同学的交流增多了，相互之间的关系也得到改善，社工带来了正能量，让我们的生活越来越美好。"深圳市 F 福利中心受访青少年举例说："绿林徒步是一个不错的活动，因为它让我知道了团队的意识，单靠一个人的力量是不够的，团结才是力量；而且徒步对促进心血管系统的活力、提高呼吸肌功能等能产生良好的作用；同时，现在科技这么发达，你走出来的步数记录也可以作为一个公益慈善的募捐。"同机构另一位青少年也谈道："在外出活动中，体会到分享的快乐，对自己有所评价和反思。"第三位青少年对社工亦有观察和评价，他提道："集体活动中，社工与我们共同参与，发现他们也有不完美的时候，但这是一个学习契机。我从同龄的孩子和社工身上，从他们好的和不好的地方，都能学到很多。"粤东地区 P 社会福利院两位青少年均谈道："社工帮我更好地了解自己，改善了和同学、朋友的关系。"

从以上陈述中可以看到社工服务带来的成效：服务对象心情愉悦、乐观开朗，精神面貌得以改善；服务对象社会接触面增多，社会参与能力得以保持。部分长者发挥余热，个人优势和自我价值得以实现，青少年自我认知和社会融入得到增强，社会工作专业的优势视角和增能理论得以呈现。仅有一位受访者表示暂未发现社工服务带来的个人改变。

受访服务对象对社工服务的评价：

第一，社工的服务态度、服务内容和服务成效获得认同。受访对象普遍表示出对本机构社工服务的较高满意度。佛山市 I 福利中心老人表示："有了基层社工为我们服务，很多事情都可以获得帮助。"另一位老人也表示："不错，对群众态度好，很关心我们，例如我听不懂时，社工会耐心教导。"云浮市 Q 福利院老人积极评价社工活动成效，称："敬老活动中社工观点明确,考虑周到,意义实际,方法简单,效果比较满意,是一次老有所依、老有所乐的敬老活动。总体上来说,社工服务是一种高兴的、可喜的社会活动,是老龄化社会不可或缺的事,好在社会德孝常在,社工爱心无限,所以三年来,社工服务活动的内容、形式、数量、时间都比较符合老人实际,因而老人容易接受,社工服务受到欢迎,进而充实老人精神生活内容,驱散老人内心的负面思想。目前能做到这样的程度是良好的,效果是可喜的。"

第二,社工服务存有不足,汇总意见如下:首先,(社工服务)有些很有用,但有些也有点无聊,不是很有趣。其次,(社工)院外活动太少,见闻闭塞,眼界狭窄,知识贫乏,人际空虚,身心拘束,情绪烦闷。封闭式养老是否符合老人要求,是否有利于老人健康,值得社工去研究(云浮市 Q 福利院老人写道)。① 再次,部分服务的沟通环节不够到位。佛山市 I 福利中心一位老人提道:"希望多点沟通,有商量就会有好的办法出现。"个别福利院青少年对社工活动组织的细节表达了意见。

社会工作服务的改善建议:第一,受访长者提出,希望社工服务数量增加,服务形式更加丰富多样。深圳市 F 社会福利中心老人认为,无论活动个数,还是活动形式,都可以再多样化一点,当然现在这里的社工已经做得很好了,我们也很感谢他们的付出。佛山市 I 社会福利中心的老人表达,希望可以有更多游园活动或是玩游戏的环节,因为年纪较大,各项能力慢慢减弱,所以我们主要是想开开心心地过每一天就好了,以前小的时候没有条件玩这些游戏,现在"返老还童",希望可以玩多些游戏,开心一下。同机构另有老人提出,我们在手工制作上有很大进步,日日都有活动,还有很多(内容)要学,不过社工工作人员太少了,希望可以增加一些人员。云浮市 Q 福利院老人对社工服务开展的内容提出了具体化建议:① 唱歌:唱本地山歌——喜闻老家事,激发爱乡情;唱儿歌——忘老——年迈心轻,返老还童,活力再现;唱《祝你生日快乐》《东方红》《国歌》《没有共产党就没有新中国》《万水千山总是情》——大爱无限,活力无穷,能量无尽。② 读书:读《新三字经》——老有所学,自我教育,陶冶情操;读《古典蒙学节选教材》——去粗取精,传承民族仁、爱、德、孝、勤、俭传统。③ 讲故事:讲《我家的故事》——

---

① 院外活动较少的情况,在调研中,研究者了解到社工根据身体—心理—社会的三维服务设计理念,会拟订相关院外活动计划,但因部分福利院管理方考虑服务对象的人身安全或增加管理成本,对社工相关外出活动会进行限制。

家风，家教，家训，家规，家人，家事，传家宝；讲《我家或家乡的人、事、风俗》——过节，生日，婚嫁，入伙，满月，风光，美食，特产，习俗，旧人旧事（旧情故事），新人新事，新貌，新风；亲戚，朋友，兄弟，乡亲，好友，好事，旧情，新谊；春耕夏耘，秋收冬藏；进城，升学，盖楼，买车。读浅易唐诗或者其他浅易古诗词。④ 做手工：做折纸手工，做跳绳变形游戏。①

　　第二，希望社工服务能满足不同人群的差异化需求。部分受访者建议社工增加对服务对象的了解，能回应部分特殊需要。东莞市 G 福利中心老人表示："希望社工多为我们设计一些益智类的游戏环节。毕竟人年纪大了，记忆力在慢慢衰退，社工之前在小组中教我们玩的'串名字'的游戏（我是坐在×××旁边的×××旁边的××）、限时记忆的游戏（限定时间内记忆物品名称）都很有趣，也很有意义，让我们的记忆得到了锻炼。虽然社工也经常会请些医生来为我们开健康知识讲座，不过医生说的东西，我总是左耳进右耳出，听完就忘记了。年纪那么大了，生活方式、生活习惯都定型了，就不想再改变啦，开开心心地过每一天就好了。"广东省作为人口流动大省，不少福利院生活的老人来自国内各地，即使是广东省内，也有粤语、客家话等不同语言种类。佛山市 I 福利中心老人提出："希望多组织相同语言老人们的团队联谊，有时候和社工、志愿者语言不通，在这方面社工可以组织多一点语速慢的、容易接受的活动。"年轻人则表示："多组织点旅游，让我们有更多放松的机会"，"多一些参与社会体验的活动"。

　　另外，部分欠发达地区福利院社工服务的场地设施与硬件条件欠佳，难以满足服务对象康乐需求，例如院内没有多功能室，没有活动场地，没有图书资料。仅有的娱乐工具——彩电也过于陈旧，只能看农业、军事、新闻三个台。有的老人也无法收看，因为听不懂普通话。常见的卡拉 OK 设备、麻

---

　　① 在这位老人长达四页的文字描述中，研究者可以感受到，社工介入前后福利机构老人精神面貌的极大改观。从沉默寡言到欢欣鼓舞，并踊跃向服务方献计献策，改善现有服务。该老人的建议不仅涉及社工服务，还包括院舍硬件设施、生活照料和日常管理方面。社工服务启动了老人内在的精神活力和强烈的参与感、归属感。然而，2016 年 9 月到 2017 年 1 月，该福利院因项目到期而社工服务中止，暂时未有新的社工机构承接该项目，2017 年 1 月底，该社工项目由东莞某社工机构接手，派驻新社工一名，新社工与原社工进行了工作交接，令人欣慰。跟进过程中，调研者体悟到研究所具有的使命感，研究亦为间接社会工作服务，结论如若能够于社工服务政策与操作者借鉴或参考，则其使命方为达成。调研访谈过程，是否也可认为研究者与服务对象之间达成了一种承诺，研究者借用服务对象的反馈和评价来间接影响院舍服务质量。想到这里，研究断然不可半途而废，因为有承诺的约束。

将台、扑克牌都没有,缺乏阅读、学习歌唱资料,会的老人想娱乐没有设备,不会的老人想听、想看,凑热闹都没有机会,老人会感到孤独清冷。因而不能只考虑对老人的生活照料,而忽略老人的精神生活。

(2)广州市越秀区 A 福利院老年服务对象问卷调查

调查对象个人信息:

样本总量:N=40(人)		说　明
性别	男:22(55%);女:18(45%)	
籍贯	广东省内:27(67.5%,其中广州市居民20名);广东省外:13(32.5%)	以本地居民为主
年龄	70~80岁:21(52.5%);80岁以上:19(47.5%)	以70岁以上高龄长者为主
退休前职业	①学校教员(教授,教师等):12;②工程师(水利,机械):7;③公务员:5;④研究员:3;⑤军人:3;⑥管理人员:3;⑦翻译:2;⑧行政:2;⑨画家:1;⑩法务:1;⑪会计:1	退休前以教师、工程师、公务员等职业为主,社会地位相对较高
文化程度	①大学:28(70%);②高中:9(22.5%);③初中:2(5%);④小学:1(2.5%);⑤文盲:0	文化程度以大学为主,受教育程度高
入住时间	①0~2年:7(17.5%);②2~5年:17(42.5%);③5年以上:15(37.5%);④无评论:1(2.5%)	受访者入住时间多在两年以上,熟悉院舍环境
有无家政陪同	①有:3(7.5%);②无:37(92.5%)	有无家政人员陪同,作为老人身体状况与经济条件的参考
居住情况	①独居:16(40%);②与配偶一起生活:21(52.5%);③其他:3(7.5%)(1个是与女儿同住)	以与配偶共同居住或独居为主
行动能力	①行动自如:15(37.5%);②行动迟缓:16(40%);③行走需要辅助工具:8(20%);④卧床:1(2.5%)	六成受访老人行动能力有一定障碍

对福利院内社工站服务的了解、参与状况:

样本总量:N＝40(人)		说　明
上次社工探访您的时间	①不记得:17(42.5%);②无探访:11(27.5%);③半年前:3(7.5%);④1～2年前:4(10%);⑤一周内:5(12.5%)	社工探访次数相对较少
是否了解社工站的服务	①不了解:11(27.5%);②大致了解:20(50%);③很了解:9(22.5%)	七成以上老人对社工站服务较为了解
您参加过社工开展的哪些服务	①兴趣类(唱歌、书画、手工、手指操、园艺等):19(47.5%);②节日晚会:19(47.5%);③缅怀小组:1(2.5%);④未参加:15(37.5%)	大多老人喜欢兴趣类活动和节日晚会,其中唱歌小组和中秋晚会最受欢迎
如果您未参加社工活动,原因是	前四位的选项:①不符合自己的爱好;②无时间参与,个人生活已充实;③与社工接触少,有距离感;④腿脚不便、听力视力不佳	本院老人生活质量相对较高,因此对社工服务的期望较高,部分受生理制约难以参与现有服务
您认为社工和护理员的区别是什么	①未填答:18(45%);②在填答者中,选择较多者依次为:社工文化背景好(7),社工是针对精神(心理层面)服务(3),社工有探访服务(3),社工带来活力和朝气(3),社工有专业背景(2),社工可帮助解决电子产品使用困难等(2)	老人们认为对比护理员,社工更有活力朝气,更有文化,更加专业,更注重老人们的精神服务

社工服务受益情况与评价:

样本总量:N＝40(人)		说　明
社工探访次数是否足够	①是:2(5%);②否:38(95%)	探访少,未满足受访长者需要
您认为社工活动是否充足	①不清楚:11(27.5%);②充足:14(35%);③过多:0;④没参加:15(37.5%)	未参加者所占比例较高,参加者评价正面

续表

样本总量:N=40(人)		说　明
您认为这些活动办得如何	①好:17（42.5％）;②一般:8(20％)（原因:不符合自己爱好,不了解服务内容,社工与长者的观念有差距、无新意,不符合自己的需求,时间地点安排不合理）;③不好:0;④无参加:15(37.5％)	大部分有参加活动的老人对社工开展的活动较为认可
您对社工服务满意吗	①满意:16(40％);②不满意:17（42.5％）;③不清楚:7(17.5％)	老人们对社工服务的满意度评价正负基本持平
您认为参加社工服务有收获吗? 具体有哪些	①无收获:5（12.5％）;②对身心有益:27(67.5％);③交友:7(17.5％);④增长知识,学习新事物:7(17.5％);⑤未填答:6(15％)	大部分老人认为社工组织开展的活动,有利于身心健康（锻炼身体,舒缓压力）
您认为福利院有无社工服务差别大吗	①差别很大:18（45％）;②有一些差别:12（30％）;③无差别:10(25％);④不清楚:0	大多数老人认为社工对他们的生活产生了影响

社工服务改善建议:

样本总量:N=40(人)		说　明
您认为社工服务有不足吗? 社工服务的不足和建议是什么（开放式问题）	17人(42.5％)认为社工服务没有不足之处,其余回答如:社工应了解不同老人的需求,设计更加符合实际需要的活动和服务;现驻社工较从前不细心,不主动;不要常坐办公室,要主动与老人沟通,发挥老人智慧,也令老人理解社会工作;社工解决实际问题能力不足	超过四成老人对社工服务无建议,其他老人的意见集中于社工与老人接触时间不够,对老人需求把握不足;活动设计欠缺针对性和创新性;社工知识储备和专业性不足,比如医科教授不赞同养生小组的部分内容;社工细心程度和主动性不够,部分社工亲和力不足;不会讲广州话;社工1人负责1栋楼,精力有限;活动物资不足;活动时字体太小等

续表

样本总量：N＝40（人）		说　明
您会继续参加社工活动吗	①会：23（57.5％）；②不会：16（40％）；③无所谓：1（2.5％）	老人们对社工服务总体持积极态度，但回拒态度所占比例为四成，不容忽视
您希望社工开展哪类服务	①电子产品及软件（电脑，微信等）：9（22.5％）；②探访：15（37.5％）；③兴趣活动（养生、电影、书法、读书小组等）：5（12.5％）；④运动康复类：4（10％）；⑤美食制作与分享等其他：1（2.5％）；⑥无评论：6（15％）	老人们倾向于社工开展探访、电子产品和社交软件学习和兴趣类活动
社工与志愿者陪您聊天，您愿意吗	①很愿意：17（42.5％）；②较愿意：17（42.5％）；③不愿意：6（15％）	老人精神慰藉需求较为突出

　　从统计结果来看，广州市 A 福利院老人受教育程度较高，经济状况相对较好，退休前拥有一定社会地位，对社会工作服务的期望值较高。问卷统计显示，社工探访老人的次数较少，且间隔时间长，这在一定程度上疏远了老人和社工之间的距离，导致社工与老人们之间相互不了解（从社工与护理员之间的差异性可看出近一半老人对社工了解还不深），社工也不能及时清楚地了解老人的真正需求，也就不能根据老人的需求制定相应服务计划，这样就容易降低社工服务的有效性和满意度。与此同时，老人与社工有距离感，不能深入反馈自己的需求，从而影响老人与社工建立服务关系。从统计结果上看，虽然养老机构老人年纪偏大，一部分老人行动不便，但文化程度高，且对新事物持积极和开放的态度（如学习电子产品和社交软件等），继续社会化热情高，交流沟通的愿望较为迫切，这也为后续社工服务设计提供了思路启发。总体而言，A 福利院老年服务对象对社工服务整体持正面积极态度，社工需以此为良好基础和开端，积极主动地增进与老人的交流沟通（如增加探访次数等），了解老人整体性需求和个别化需求，制定有针对性的项目服务计划，优化老人和社工之间的服务关系，提升院舍长者专业服务

水平。

(四)专业服务成效

1.社工专业服务经验和能力的提升

(1)个案辅导能力不断提升。东莞市 G 社会福利中心社工认为,个案辅导模式在院舍服务中富有成效。例如孤残儿童缺乏安全感,对外界信任程度较低。类家庭(或称"模拟家庭")模式下,家长关注较多的是儿童生活照料,而对情感方面关怀不够,对儿童心理、行为等方面引导较少,儿童容易产生心理障碍、行为方面的问题。在该院社会工作服务中,社会工作者将个案服务与社区活动、小组工作相结合,取得了良好效果,这种专业服务模式对孤残儿童类似问题的解决具有借鉴意义。在个案辅导中,G 福利中心社工不仅注意多种专业手法的整合式运用,而且注意个案辅导的持续性、系统性等内在要求。例如在对某类家庭儿童开展个案辅导的过程中,因个案案主小佳(化名)智力发育迟缓,专业关系建立较为困难,社会工作者坚持不放弃原则,听取督导意见,对小佳进行了 5 个月的持续跟进,及时掌握小佳家庭生活的最新情况,及时评估案主心理和对外部环境的接纳度。此外,社会工作者积极与类家庭家长沟通,鼓励家庭给予精神关爱,营造和谐家庭气氛,以缓解小佳紧张情绪,增强其安全感。在个案中,社工充分运用专业服务理念,并使用特殊性专业手法,例如 G 福利中心社工运用"优势视角",发掘小佳动手能力与潜在领导能力,提升其自信,并运用艺术治疗方法缓解案主焦虑情绪,拉近其与同伴、家长、社会工作者之间的距离。社工重视理论对服务的指引作用,例如运用家庭系统理论,关注微观、中观等环境因素对案主问题改善的重大影响。G 中心社工把案主居住的类家庭作为介入重点,将同伴、类家庭家长作为间接服务对象,以保证结案后,案主拥有良性环境。另外,对于经验丰富的资深社工而言,适当运用行政压力,也会加快个案成效的达成。社会工作者非万能,面对个体难以化解的困境时,社会工作者应寻求其他渠道协助以促使正向改变产生,例如寄养家庭模式中的案主小轩(化名),奶奶身为寄养家长却没有充分履行家长的职责,社会工作者寻求福利中心行政力量干预,对推动小轩的家长履行其职责取得了明显效果。

(2)社会工作服务理念日益彰显。在社区活动或小组等专业手法中,社会工作专业理念的运用也明显将社工专业服务与院内其他工作人员日常服务区分开来，例如社工注重服务对象社会化能力的培养，回应个性化需求，并聚焦于服务对象潜能发挥等，这些服务恰为传统院舍福利服务较为缺乏的空白地带。在部分调研的儿童福利机构，社工重视体验式学习的运用，院舍青少年中的初中学生均可自己乘车外出。在志愿者服务方面，社工要求儿童拥有专属志愿者，一对一建立情感联结，此外还组建孤残儿童志愿队，让院内儿童担任社区志愿者，培养其社会责任感，促进其社会回归。在东莞市 G 福利院，收养儿童的服装以前为统一采购，经社工协商后，现在购置经费下放，儿童有独立挑选衣服的自主权利。院舍内长者协调关系、学习电脑手机、寻找旧人旧物等个性化需求得到满足，文化程度较高的老人担任"时事大讲坛"主讲人，担任书法、歌唱等活动的协助者与长者领袖；并促成院内长者之间互助氛围营造等，较好地满足了长者维系特长、体现自我价值、自助互助的专业服务目标。

（3）社工自我管理意识增强。部分公办福利机构并未设置社工服务指标，社工服务开展随意性较大，量化程度不高。在初期专业服务摸索的基础上，社工开始有意识地为自己或团队设立年度或月份服务指标，各类专业服务的类型和数量明晰化，并注重定期落实；在不同福利机构，尽管机构或项目对社工文书记录的详尽程度、专业程度要求差别较大，但院舍社工基本均具有服务对象建档意识，能保留专业服务的文书记录资料，保管完善；社工岗位职责基本清晰等。部分地区公办福利机构社工已探索出多维度阶梯式服务模式，即团队协作、专业方法、服务层次和社工文化相结合服务开展模式。在调研的福利机构中，社工专业服务的规范化意识正逐渐形成。

2.院内社工服务的接纳认可程度提高

社会工作专业服务促进了院舍原有工作团队及服务对象对社工服务的接纳和认同。相比广东省内社区社会工作如火如荼的推广趋势，公办福利机构社工服务发展如涓涓细流，缓慢而沉寂。相对于社区社工服务多元化、多渠道的宣传方式，因福利机构服务对象的特殊性，福利机构社工宣传方式和途径较为有限。因此在院舍服务中展示社会工作专业的独特和优势，需要社工在本专业理念和手法的指引下开展扎实的专业服务赢得服务对象的认可。汕头市 P 社会福利中心服务对象对社工服务经历了不接纳到接纳的转变过程，并建立起"有问题找社工"的求助意识。惠州某镇 L 福利院认为社会工作服务自 2009 年开展至今，取得了一定成效，得到了院方认可。东莞市 G 社会福利中心随着社工对长者的不懈动员，专业服务参与人数日益增加,大部分长者对社工图文并茂、生动形象的介绍和引导分享等形式非常赞同,也会主动提出自己的建议和反馈。G 福利中心 2 名青少年服务对象高考后也选择攻读社工专业,使得专业服务真正体现了"用生命影响生命"的本质。深圳市 F 社会福利中心认为原有工作人员的服务仅为一般性生活照料,而社工服务扩展了服务内容,提高了服务的专业化程度,提高了儿童生活品质,社工专业的独特价值在公办福利机构中逐渐呈现。

3.服务对象受益层面提升

社会工作在公办福利机构传统服务领域,在养育、治疗、康复、教育四大方面之外取得以下服务成效:整合资源,协助病残老人、儿童、精残患者改善生理状况;院舍生活丰富,此成效在课题所调研福利机构中普遍达成。社工提供各种康体娱乐活动,丰富了院内服务对象的日常生活,满足了服务对象健体、娱乐、社交等多层次需求,明显改善了服务对象的精神面貌,提升院舍生活质量。社工为长者定期开展康乐活动,手指操、种植花草、怀旧活动、歌友会等,极大地丰富了老人生活,令长者老有所乐,不再局限于以前打麻将的单调生活。社工增加对老人的肢体接触(如握手、拥抱等),让老人更能感受到关爱;在院舍活动中,儿童心理需要也得以满足,他们感知到快乐,身心发育更为健康。肇庆市 O 复退军人医院引入社工服务后,病人情绪得到明显安抚,节日孤独感降低,失落情绪改善,由完全期待家属到来转向期待社工开展活动,转移了精康者不良情绪,心理生理层面均呈现正向改善,积极乐观的心态开始形成。困扰问题化解,如东莞市 G 社会福利中心协助大龄儿童、青少年矫正其认知行为偏差,正视妨碍其成长的各种问题,达成自我接纳;云浮 Q 社会福利院,社工需要解决孩子们基本生活问题和长大过程中产生的各种心理问题,例如生理缺陷已导致心理问题(自卑感等)产生,改善孩子的心理状况成为社工重点关注的方向。另外,调解老人与家庭之间的问题也是社工个案服务主题,部分老人因家庭关系不和或子女疏于照料而选择入驻老人院,因此需要社工去调解其与家人关系,恢复长者部分家庭功能,化解老人心结,促使其保持平和心态。个人能力提升,惠州市某镇 K 荣军医院通过发掘精康者潜能与优点,将社会工作"以人为本""助人自助"的服务理念渗透到医疗服务中,以促进精神健康为主要出发点,以满足人的全面需求为导向,在康复路上与服务对象同行,协助他们逐步走向自信、自尊、自立和自强,为回归社会奠定基础;汕头市 P 社会福利中心帮助部分儿童获得自我照顾与人际交往等能力的提高;协助大龄儿童(青少年)建立自信,人格健全,从而实现个人全面发展,为回归社会奠定良好基础;社工为长者搭建学习、咨询、展能平台,令长者能够老有所学、发掘余热,做到老有所为。广州市 D 农场社工服务丰富多彩且重视实际应用,使得精康者精神面貌发生改观,部分康复者社会交往的意愿和能力增强。支持网络增强,如东莞市 G 社会福利中心协助大龄儿童(青少年)在志愿者、社区、学校、企业、医院等层面建立社会支持网络,为儿童就医、入学、社会参与等方面搭建资源平台。实现部分服务对象的社会化安置:主要针对院舍收养的青少年(轻度病残)及精康者,回归社会是该服务人群院舍服务的终极目标。东莞市 G 社会福利中心社工通过职业康复及资源链接,促使轻度残疾青少年实现就业,目前有 23 名孤儿通过就业实现户口迁出,独立生活。江门市 V 社会福利院社工在数名孤残儿童的成长关键期发挥了重要作用,他们在社工帮助下学习技术、考取学校,最终都有了相对满意的工作,回归社会后生活稳定。

4.家属、员工与志愿者获得收益

家属收益方面,家属在院舍老人精神状况、精康者回归社会方面发挥着极为重要的作用。鉴于此,社工通过专业服务促使家属在院舍服务对象(老人、精神康复者)身心健康、回归社会中的参与,促使其发挥应有功能。部分福利院社工参照幼儿园形式,在院内举办家庭团聚活动,让老人和家人一起参与活动,例如包饺子、庆生会等,促进院舍长者家庭和谐;肇庆市 O 复退军人医院社工每年会举行家属座谈会,调动家属参与个案服务。利用精康者出院后的随访,加强精康者、家属、医院三方共同努力,促进精康者早日回归社会。员工受益方面,主要体现为提升现有员工工作理念与服务能力,并协助其纾解职业压力等。常见手段为,社工通过培训、工作坊与康乐活动等,用专业价值观影响其他专业人士(如全人观、生态系统视角、优势视角等),以提升现有养育、康复、教育服务质量。经实践证明,员工综合素质与能力在社工协助下提升较快,服务意识受到一定积极影响,本职工作能力有所改观,并初步建立起院内服务转介机制,对社工服务的认可和支持更为充分(如惠州市 L 社会福利院)。社工亦通过团建活动、假期庆祝活动、亲子活动等缓解工作人员的工作压力和职业倦怠,协助其疏导情绪。在欠发达地区公办福利机构,如云浮市 Q 社会福利院,护理员等合同制员工多来自农村,文化素质相对不高,而这部分人员数量较大,与服务对象直接接触,也较为了解服务对象的具体情况,因此,院舍服务中社工在团队协作和员工素质提升方面也需要开展工作,以便最大程度提升服务对象生活质量。在 Q

福利院社工服务理念潜移默化的影响下,保育员、寄养家长、特教老师的服务理念与方法得到提高,寄养家长开始关心孩子的个性,并应用社工传授的方法与孩子沟通,屡次确认有效的背景下,寄养家长对社工的信任感不断提高,服务对象也成为直接受益人群。志愿者受益方面,随着国民生活水平和知识素养的提升,志愿服务精神日渐深入人心。在调研机构中,所有公办福利机构均有志愿者参与服务,差异在于志愿服务的规范性、稳定性、专业性以及规模大小等方面。部分地区公办福利机构在社工主导下,志愿服务管理规范,形成相关明文式规章制度,志愿者服务流程清晰化,招募、选拔、培训、服务、激励、团建服务已形成常态化。肇庆市某镇 X 敬老院社工注重本土志愿者资源的培育,启发当地居民的志愿意识与服务能力。志愿者在提供资源、时间和专业能力的过程中得到自我提升,实现自我价值,社会工作服务的社会影响力也得到传播和扩大。

5.优化福利机构管理方面

社工服务在公办福利机构管理方面产生的成效体现在院舍环境优化、服务团队凝聚力增强、树立公办福利机构示范形象以及减少管理中的负面因素等方面。例如较多福利院(如韶关市 Y 社会福利院、惠州市某镇 L 社会福利院、肇庆市 N 社会福利院等)社工会在院舍装饰、图片布置、设施配备方面进行人性化改造,改变过去单调严肃、缺乏生机的院舍氛围;通过社工针对员工开设的各类服务,员工之间的合作行为增多,院内工作关系更为融洽;河源市 U 社会福利院推进社工服务之后,院内老人情绪稳定,上访行为减少;中山市某公办民营 M 养老院实行阶段性社工服务推广以来,离院老人减少,自杀行为减少,院舍服务中早期预防观念形成。另外,社工促进了院舍服务的整合性、前沿性发展,为树立公办福利机构的社会美誉度和标杆示范作用提供了契机,例如惠州市某镇 X 荣军医院,作为福利院推行现代化标准服务模式中的重要一环(即每一位服务对象都能够享受到医生、护士、护理员、社工师、康复医生、康复治疗师、厨师等多岗位整合性服务),社会工作打破了传统意义上仅限于生活照料的低端服务模式,促进公办福利机构发挥出行业示范引领作用。

五、公办福利机构社会工作服务评估现状

(一)当前社会工作服务评估方式

本课题组通过问卷调查加访谈的形式,对广东省部分公办福利机构(以地级市福利院为主)的社会工作服务评估情况进行了解。所涉及问题包括:请问本单位社会工作服务领域(项目)评估方式如何(频率、评估方、参与者、具体形式)?您对当前评估方式的评价如何?这种评估能促进社工专业服务的改进吗?还可以在哪些方面做出改进?等等。

珠三角地区作为广东省社会工作专业起步较早、发展较为成熟的地区,专业评估发展相对完善,目前在社区服务领域(如广州市 188 条街道所设置的社工站服务项目),第三方评估组织、评估流程及标准、相关管理办法已经成形,服务评估的科学性、客观性、全面性和动态性已有明显呈现。相比社区社会工作服务整齐划一的发展步伐,公办福利机构引入社会工作服务的时间、资金来源、服务方式个体化差异较大,这也决定了其评估方式的一致化程度相对较低,规范化程度相对滞后。目前公办福利机构社会工作服务开展的方式或为内部常设领域,或为社会化购买,各家福利机构对社会工作的规范性认知、相应能力和手段不足以及上级主管部门要求不同,社会工作服务领域(项目)评估方式有所不同,而且随着社工服务的深入发展,在不同时段,社工服务领域(项目)评估方法也在发生改变。2015 年 7 月—2016 年 12 月年度受调研福利机构评估情况汇总如下(见表 4-6):

表 4-6 公办福利机构社会工作服务评估现状汇总

评估方法	评估层面		
	有关社工的评估		有关项目的评估
具体内容	内部社工(转岗或事业单位自主招聘)	派驻社工(岗位、项目)	评估方式视地方民政部门规范化管理程度、当地社工行业发育程度以及服务项目的合同约定等而有差异

续表

评估方法	评估层面					
	有关社工的评估		有关项目的评估			
评估主体	福利机构内部统一绩效考核	社工机构进行绩效考核	第 三 方评估	民政部门组织评估	福利机构组织评估	无评估（个别）

在本课题调研的广东省 20 余家公办福利机构中，社会工作项目评估方式可分为三种：

第一，民政局委托第三方组织进行评估。这种评估方式在珠三角地区较为普遍。该地区社工行业发育相对较成熟，地方民政部门管理理念较为先进，行业协会、评估机构、行业专家等资源较为充沛，能够以较为规范的方式引入认同度较高的第三方组织参与社工服务项目评估。珠三角多地使用此种服务评估方式。例如和广州市街道家庭综合服务中心一样，广州市越秀区 A 福利院本着"谁出资、谁（组织）评估"的原则，接受广州市越秀区民政局委托的第三方组织评估（如广州市社会工作者协会），一年分中期、末期两次评估，评估内容与社区家庭综合服务中心比较相似（即从制度管理、运营设施、资金审核、专业服务能力与成效、指标产出等层面同时展开）。在佛山市 I 社会福利院，对于社会工作购买项目的成效，由佛山市民政局和当地社会工作者协会（承接评估项目，成为第三方组织）来评估；对于院内转岗而来的专职社工，I 福利院有统一的事业单位人员绩效考核办法。东莞市民政局、财政局对所有社工机构及其承接项目进行评估（包括 I 福利院在内的市民政局直属单位岗位购买评估），社工则接受所在社工机构针对社工开展的绩效评估或个人年度考核。

对于第三方组织评估的方式，社工普遍持认可态度，例如东莞福利中心社工小朱（化名）认为："虽然每次评估都是一次痛苦的经历，但是真能起到以评促建的作用。我们获得了宝贵意见，比如促进岗位向项目化尝试，将零散的专业服务整合为系统的小项目形式开展，目标清晰，有利于服务推进。"佛山 I 社会福利院社工小何（化名）也表示："当前评估方式较合理，在一定程度上可以考察到社工实际服务效果，对服务提升有作用，可以延续。"深圳市 F 社会福利中心社工负责人表示，当前本福利中心社工评估方式为第三方评估和机构内部评估相结合。评估从服务基础、服务推进、服务成效及附加指标等层面全面考察服务,能够及时发现社工在工作中的不足,及时总结经验,也能及时了解服务对象需求,能够全面真实地考察社工的服务状况。广州市越秀区 A 社会福利中心社工认为,末期评估能让一线社工感受到有益的鼓励和支持,态度和专业技能都能得到提升,评估有利于养老服务品质提升。

第二,民政系统内部评估或单位内部评估。示例为位于惠州市某镇的广东省民政厅直属单位 K 荣军医院。评估方式如下:①广东省民政厅直属单位协作组评估:省厅社工处组织 10 家社工试点单位分享交流会,每年 1～2 次,省厅领导、单位主管领导和社工科负责人参与。在交流中了解服务成效,发现优缺点,有针对性地进行服务改善。②与输出督导服务的社工机构开展合作,分中期评估和终期评估,参与者包括 K 荣军医院、社工机构双方以及省厅领导和兄弟单位,形式包括实地参观、汇报和座谈等。③院内评估:半年总结和年终总结报告,采取全院职工大会,形式为述职报告,由员工为开展民主测评。项目督导对佛山市 J 精神病治疗所的评估有以下评价:"对购买项目的评估方式不太正式,每年在项目的中、末期,市民政局会派两位领导过来检查,也就是看材料,了解指标完成情况和服务内容。"河源市 U 社会福利院,社工自主制定年度服务计划和月度服务计划,数量指标也基本为社工自主制定。每年河源市民政局和 U 福利院联合进行一次专业服务评估,主要方式为与员工、老人的面谈,查阅文书。本地户籍社工小何(化名)认为:"评估时的关注点多为意外事件有无发生、上访有无减少,评估方对老人手工作品有兴趣,认为是社工成效的表现,较少关注老人的内心感受或社工专业本身。"

以下受访单位主要以内部评估为主要形式开展评估:同为省直单位的惠州市某镇 L 福利院,社会工作服务成效由院方自行评估,每年举行一次,参与者包括院领导与社工督导,通过现场查阅文书资料的形式进行,并判断院内社会工作服务是否按原定计划完成指标任务。在内部转岗社工小梅(化名)看来,"这种评估在一定程度上促进了社工专业服务改进,让社工在服务过程中及时监控服务的进度和质量,按照指标的要求调整自己的服务方向。督促社工在做好实务工作的同时也要做好相应的文书工作"。广州市 C 老人院内设慈悦社工综合服务中心,其评估由以下三项构成:(1)每半年对老人做一次社工服务满意度评估(评价较高);(2)老人院对每位社工进行年度考核;(3)社工科内部对社工的季度评估(根据年初分配目标进行)。

慈悦社工综合服务中心为广州市老人院内设机构,外部生存压力相对较小,评估主要是针对员工的个人绩效和服务成效,能使社工把更大的精力投入到服务当中,与服务对象较为贴近;其岗位为专业技术事业编制,员工流动率较低。肇庆市 N 社会福利院也基本为院内评估方式。院方一方面根据指标完成情况(由福利院内部制订指标)进行评估,另一方面根据所服务老人的问卷调查来开展评估。

第三,基本无评估方式存在。此种情形在调研中相对较少,例如在韶关市 Y 社会福利院,指标为一年 8 个小组、12 个个案,根据节假日设定活动,有季度生日会等。目前没有针对社工服务的专门考核,以年度总结为主。在以精神康复者为服务对象的广州市 D 农场,社工服务亦无专门评估,无指标量化要求。在江门市 V 社会福利中心,2013、2014 年社工曾自主拟定服务指标,但结果是出于各种原因无法完成,由于是内设社工机构承接社工服务,社工服务目前也无成效评估,院方对此无硬性要求。社工亦提出"如果要求成效评估,等于加重了社工负担"。当地民政局对社工服务也未有外部评估要求,曾建议该内生社工机构参加评级工作(实际未参加)。

(二)社工服务评估方式的影响因素

从以上三种方式可以看出,广东省公办福利机构在社会工作专业服务评估方面具有显著差异。这种差异的产生原因如下:一方面,社工服务经费来源的影响。如果社工服务经费来源于政府购买服务的专项财政预算或福利彩票资金,则购买方(民政部门、财政部门)面临"向社会交代"的压力与责任,通常会委托第三方机构对社工项目进行外部评估。如果服务经费来源于福利院筹经费(如内部办公经费或社会捐赠),社工服务由内部常设部门(如社工部)或内部社工机构的转岗社工或内部招聘社工来承接,"向社会交代"的外在压力不足,通常无外部力量对社工服务进行单独评估,社工及社工服务与院内人员及其他专业服务一样,接受无差异化的服务绩效评估。研究者认为,在当前国内院舍社会工作尚未得到普遍性认可,且专业服务能力相对较弱的背景下,无论出资方来源于项目购买还是内部自筹经费,多元化的社会工作评估均是必不可少的服务推进环节。各类公办福利机构应遵循"服务—评估—再服务—再评估"的循环模式,以螺旋式形态推进本机构社会工作服务的不断改进。在自查或外部检视的反复过程中,确保社工作这一新生社会服务力量走向专业化发展轨道。另一方面,评估方式与当地社会工作服务的发育成熟具有较大关系。珠三角地区(如广州、深圳、东莞、佛山等地)公办福利机构社工发展资源较为充沛,体现如下:第一,珠三角地区社工行业向港澳台、新加坡等社工发展先行地的经验借鉴较为充足;第二,珠三角地区高校与行业的对接较为深入,能够向行业输出规范化、系统性的培训、督导、评估资源,同时输送合格社工,为行业发展提供人力资源保障;第三,包括评估机构在内的珠三角地区社会组织发展迅速,数量充足,能够确保民政部门牵头的评标工作从中筛选出符合资质的评估机构;第四,珠三角地区行业协会(如市级社会工作协会、省级社会工作师联合会、省级社会工作教育与实务学会等)能够在评估机构评估规范制定与修缮、评估开展等方面发挥示范引领作用。第五,珠三角地区社区社会工作(如广州市家庭综合服务中心、深圳市社区党群服务中心、东莞市社区服务中心等)发展较为成熟,能给予院舍社会工作服务与评估方面相对丰富的经验借鉴。因此,珠三角地区公办福利机构社会工作专业服务评估遵从发展较快的社区社工服务模式,评估已成常态化。评估过程中规范性、标准化、客观性体现明显,评估专家人员组成较为合理,考核量表已能针对社会工作专业的运用程度和具体成效进行较为精准的测量;而在广东省部分欠发达地区(如粤西、粤东与粤北地区),社工服务评估意识较为淡薄,评估办法较为松散(甚至院内外均无评估要求)。个别地区以主管部门管理思维导向下的价值偏好为评估考察点,对社工专业自身特质缺乏应有的关注与评价能力。值得欣慰的是,日益增多的民政主管部门和公办福利机构开始认识到社会工作专业服务评估的必要性和独特性,将服务对象的相关满意度评价纳入社工服务成效考核之中。可以预见,公办福利机构社工服务的评估方式在动态变迁中会逐渐向普遍化、规范化、标准化和科学化转变。

(三)社工对服务评估的改进建议

第一,社工服务评估的全面化、专业化需要提升。例如在惠州市 K 荣军医院(广东省民政厅直属单位),社工认为评估应该建立更加完善的评估体系,细化评估指标,丰富评估内容,不仅关注社会工作服务在院内取得的成效和影响,同时也需要注重对院内社会工作制度建设和业务管理、基础设施管理、人力资源管理等多方面的评估。建议本院评估方式在服务指标和评估办法的精细化方面有所改变,同时在条件成熟的情况下引入第三方评估。专业化程度体现在评估的标准化、客观性、精细化等方面。在缺乏第三方组织专业化评估的背景下,民政系统或院内评估使得评估工作的专业性难以体现,个别地区因意识和能力的不足导致评估难以起到促进专业服务发展的目的。云浮市 Q 福利院为民政系统内部自评,社工小刘(化名)直言:"当前的服务评估方式并不符合实际情况,对提升服务所起到的作用不大。服务评估一般在服务一年周期结束后,服务购买方(Q 福利院)和本地民政局查看资料和观看服务回顾 PPT。项目购买方是否能看懂社工活动文书存在疑问,我感觉这种评估并不能真实全面考察到社工实际服务状况。我希望当前社工服务评估方式可以改变,当地民政部门和社工机构能经常深入到社工的实际服务之中,根据实际情况给出意见,达到提升服务的目的。还有社工认为,本院专业服务评估更多是针对社工个人的评估(服务态度、个人沟通能力等),对其专业服务的实际质量无从把握,用人单位对于社工专业不认同、不熟悉,造成社工服务的评估不够专业、不够客观。"

第二,社工服务评估的本土化需要体现。相应评估标准要体现本地社工发展水平,不可"一刀切",例如汕头市 P 社会福利院社工负责人小莫(化名)提出,当前服务的评估方式是引进第三方评估,评估方式较合理,可评估标准是参照社工行业发展较好的地方(如珠三角地区),这似乎有些不合理。目前粤东的社会工作才刚起步,一切还在摸索阶段,发达地区专家到来进行评估指导,能为我们带来先进的服务理念,帮助更好地开展专业社工服务。但如果用珠三角地区的标准来检验服务质量,粤东的社工服务较难达到,这让社工压力很大,因为除社工本身能力外,还有很多外部因素的影响,大环境跟不上,社工本身服务就经常存在无力感,过高的评估标准在一定程度上也会影响社工的积极性。从这个角度来看,我认为当前的评估方式还是需要改变的,比如结合当地情况调整标准,力求更本土化。

第三,社工服务评估方式需要动态更新和简化。深圳市 F 社会福利中心提出,当前社工服务评估以资料查阅为主,访谈为辅。建议丰富评估形式,简化流程,在减轻社工文书压力的同时,有效总结工作,如可组织一线社工、督导、机构领导、相关政府领导、专业评估人员,针对实际情况,更新评估体系,简化流程,提高院舍服务的针对性。

六、社工视野中的服务困境与改善需求

(一)社工服务引入中的困境

1.派驻社工的"孤立"处境。云浮市 Q 社会福利院社工服务为购买佛山某机构项目服务,因云浮市整体属于经济相对落后地区,社工服务尚未普遍推开,该社工机构在云浮市承接的各服务点之间较为分散,社工机构派去的督导前往各个服务点并不容易,因此督导形式为每月集中在机构办公室开展。社工小曾(化名)提出:"在我服务福利院的一年时间内,督导没有来过福利院开展督导工作。除我之外,其他服务点的同工也有在工作困难时孤立无援的感觉。我们社工感到自己'三不靠':靠不上当地政府,靠不上社工机构,靠不上福利院。我希望当地民政部门和社工机构能多来服务点,实地考察社工具体服务情况,根据实际情况给予意见,达到提升服务的作用。"客观而言,项目购买如果没有持续性的团队协助和密集型的人员组成,和岗位购买差异并不大。社工小曾的话语,也道出了广东省公办福利机构中,各方支援力度相对匮乏的岗位社工和项目社工的共同心声。社工在专业服务中得不到社工机构和入驻单位的协助和支持,不仅专业能力、服务质量无从保障,在孤寂和焦虑中,社工流失现象会持续存在。

2.服务成效界定存有分歧。在服务方式的选择方面,对于项目购买或岗位购买情形而言,在双方话语权的博弈中,福利机构的决定显然处于优先地位。例如粤东地区 U 福利院,在长者服务板块,社工服务的难点在于,服务对象长期生活于院舍内部,院方出于安全考虑,不允许长者外出参与活动,然而院内生活局限性显而易见。由于话语权较弱,社工专业目标(例如回应案主社会交往需求)的达成具有较大困难。令人遗憾的是,在这种"用人单位说了算"的情境之中,"派驻社工机构未能通过具体举措来帮助社工"。在服务宣传方面,佛山市 J 精神病康复所与东莞市 G 社会福利中心出于管理方对服务对象的隐私考虑(或存在对宣传结果的不可控因素考虑),对服务内容与成效的宣传手段和地域范围有明确限制,院外宣传和交流较为困难。

服务成效方面,社工如果仅从专业角度界定自己工作的成效,即瞄准具体化服务目标,进行过程评估和结果评估,可能会和传统事业单位自上而下的评价标准存在分歧,并为社工(尤其是专业经验相对较少的新社工)造成困扰,导致其产生自责("难以为用人单位呈现明显服务成效")或他责("机构督导不够""福利院太不专业,不懂社工")情绪,进而可能产生职业倦怠,引发离职现象。福利机构层面,除独立第三方评估标准较为明晰外,作为购买方,福利院对社工服务的成效评价相对较为模糊。固然,双方评价体系存有共性之处,例如服务对象问题的化解、服务对象精神面貌的改善、服务对象回归社会的成功案例等,但社工服务自下而上的特质也有其评估的特殊性,例如评估专业手法的运用程度、专业服务的文书记录规范性与专业性、服务对象专业服务的参与度与满意度、服务对象认知改善、能力提升、资源链接等。对以上过程评估与结果评估的精细化程度,在服务购买初期的公办福利机构可能并未完全接纳或认同(如何外化为上级民政领导认可的突出案例、量化数据、丰富的图片资料?),以至于珠三角地区某镇 L 福利院社工曾表述:"需要完成两套评估内容以应对项目购买方和独立第三方评估的不同需要。"佛山市 J 精神病治疗所督导人员则认为,因院方思维相对保守,对社工主动接纳程度有限,因此服务对象活动参与时间不能保障,环境布置(材料不安全)、服务宣传(参观等增加工作量,不利于病患恢复)与园艺治疗等得不到施展,故 4 年来多项目推进成效有限。研究者认为在社工服务尚未被普遍化接纳的背景下,需要强化承接方社工机构对派驻社工提供有力支持和及时有效的督导服务,引导社工在专业手法、评估标准与用人单位评价体系之间加强沟通,达成共识。在双赢前提下,逐步影响管理层和其他专业人员对社工专业独特性的接纳和尊重。

3.专业服务能力尚待提升。当前被调研机构的部分社工由于专业能力相对有限,仍面临来自自我、社工机构和福利机构的多重压力。一般而言,常见应对方式可归纳为:个人成长(经验积累与自主学习)、同辈交流、福利机构支持、派驻社工机构管理与督导层面的支持(通过学习、培训和督导提升专业能力,通过团队建设增强归属感,缓解压力)。

项目伊始,服务对象对社工服务接纳有限造成的困扰,其问题本质也与社工专业关系建立的步骤与策略有关,对社工专业价值观和理念有较高要求。例如汕头市 P 社会福利中心认为社工服务(虚拟式项目购买)中的难点是因服务对象的特殊性,服务对象本身大部分心理高度敏感,对社工服务存有排斥心理。社工对此的处理方式是，社工和服务对象接触时保持去标签化态度，去掉有色眼镜，将服务对象当成普通个体，尽量让服务对象感知到与社工之间的身份平等，减少其自我特殊化、边缘化意识。由于社工机构负责人同时身为福利院负责人，与服务对象较熟悉，会积极协助社工与服务对象建立关系。社工服务开展初期，社工在一线服务中存在畏难心理，如粤北 W 福利机构中内部转岗社工认为缺乏能力开展个案；开展个案服务的机构中，部分社工对疑难个案缺乏应对能力，导致跟进成效甚微，社工产生较强挫败感。汕头市 P 社会福利中心社工在养老服务中的困惑是，创新应如何体现？随着老人活动能力减弱，服务应该怎么做出调整？等等。面对以上困惑，社工自身在专业服务中的成长也值得肯定，例如汕头市 P 社会福利中心，养老领域社工感悟出："养老社工最重要的能力是保持耐心、拒绝浮躁，其次才是专业具体技能。"社工普遍认为，当前需要寻求督导帮助，或者参加院内或院外相关培训，持续提升专业服务能力。例如佛山市 I 社会福利院，对于社工服务中的疑难杂症，社工会及时向其所属社工机构主管和督导反映情况，主管和督导通过调动机构资源和专业知识给予社工明确指引；福利院社工部主任（院内正式编制职工）也会在院内给予详尽指导，方便社工高效、快速地开展工作。深圳市 F 社会福利中心社工在工作过程中会遇到较多专业难题，存在工作倦怠情况，派驻社工机构会定期开展督导，给予社工行政、教育及情绪支持；派驻社工机构也会收集大家的培训需求，组织培训与机构团建活动，加强社工间的沟通与互动，社工也会通过积极参与外界培训、同辈沟通等，调整个人工作状态。

4.个别公办福利机构管理不善。在某欠发达地区社会福利院（因涉及问题的敏感性，略去编号），社工服务中难以逾越的障碍部分是由于个别机构管理失当（表现为人手短缺、医疗人员匮乏、员工责任心不足等）导致的疏于照料的情形造成的。

以下内容为访谈过程中驻院社工的描述：院内的儿童都是孤残弃儿，其中卧床脑瘫儿约占儿童数量的 47%，没有卧床的孩子也是身体情况较差，多数带有先天性疾病。院内没有医生，负责儿童部管理的编制人员为 A（化名），经常会出现护理员和 A 报告哪个孩子身体不适，A 会因各种原因拖着不带孩子到医院去看病，直至孩子病情加重后，才带孩子去医院，而且多次出现要有社工陪同才肯去的情况。由于院内沟通机制呈"护理员—A—院长"的直线传递状态，如果 A 不向院长说明孩子情况，院长基本不明原因。

如果情况严重,护理员和 A 沟通无果后,会直接跳过 A 和院长报告孩子的情况,但院长往往会先听从 A 的意见,这样一来二往的上传下达,就导致孩子错过了最佳治疗时间。社工曾经面临的最严重情况,是三名脑瘫孩子同时出现身体不适,护理员、社工和 A 反映无果,护理员私下向社工提出,希望社工能像以前一样带孩子到医院看病,并主动提出陪同社工外出。护理员第四次打电话向 A 提出孩子需要看医生时,A 正在休假三天,院长休假一星期,另一名老人部负责人也在休假(院内平时只有这三位编制人员上班,即院内除了社工、司机和护理员便没有其他编制人员上班)。社工将情况和督导讲明,并得到督导支持,在第二天带着两名孩子(严重腹泻、口腔出血)到医院就医,希望可以开点药回来服用。然而在就医过程中,社工受到急诊医生的白眼和责骂,因为两名孩子情况非常严重,医生看完孩子的情况马上安排孩子住院,已经没有了和社工、孩子监护人商量是否需要住院的意思。社工和护理员带着两名孩子看病、办理住院手续。面对这些情况,社工能做的很少,改变行政编制人员工作习惯的可能性几乎为零,他们年龄也较大,然而作为社工只是下属和后辈,社工很难正面提建议和沟通。社工机构在这类事情上,给社工提供了意见和情感支撑,告诉社工,社工这种以孩子生命健康为首位的做法是对的,让社工有了继续服务下去的力量。

5.服务经费有限。在调研机构中,项目购买资金主要用来支付社工工资待遇,而服务经费相对有限,部分公办福利机构能够依据社工服务开展需要,尽力补缺所需资金,保障社工服务的正常开展。但也有部分福利机构(尤其是欠发达地区)活动经费较为紧张,对社工资源链接的能力提出新的挑战,社工主要向所在福利机构申请或争取社会上企业、驻区单位等支持,链接社会化资源。

(二)社工对改善服务环境的建议

研究者在调研过程中,对深圳、佛山、江门、东莞、汕头五城市的八位公办福利机构社工从业者进行了访谈,了解到当前公办福利机构社工的普遍期待如下:

1.提升工资待遇与晋升空间。深莞两地社工表示,现在晋升渠道主要分督导助理、见习督导、初级督导这条督导路线以及社区综合服务中心主任、项目主管这条行政路线。相对而言,因督导①和管理岗需求有限,一线社工的晋升空间不足,部分从业 4 年以上的社工还停留于一线,工资难以上涨。社工希望能够制定一线社工评级制度,或在岗位购买服务时中级社工师与助理社工师按照一定比例、分开金额进行购买,通过合理待遇留住有经验的优秀一线社工,特别是社工服务年限能在各机构间予以平等承认,以确保合理薪资水平。多位社工表示,工资和现实生活与工作付出相差甚远。部分地区社工工资发放不够准时,社工希望杜绝欠薪 2～3 个月的不良现象。

2.明晰社工的专业身份。受访社工普遍认为当前服务机构中,社工身份认同较低,专业地位与自身期待有差距。社工表示,用人单位需要理性确定购买社工服务的目的(为了解决什么问题或者满足什么需求),以便发挥社工服务的专业性,减少购买社工为补充原有人手不足的情况(即因目的不清而导致行政化)。公办福利机构的社工身份认同状况直接影响其职业满足感。有社工提出,希望用人单位明确购买的是社工服务,而非"万金油"式的社工人员全能服务,并建议项目评估中设定针对用人单位的部分,例如评估其是否有效发挥社工的专业性,是否提升社工地位,是否促进了合作关系的实现等。云浮社工明确表示,被当作护理员或行政人员使用时,自身情绪十分低落,专业服务质量受到影响。社工一致希望本专业在公办福利机构能获得与医生、护士、康复师等专业人员相近的专业地位与身份认同。

3.强化专业督导和培训支持。参与访谈的社工表示,在服务过程中遇到具有共性的实务难题,希望能够接受系统性的专业培训。部分督导为境外人员身份,在本土化工作方法上存在不足。因督导服务购买资金有限,部分督导时间不足,社工所需督导时数尚未全面予以满足,督导也无法深入公办福利机构具体了解工作环境和工作实际状况,因此部分福利机构督导在

---

①　部分地区在打通社工督导晋升路径上的举措:据 2016 年 8 月 23 日《深圳特区报》介绍,深圳社工行业督导发展路径:2014 年,深圳在全国率先实现了本土督导人才的全覆盖,2016 年深圳打通社工职业晋升渠道,选拔 24 名中级督导,她们是目前深圳本土督导中的最高级别人才,同时也是全国首批社会工作中级督导。据了解,深圳社工行业经过 8 年的发展,现已形成一线社工、督导助理、初级督导、中级督导的晋升通道,各类深圳本土督导人才达 804 人。按照规定,中级督导与一线社工的配备比例为 1∶63,即每 63 名在岗社工配备 1 名中级督导岗位。2016 年 8 月全市评选 24 名中级督导,按照福彩公益金资助,深圳市社工协会将为上岗的中级督导发放 8000 元/月的补贴。(罗莉琼、王冠:《深圳 24 名社工成全国首批中级督导 每月补贴 8000 元》,载《深圳特区报》2016 年 8 月 23 日。)

院舍社工服务引领方面未发挥应有作用。汕头地区社工表示,社工行业现在还未广为人知,专业价值也未能得到很好的体现,想提升工资待遇和身份地位,更多的需要自身努力去得到认可,但期望能得到更多的培训和督导机会,不断提升自己。部分社工期望可以通过学习进入社区开展服务和活动,充实社区社会工作的体验和实践,从而得到较全面专业能力的提升。深圳社工表示,深圳市社会工作者协会建议注册社工每学年要完成80学时的培训,希望能够落实。

七、公办福利机构引入社会工作服务的广东经验

回顾本课题调研过程与结果,研究者认为广东省公办福利机构引入社工服务的核心经验如图4-3所示:

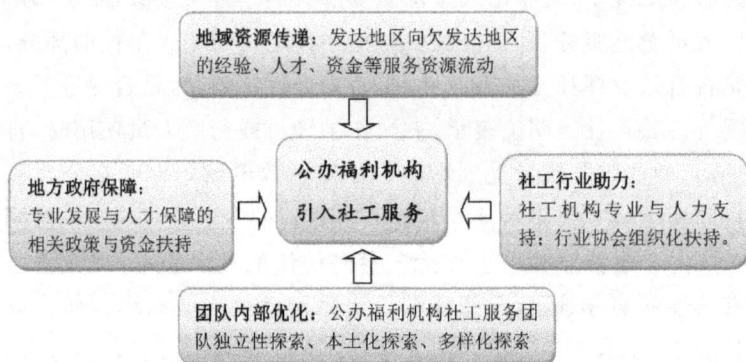

图4-3　社会工作专业参与公办福利机构转型的广东经验

(一)地方政府政策资金的大力投放

社会工作专业因基本服务对象是社会弱势人群,不直接产生经济效益,因而无法参与市场机制竞争资源,又因我国公益慈善氛围有待营造,因此难以依赖慈善基金稳定发展,因此政府资源投入对社会工作专业的发展具有极为关键的影响力。在我国,政府资源投入越多的地区,社会工作服务开展就越为深入,已成为行业共识。广东省社会工作参与公办福利机构得益于

政府在扶持政策和资金方面的大力投入。在政策拟定方面,广东省民政厅早于 2006 年即出台《广东省社会工作十年发展报告》,说明以政府购买服务带动社会工作发展的思路;2009 年出台《关于加强全省民政系统社会工作人才队伍建设的意见》,提出通过加大教育培训、开发岗位、探索社工职业管理机制等方式扩大社会工作人才与服务引入规模等。截至 2017 年底,广东省民政厅制定多项政策倡导并规范公办福利机构引入社工服务。在经费方面,本研究尚缺乏公办福利机构引入社工服务的经费总额。以社工整体投入为参照,截至 2016 年底,广东省社会工作资金投入达 60 多亿。就广州来看,2008 年至 2017 年,广州市区两级财政累计投入社工服务资金约 21 亿元,投入规模居全国首位。① 政府具有前瞻性的政策引导和资金投入是社会工作专业迅速发展的主要原因。在我国,相对居民日益提升的多样化需求,政府民生投入仍显不足,因此本研究以广东经验为依据,倡导国内财政、民政部门增加对弱势人群服务资源投入,在社工引导政策和发展资金方面予以倾斜,创造条件鼓励社会慈善资金灵活参与。

(二)行业协会与社工机构发展迅速

另外,各类行业协会,例如广东省社会工作师联合会、广州社会工作协会、深圳社会工作协会以及各个地级市社会工作协会在社会工作组织发展过程和公办福利机构引入社工服务中,通过制定行业服务规范、培育社会工作组织(培训、评估、输送督导人才等)、搭建行业与政府对话平台等形式助推专业领域社会工作服务发展。2018 年 2 月中旬,我国民政部发布通报显示,截至 2017 年底,我国各地在省级、地级市、县级层面共成立社会工作行业协会 750 家。② 社工机构的发展意义体现在两方面:一方面在于"公私协力"良性局面的形成,有赖于数量充足的社会服务组织参与项目竞争。在广东省珠三角经济较发达地区,如广州、深圳、东莞等地,自 2007 年以来,社会服务组织(尤其是社会工作服务机构)如雨后春笋般快速增长。目前广东省社会工作组织已超过一千家,其中广州市超过四百家,社工机构数量在全国

---

① 李文:《广州社工服务进入立法程序》,载《南方都市报》(网络版),2017 年 10 月 26日。

② 民政部:《关于 2017 年度社会工作和志愿服务法规政策规划落实情况的通报》,2018 年 2 月。

位居榜首。为数众多、相对优质的社工机构的发展为公办福利机构引入社会工作服务提供了广泛选择空间,使得"公私协力"成为可能。另一方面,社工机构的发展壮大有助于为公办福利机构社工服务提供稳定支持。近年来,在政府、行业协会、媒体和社会公众的扶持、引导、监督和见证下,随着自身服务经验的积累和自律意识的提升,广东省社工机构的服务能力和公信力正不断提升。部分地区启动社会工作机构等级认证工作,为社会工作机构改善管理规范和业务能力等提供明确指引。在内外因素的共同努力下,一批资质优良的社会工作机构脱颖而出。实践证明,综合实力较为突出的社工机构,可以为派驻社工提供规范化管理、持续性专业支持(督导、培训等)与有保障的工资待遇,促进项目点社工人员稳定与专业能力提升,从而确保院舍服务对象获得较为稳定的社会服务。在政府购买社会服务不断扩大的背景下,社会工作机构获得了对话、选择的平台和生存发展的资源,公办福利机构也因社工机构的发展而提升了院舍服务质量。因此,社工服务项目引入与社会工作机构成长二者相辅相成,互为促进。"公私协力"机制形成的要件和双赢的局面初步达成。

(三)区域之间资源传递功能突出

对于新生事物而言,适当借鉴其他事物成熟经验亦为快速发展的捷径。广东省公办福利机构引入社工服务也不例外,新加坡和我国香港、澳门、台湾等地成为珠三角地区民政部门、福利机构与社工机构借鉴发展经验的重要区域,在获得启发、思路与专业合作资源的基础上,珠三角地区社会工作的先行者开始实践探索,并初步形成较为清晰的引入模式。欠发达地区的民政部门与福利机构、社工机构在多地交流互动的过程中,采取"拿来主义",吸收发达地区的经验做法,建立专业合作关系,吸纳珠三角地区的专业资源。境外地区、珠三角发达地区、广东省欠发达地区三者之间形成了较为明显的地区辐射与资源传递效应。这一特点基于国际范围内社会工作专业公益、互助的特性,促进了珠三角社工机构的经验传播,也在复制、反思与创新的过程中,引导本土公办福利机构探索本土化路径。

(四)独立性、本土化、多元化的路径选择

2007 年至今,公办福利机构引入社工服务经历了十年探索过程。在此过程中,不论是地方民政部门、公办福利机构还是社工机构,都在初步试探中选择适应本土环境的合理引入路径。在社工工作环境优化方面,部分公办福利机构主动表示会尊重社会工作专业的独立性,尽量减少行政化干预,部分福利机构专门设置了社工部或社工中心,对社工服务进行专门性引导与管理。在引入途径上,公办福利机构服务团队进行了积极尝试,新的思路和实践不断涌现,例如先有"项目制"和"岗位制"的区分,而后在实践中出现了"岗位项目化"的新做法,两种做法互取所长,逐渐融合。在社工的身份定位上,有岗位社工、项目社工、聘用社工或内部培养社工等不同选择。在引入形式上,有的机构引入督导与一线社工服务;有的机构仅引入督导或仅引入一线服务;有的机构前期引入一线服务,而后期依赖内部转岗社工;还有的机构引入一线社工、督导与内部转岗社工并行等。社工人员在公办福利机构内部的权利结构上,不同机构也给出了高权、次高权、中权、次低权、弱权等不同理解。在社工服务引入的最终方向上,公办福利机构或选择长期引入,或选择阶段性引入,或倾向于依赖内部转岗社工,或自己创办社工机构承接内部社工服务乃至社区服务……不同地区或机构结合自身特点呈现不同选择。在本课题中,研究者认为以上尝试均极具价值,服务团队在不断试探和深入反思过程中才能清晰本机构的需求特点,并盘点资源,最终做出适应本机构的本土化选择。尊重社会工作专业在福利机构专业中的独立地位,避免行政过多干涉和其他事务安排,鼓励服务团队尝试创新性做法,进行差异化选择,是广东省公办福利机构引入社工服务的另一宝贵经验。

第五章 路径研究:
"公私协力"视角下的关系、评估与路径优化

一、社会工作参与公办福利机构转型的关系形态

(一)五种关系形态解析

科林(Klijn,2003)认为,公私协力模式涵盖了以高权形式实现公共任务以及公共任务完全民营化这两种极端取向之间的所有形态。[①] 本研究在公办福利机构社工参与专业服务的前提下,将借助"高权"及"民营化"等概念,将"公私协力"过程中形成的公办机构与社工专业的权利博弈形态细化为以下五种(见表5-1):

————————

① Klijn,E. H. , Teisman G. R. Institutional and Strategic Barriers to Public-Private Partnerships:An Analysis of Dutch Cases. Public Money & Management,2003,23(3).

表 5-1 社会工作参与公办福利机构的"公私协力"模型

"公私协力"形态	主导模式	社工参与方式	社工专业权限	合作稳定性	合作关系*
高权	公办公营,原有行政模式为绝对主导	无参与或零散式参与	无或较小	极弱	对抗或疏离
次高权	公私有接触,但以原行政模式为主	关系契约式、内生式	较小,依契约或机构内部规范而定,能体现专业价值	较弱	补充原有服务内容的不足
中权	公办机构实现部分服务民营,双方平等式合作	关系契约式、内生式	有一定自主权,能体现专业价值和独立性	较稳定	互补,不同专业互相依赖以回应服务需求
次低权	公办民营,服务主导型,双方平等合作,社工在资源配置中享有一定优先权	内生式为主	较大,社工能跻身机构管理层,有一定主导权	稳定	互补,不同专业互相依赖以回应服务需求
低权	公办民营,服务成为主导,社工在资源配置中发挥领导角色	永久内生式(视政策而定)	自主权利大,社工在管理层能影响决策走向	极稳定	社工在多元专业服务团队中占据主导地位

注:* Young, D. R. Complementary, Supplementary or Adversarial:A Theoretical and Historical Examination of Government－Nonprofit Relations in the US[A]. In Boris, E. T. & Steurele, C. E. (eds.) Government and Nonprofit Organizations:The Challenge of Civil Society[C]. Washington D.C.:The Urban Institute,1999. 为厘清政府与民间组织在公私协力中的角色与责任,美国学者 Young 将非营利组织与政府部门的互动分成了补充型、互补型与抗衡型三大类,公共行政学常以这三种互动模式来分析厘清政府与民间部门在公私协力关系中双方的角色与责任。

遵循我国及发达国家与地区的社会福利发展脉络,本研究依据政府及其属下福利机构在福利资源配置中的权利变化,将公办福利机构与社会工作专业的协力机制依次区分为高权、次高权、中权、次低权与低权五种形态。各形态的适用环境与特征如下:

1.高权形态,适用于社会工作参与之前或早期参与阶段,带有明显计划体制特征。政府与公办福利机构既生产社会福利资源,又配置与传输社会福利资源。工作人员队伍稳定但缺乏创新,对原有管理理念与工作方法具有高度的路径依赖。在高权模式下,因为管理层缺乏对社会工作专业的了解或信任,社会工作专业并未引入院舍福利服务,或者在短暂介入后,社会工作服务终止,双方关系始终处于疏离甚至对抗状态。在重管理、轻服务的运营背景下,福利机构收养对象缺乏足够意愿表达渠道,其全人式需求(生理、心理、社会需求)满足程度极其有限。

2.次高权形态,适用于社会工作参与初期阶段,公办福利机构尝试以契约形式购买专业社会工作服务,或者通过内部调岗的方式设立社工科,提供深度不一的社工专业服务。因双方就彼此权利与义务缺乏清晰认知,故契约类型多为弹性空间较大的关系式契约。在此模式下,福利机构行政权威仍占据主导,对社工服务肩负资源配置与监管的双重角色。社会工作者议价空间较小,须依从福利机构管理制度,服务开展通常遵循先审批后开展的工作顺序。在机构面临较为繁重或紧迫的其他工作任务时,社工将不得已打破专业界限,协助其他部门完成非本职范围内工作,从而出现专业服务时间被挤占等情形,行政化倾向明显。次高权类别在岗位形式购买社工服务中体现得尤为明显。此模式下,社工服务被视为原有主导性服务(生活照顾或医学治疗)的补充,为从属地位,其参与的稳定性容易受院方行政意志影响而出现动荡。

3.中权形态,适用于社会工作与公办福利机构的合作稳定期。通过1~3年的接触与磨合,专业社会工作借助独特服务成效,赢得公办福利机构的认可,并获取相对平等的对话地位。社会工作者能够依据自己对专业服务的理解与对机构资源与管理制度的熟稔,自行设计服务方案并通过双向沟通获得院方支持。院方出于对社工专业价值的认同,不再任意调遣社工从事非专业服务,社工的工作时间和独立性得到尊重与保障。由于院方对服务对象生理、心理和社会需求的全面认可,社会工作服务被认为是院舍服务不可或缺的一部分,因此社会工作服务长期嵌入机构服务板块得到政府政策认定与机构管理制度的认可,稳定性进一步提升。在社工角色的长期参与下,服务对象表达需求的机会与渠道增多,得到支持与实现的机会也相应增加。

4.次低权形态,适用于社会工作职业化相对成熟、公众认可度较高的社会发展阶段。公办福利机构开展社会工作服务得到社会普遍接纳,社会工作作为主要部门稳定存在于机构内部,或内生型服务模式逐渐取代原有契约合作式成为主流。部分社会工作者晋升至机构管理层,并在管理制度和资源调配中享有话语权,能根据专业服务需要调整相关制度和资源去向。"个案管理"手法运用较广,在社工、医护人员、心理咨询师、营养(康复)师、律师等专业人员组建的专业团队中,社工享有一定主导权,能根据案主需求调配各类资源的数量与具体输送方式。目前,发达国家或地区福利输送体系中,"次低权"模式占据主流。

5.低权形态,政府部门完全实现了福利资源生产与输送的分离。公办福利机构主要由专业社会工作人员来管理与运营。社会工作服务作为内生主体,成为机构主导力量,在服务对象所需资源的配置中起唯一主导作用,行政力量退位至服务专业的补充性角色。社会工作自主权限大,专业地位极其稳固。在社工为唯一专业力量或行业协会领域,低权类型得到体现。在低权模式下,要防止专业发展过度而导致官僚化、脱离基层服务者与弱势人群的不良倾向。

(二)关系形态的差异与影响因素

1.理想形态与现实形态的差异。结合我国党政领导的政治基础以及当前社会工作、非营利组织发育初期特点,研究者认为,在"公私协力"的微观视域中,"中权"形态为值得倡导的理想类别。在"中权"模式中,公办福利机构原有管理服务经验依然得以延续;社会工作者与心理咨询师、医护人员、义工等其他专业团队成员拥有平等对话权,功能互补并彰显全人式服务的优越性;社工拥有一定的专业自主权和独立性,能够从服务对象利益出发,整合满足其需求多样化资源。综合性专业团队中,行政力量与其他专业角色共同存在并发挥作用,能为社会工作专业内省和反思保留空间。随着未来非营利组织管理制度与服务规范的日益完善,"次低权"可以在一部分公办福利机构中以社工晋升至管理层的方式得以实现。"低权"类别则对社工及其服务机构的管理、服务与社会公信力提出了更高层次要求。

2.“公私协力”机制的影响因素。研究者认为,政府管理者理念、政策扶持力度、可投入经费及稳定性、社会工作机构发展阶段与社会工作职业化进度等均会对“公私协力”机制的类别造成重要影响。我国民政部门掌握了主要的福利资源配置,如果行政者认同社会工作专业价值,接受专业服务理念,则社会工作发展相关的支持性政策更易于出台,资金投入更有保障,具体服务实施过程更能体现独立性。另外,地方经济发展状况直接影响社会工作服务项目经费的充裕程度。因此,民政部门与社会工作服务专业(及其所依托机构)形成“公私协力”机制,运作较顺畅地区通常是国内经济状况较为优越的城市地区,纵观境外社会工作发展历程,无不对经济发展状况有高度依赖。此外,人力资源相关部门是否在岗位设置、职业晋升和培训、福利待遇等方面为社会工作职业化开辟道路,社会工作专业教育在数量和质量层面是否为专业化队伍输送所需人才,社会工作服务机构能否以规范服务回应福利机构服务对象需求,亦会影响到社会工作专业参与公办福利机构服务的深度和稳定性。

(三)“公私协力”视角下理想关系的形成建议

首先,发展社会工作专业服务已成为社会治理创新的积极举措,含民政部门在内的政府决策者(尤其是欠发达地区)应在充分认识社会工作专业价值的前提下,通过政策扶持社会工作专业人才培养、促进社会工作职业化进展,并在公办社会福利机构中明确社会工作岗位的数量与比例以及晋升渠道,为普及社会工作专业服务清除政策障碍。

其次,在以政府为主投入资金购买公办福利机构社会工作服务项目或岗位的同时,调动社会力量(民间企业、公益创投组织)广泛参与,以创新性服务方式或社会化资金来源为公办福利机构引入社会工作服务提供新途径与更为充裕的资金。另外,建议财政部门通过专项预算或在福彩公益金中划出固定份额用于各级福利机构购买社会工作服务,避免公办福利机构(尤其是基层公办福利机构)陷入巧妇难为无米之炊的资金困境。

再次,通过高等院校以及行业协会协力的方式为公办福利机构社会工作专业岗位培养合格人才,通过多样化方式实现专业人才的定期教育或终身教育,促进人才队伍的本土化与稳定性,以回应公办福利机构的专业服务需求。

最后,社会工作相关行业协会与服务机构应坚守服务弱势人群的高度责任感,积极营造自律和他律兼而有之的专业发展环境,不断提升项目管理能力和服务水平,打造公办福利机构社会工作参与的精品项目和拔尖人才,推动"公私协力"理想机制的早日实现。

二、社会工作参与公办福利机构转型的服务评估

(一)有关评估的文献梳理

1.境外社会工作评估主要研究:美国学者 Owen J. M. & Rogers P. J.(1999)将社会评估研究分为五类[①]:澄清性评估,对项目运行要达到的目标进行精确描述;前摄性评估,指政府委托执行的,包括需求评估和品牌评估,了解是否存在启动新项目的需求;互动性评估,目的是解决两个问题,一是计划组织问题,二是服务利用问题,充权评估具有特别价值取向,参加者保持平等的角色并视他们的关系为双向多于单向;检测性评估,项目是否达到了恰当的目标人群;影响性评估,确定干预在实践意义上是否产生了预期的效果。Barth, Richard P ; Gilmore, Grover C ; Flynn, Marilyn S ; Fraser, Mark W ; Brekke, John. S(2014)则关注社工教育,介绍了美国2009 年成立的社会工作与社会福利学院的背景和教育目标,其中之一便是检验社会工作相关福利政策的实施效果,促进有效社会政策的研究和设计。Amendola. Mary Grace、Nazario. Noelia 和 Sanchez. Veronica(美国,2016)研究了社区背景中社会服务组织对服务对象医疗健康需求进行评估的参与式研究方法,即 Community－based participatory research(CBPP),以项目式方式推进需求评估的设计、执行与评估。香港学者陈锦棠(2008)提出了项目评估的程序逻辑模式(PLM,program logic model)(如图 5-1 所示),并

---

① 　Owen J. M. & Rogers P. J. ,*Program Evaluation*:*Forms and Approaches*,London:Sage Publications,1999,pp.31～80.

认为 PLM 的理论基础是成效为本、逻辑为导向,有根有据,环环紧扣。

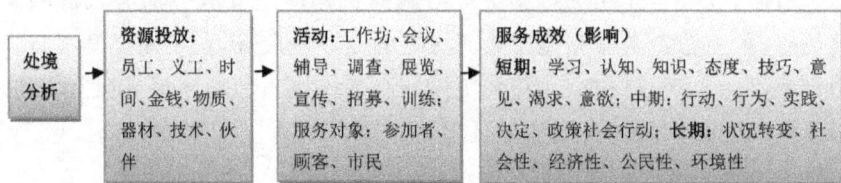

图 5-1　项目评估的程序逻辑模式

　　陈锦棠还进一步提出评估结束后,提升服务品质的步骤:找出决定服务品质的原因;处理顾客的期望;解释服务;管理提供服务的物质环境;教育顾客,使他们了解为他们而做的东西,已尽力;发展机构的文化精神,让员工参与与充权;自动化,稳定性(人本服务中不可行);及时提供跟进服务,如电话、问卷等,服务对象参与与充权。

　　2.境内社会工作评估研究:有关评估的功能研究。库少雄(2004)认为,掌握案主的动态发展,有利于制定和修改更加符合案主个人特色的服务计划,达到更好的服务效果,从而促进案主及其家属的满意度。① 范斌、张海(2014)提出,政府根据服务评估的结果,可对现有的福利决策提供合法性和公信力支持,②以更好地完善社会福利政策,对于社工机构而言,重要意义在于能够帮助组织争取有限资源、向资助者交代、考察社会服务的效率与效能。任高峰(2016)认为,将社会工作评估机制介入到服务项目中,能有效检验资源分配是否公平公正,③决定有限资源的优先次序。有关评估原则与形式。谢琳璐、张斐(2017)对 3E 理论进行了解释:"经济"原则强调机构服务开展要以最低的成本获得最大的收益;"效率"主要是指投入产出比,即同样水准的服务其所需要的成本要小;"效果"则是指组织公共服务项目目标的实现程度。④ 徐双敏、崔丹丹(2016)基于五城市调查后提出,第三方评估是一种强调评估主体特征的评估形式,其突出优势就在于客观、公正,其作

---

① 库少雄:《社会工作评估——单样本设计》,载《北京科技大学学报(社会科学版)》2004 年第 3 期。
② 范斌、张海:《社会服务评估发展的历史性观察》,载《理论月刊》2014 年第 3 期。
③ 任高峰:《社会工作评估介入机构养老资源的分配》,载《商》2016 年第 17 期。
④ 谢琳璐、张斐:《老年社会工作服务成效评估指标体系研究综述》,载《社会福利(理论版)》2017 年第 2 期。

为加强事中、事后管理的有效方式,可以帮助政府减轻行政负担。① 徐选国、黄颖(2017)基于 S 市实证研究发现,政府购买社会服务第三方评估实践中存在着结构性风险、合法性风险、有效性风险和道义性风险,这与第三方评估的结构性地位尚未确立、合法性机制缺位、权威性难以彰显、自主性缺失相关,其原因在于政社关系结构失衡。② 有关社会工作服务评估层次解析。姚进忠等(2015)对内部评估进行解释,认为内部评估由服务提供者进行评估,目的在于检查服务进度、总结服务经验等。耿亚楠(2012)区分了过程评估与结果评估。艾志斌(2014)探讨社工项目评估存在的问题时,指出当前中国社会组织的项目评估存在内部评估多,外部评估少;重过程评估,轻结果评估或轻过程、重结果评估的问题。刘江(2015)提出了以项目理论评估、监测评估、影响评估、成本-收益评估为主的评估模型,③跨越了服务开始前至服务结束后各个时间段。评估指标体系设计。姚进忠等(2015)认为,对绩效量化、服务量的过分追求会导致对效率和短期效益的单纯追求,偏离项目目标,不利于社会工作的专业发展。邵亚萍(2016)认为通过对抽象的服务进行定量化分析,要尽可能真实地反映社会服务,帮助评估者和各利益相关方深入合作。④ 谢琳璐等(2017)发现,目前的社会服务项目评估多局限于某些特定的维度或者范围有限而缺乏从整体框架层面对社会工作服务评估进行研究。评估问题及应对。有关评估机构的公正问题,顾江霞(2014)指出,目前的评估组织体系基本由政府、社工机构、第三方评估机构构成,缺乏社会参与,形成相对封闭的评估运行环境,隐含着较强的社会风险。艾志斌(2014)探讨过程评估存在的问题时专门指出了因多元角色、多元忠诚而引发的伦理问题。顾江霞(2014)认为评估团队定位为成长型小组,更有利于评估能力的发展。且团队之间存在个体差异,如若能得到尊重,处于平等的合作地位,更能保证评估结果的公正客观。评估机构应联合

---

① 徐双敏,崔丹丹:《完善社会组织第三方评估工作机制研究——基于 5 市调查数据的分析》,载《中南财经政法大学学报》2016 年第 6 期。

② 徐选国,黄颖:《政社分开与团结:政府购买社会服务第三方评估的风险及其治理——基于 S 市的评估实践》,载《社会工作与管理》2017 年第 2 期。

③ 刘江:《社会工作服务评估:一个整合的评估模型》,载《社会工作与管理》2015 年第 3 期。

④ 邵亚萍:《社会服务评估发展问题及对策思考》,载《社会福利(理论版)》2016 年第 9 期。

其他相关者,推动并倡导弱势群体相关社会福利政策的发展。当前社工服务评估的不足。社会服务评估本土化尚未实现(陈钟林等,2005);缺乏专业的社会服务评估人才(邵亚萍,2016)。评估的改进举措。培育社会工作评估主体(姚进忠等,2015);建立本土化社会服务评估体系(邵亚萍,2016);加强社会工作过程评估伦理的教育与培训(艾志斌,2014)。

3.评估研究述评:国内学者对于评估目的、体系与原则做出了较详细分析,且大量研究基于实证分析,应用型较强,但研究内容还有待提升。首先,组织体系探讨不全面。目前较多学者探讨评估组织体系的过程中,主要考虑到政府、社工机构、第三方评估机构这三者,较少学者提出一线社工、服务对象参与评估的相应建议。其次,具体指标体系研究较少。较多文献集中于社会工作评估指标体系拟定的原则和博弈,较少对某领域指标体系进行深入细致的研究。最后,较多评估研究集中于社区社会工作服务领域,较少对院舍专项社会工作服务评估进行深入研究。

(二)公办福利机构评估目的与受益者解析

社会工作服务评估是评估主体在现有政策、资金等环境背景下,运用科学化评估依据,遵循合理化评估流程,对评估对象的社会工作服务质量进行优劣区分和等级判定的过程。其目的是向出资方、购买方和社会大众进行交代。社会工作评估的潜在功能是"以评促建",即公办福利机构以及社会工作组织通过参与评估,发现现有社会服务的不足,并探讨政策和专业服务层面的改善途径,从而不断提升相应社会服务的质量。在公办福利机构推广社会工作的初期,"以评促建"的潜功能尤为重要。评估工作的存在并向规范化、科学化不断完善是社会工作行业发育成熟的主要依据之一。公办福利机构社会工作服务的评估行为至少使五大主体受益,其中各受益主体及受益层面如下所述:

1.社会工作评估有助于保障院舍服务对象生活质量。在公办福利机构,评估针对的目标群体是社会发展过程中利益受损或经济社会地位处于相对劣势的社会成员。服务评估的主要目的是考察服务提供者(公办福利机构及社工)是否按照合同约定或专业要求提供了一定数量、专业合格和成效明确的社会工作专业服务,有助于确保服务对象享受到较为切适的专业服务。在我国传统社会福利领域,社会福利服务以生活照料、医疗、保健、康复、教育等基本需求为主要服务内容,随着社会的文明和进步,服务对象需求层次不断提升,心理需求、社会参与需求等日渐突出,社会工作专业服务的嵌入正好弥补了传统基本服务的不足。然而,由于公办福利机构服务对象多为社会弱势人群,如老人、残疾人、孤儿等,在需求表达和服务评判方面缺乏相应的认知、表达能力。在此背景下,需要有专业评估主体运用科学化方式对已有社会工作服务进行评价,在运营管理、专业服务、资金使用方面进行客观合理评判,并提出相应意见与建议。通过评估环节,社会工作服务人员吸纳评估方意见,对既有工作进行检视,巩固值得肯定的经验,改变不合理之处,不断提升专业服务质量,从而最终提升院舍服务人群的生活质量。需要注意的是,在评估过程中,问责各方的力量并不均衡。相对而言,服务对象的问责力量较小,较容易被忽视。因此,评估主体在行使评估权力,给予专业判断的过程中,必须要充分观察服务对象的改变,听取服务对象的意见表达,引导服务对象参与评估过程。没有服务对象参与的服务评估,必然缺乏专业性和科学性。

2.社会工作评估有助于提升社工机构及从业者专业服务能力。我国社会工作服务在实务领域尚未完全定型,院舍社会工作服务因隶属于传统体制内运作范畴,相比社区社会工作,具有一定封闭性。引入专业化社会工作评估后,专家意见便于院舍社会工作服务成效进行横向(不同院舍之间)和纵向(不同时间节点)比较,通过比较发现专业服务在理念、专业手法和成效产出、项目管理、资金使用等方面的有益经验和不足。在评估的外在压力之下,内部社会工作者或承接服务的社会工作机构会根据专家意见,在以上各方面做出积极回应,在实务过程中不断纠正偏差,回归专业本质。因此,固定频次的社会工作评估所起到的检测与督促作用,在提升社工机构及其从业者的专业服务能力方面作用显著。

3.社会工作评估有助于优化公办福利机构服务管理水平。在缺乏专业评估的背景下,公办福利机构对社工服务的评价通常是基于行政角度做出的,例如社工服务是否有助于减少或预防院舍负面事件的发生(矛盾、投诉、上访或极端事件等)、是否有利于院方进行管理工作、是否有利于工作业绩的展示与宣传等,专业服务水准难以从社会工作学科角度进行评价和度量。通过规范化的社会工作服务评估,公办福利机构能获得从社会工作专业角度对本机构社会工作服务的评价,能够对院舍为支持社会工作服务投入的人财物资源的成本及其产出状况进行对比,能从管理制度优化、促成跨专业团队合作等方面对社会工作服务提供更有针对性的支持。通过多次规范化评估不断优化的社工服务,不仅可以协助公办福利机构改善院舍关系、提升管理水平,而且优质的专业服务和良好的服务口碑,有助于提升公办福利机构的社会美誉度和行业地位,对福利机构吸纳潜在服务对象(如公益二类、公益三类社会福利机构)亦能起到促进作用。

4.社会工作评估为政府提供了购买服务的检验和监管依据。广东省社会工作投入资金庞大。据广东省民政厅 2016 年 11 月发布的"广东省社会工作十年发展报告"显示,十年来,全省累计投入到社工事业的财政资金近60 亿元,福彩公益金超过 5 亿元。该省社会工作资金总投入占全国近半壁江山。为了对资金产出的效益进行客观评价,强化对资金使用情况的监管,全面检验政府购买社会工作服务的成效,推动社会工作行业可持续发展,政府部门需要有客观度量工具来准确把握上述情况,因此社会工作评估便成为重要手段和依据。根据多元化、专业化的评估主体和评估方式所产生的评估报告,政府基本把握社会工作服务项目的资金、产出、社会效益等情况,并以此为参照,制定有针对性的社会工作发展策略与措施,确保行业健康、有序发展。

5.社会工作评估为社会大众了解和监督公办福利服务提供依据。我国社会福利事业自 2000 年之后进入社会化改革轨道,引入专业力量进入公办福利机构服务领域成为改革原则之一,这也意味着传统封闭式社会福利运作格局逐步终结。通过社会工作招投标公示、社会工作评估专家库以及评估结果等环节公示,社会大众对公共资金的使用去向和实际效果产生基本的认识和了解,并依法享有观察和监督的权利。在提升社会工作服务的公信力方面,2015 年以来,广州市创新性地使用了社会观察员制度,吸纳社会其他行业领袖和热心人士在培训基础上参与社会工作评估流程的观察和反馈工作,增进了社会各界对社会工作专业公信力的认知。① 在社会大众对公共服务的需求日益增长(如院舍养老、残疾人托养等)而了解渠道相对匮乏的背景下,民政部门应及时通过院舍社会工作评估结果等相关环节的公示,增进公众对专业服务和资金使用状况的认知和合理化参与,提升社会福利事业的透明与公开程度。

---

① 广州市社会工作协会官网:《广州市家综评估社会观察员培训启动 26 人获颁聘书》,2015 年 9 月 6 日。

(三)公办福利机构评估原则与组织系统解析

1.评估原则解析

国外及我国发达地区社会服务相关机构结合社会服务理论与经验，在不同时期提出过关于社会服务评估的不同原则。例如美国评估协会(American Evaluation Association)在 1995 年提出服务评估应遵循：效用(Utility)，指评估应提供必要信息给使用者，以提升评估结果的利用；可行(Feasible)，指评估应务实、谨慎、节俭并保持灵活；适当(Propriety)，指评估应符合法律与伦理规范，重视评估结果影响者的福祉；正确(Accuracy)，评估应呈现和传递受评方案技术上妥善的资讯。[①] 在国内社会工作服务实践先行地——广州市，其社会工作协会整合高校专家资源，于 2016 年提出“PCER”动态综合评估体系，即该体系兼顾服务计划(Plan)、服务过程(course)、服务成效(effect)与服务结果(result)。该体系注重五方面原则：全面性(涵盖社区社工服务项目的全过程)、系统性(从需求、目标到计划、实施和自我评估，体现清晰逻辑和连贯思路)、综合性(动态、静态；整体、局部)、动态性(中期、末期评估各有侧重)、导向性(引导社区服务明确思路、回归需求和成效)。[②]

结合以上国内外社会服务评估原则，研究者认为院舍社会工作服务评估具有以上评估的普遍化特点，需要达到科学化和合理化的双重效果(科学化是指需要有全面、专业、精确的工具去测量社会工作的运用与成效；合理化是指需要结合社会工作生存的主客观环境采用适宜的方式进行社会工作评估)，同时又需要呈现出院舍社会工作服务评估的自有特质。在既有研究基础上，研究者提出院舍社会工作服务评估需遵循以下原则(见表 5-2)：

---

① Colin Robin：《方案评估——原理与实务》，张英阵译，洪叶文化事业有限公司 2005 年版，第 45 页。

② 广州市社会工作协会：《广州市家庭综合服务中心评估工作项目工作手册(内部资料)》，2016 年，第 35～37 页。

表 5-2　院舍社会工作评估原则

相关解释	评估原则				
	规范化	稳定化	本土化	开放性	参与性
设置原因	院舍社会工作评估目前尚未有相对统一的评估标准	评估形式和内容因院舍社工项目出资方和承接方更迭导致评估工作整体并未稳定持续进行	因地域社会工作发展失衡,向发达地区借鉴和模仿现象较突出	相对社区社会工作,社会对院舍社工服务及其评估的认知程度不高,运作相对封闭	院舍一线实务社工(尤其是项目社工)和服务对象相对弱势,在评估过程中表达意见机会相对较少,参与不够
内涵解释	需要有相应政策指引、评估办法(指标与体系)、评估工作流程与反馈	需要有定期评估形式,例如一年一次。评估标准和流程在微调基础上保持稳定	鼓励本土化社会工作评估形式探索,必要时可在异地专家支持下整合本地高校、行业专家资源,组建本地评估团队	评估办法与日程安排以及评估结果、财务报告应有相应网络公示环节,可引入观察员制度,引导社会人士参与评估过程与反馈	在评估过程中,可秉承"赋权"原则,提升院舍服务对象参与评估的意识和能力,尊重服务对象意见表达,并在评估指标中予以呈现。吸引优秀一线社工参与社会工作评估,提升服务的自觉性

2.评估组织系统探讨

图 5-2 的 ①至③表明了社会工作服务评估的组织系统,分别对应评估主体、评估过程与评估对象。客观而言,目前评估主体,即政府机构及其委托的第三方评估机构在资源掌控和话语权等方面相对处于优势地位,评估对象(院舍社工及其社工机构)因初期发展阶段和资源依赖等原因处于相对弱势地位。从长远来看,相对平等式伙伴关系更有利于发挥社会工作专业的独立性,体现专业价值,因此研究者将评估组织结构整体视为平行架构。在评估过程中,第三方评估机构实施评估过程,给予利益相关者以评估结果作为参照,在对评估对象提出建设性意见的同时,向服务委托方(政府机构)

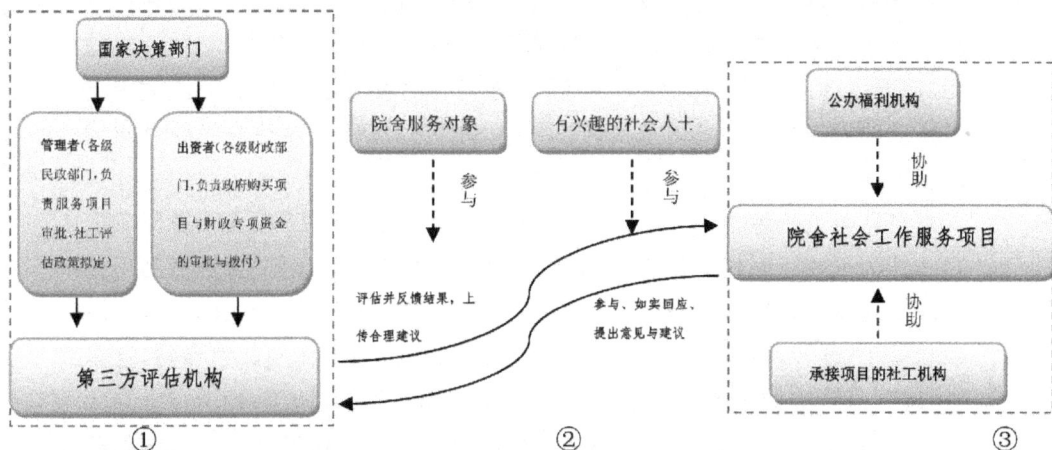

图 5-2　社工服务项目评估组织系统示意图

合理反馈评估对象的处境与建议。作为评估对象,以社会工作服务项目为核心,公办福利机构或社会工作服务机构(对外购买服务情形)作为重要协助方,共同配合接受评估工作。评估对象需要积极配合评估时期各项工作,如实反映评估周期内社工服务状况,并可适当表达项目本身的合理性需求。在实际评估过程中,第三方评估机构并不必然具有意见上传的功能,社工及服务项目发声的空间也较为有限。然而,评估的终极目的是改善院舍社会工作服务成效,该成效除受一线社工的直接影响外,亦受到外在环境支持性因素的影响,研究者认为需要考虑院舍社工服务的外在环境因素,例如资金数量、项目稳定性、社工薪酬待遇及流动性、管理制度等,从宏观层面为社会工作服务项目的开展向政府机关、向社会各界传递积极、有益的声音,优化院舍社会工作服务环境,社工在评估程序中,亦有意见表达的合理空间。

第三方服务评估机构及其团队成员在广东省社工发展不同阶段和不同地区存在较大区别。在政府购买服务初期,独立的第三方评估意识尚未形成,在珠三角地区,评估资金保障有力、高校资源较为集中、行业协会发展快速、境外专家资源便利、具备专业资质和服务经验的优秀社工丰富,因此按照科学、严谨的标准进行评估成员的遴选相对容易。而在欠发达地区,如粤西、粤北、粤东等地区,以上各种资源相对缺乏,因此评估团队的组建或引入需要相对较长的时间与过程。研究者认为,在公办福利机构社工服务较为普及的地区,适宜组建本土化评估团队,或者由独立评估机构专设公办福利机构评估项目。在社工服务普及程度不高的地区,可由发达地区的评估机构承接该地区公办福利机构社工服务评估项目,但应体现集中化、统一化原则(例如民政部门统一将粤西、粤北、粤东片区评估工作交由一家或数家具备资质的第三方评估机构承接,统一评估办法),以体现评估结果的可比性和客观性。

在社会工作评估过程中,除评估机构和承接方参与外,院舍服务对象的参与尤为重要。陈锦棠认为,评估需要遵循顾客为本的原则,即服务品质基于顾客的需要,最终达到顾客的满意。评估过程中对顾客进行调查,其积极功能在于:便于服务方进行服务过程与成效检讨;便于体现顾客参与,这是充权的一种,增加服务使用者的能力、信心,实现平等与民主;便于建立与顾客的关系,通过定期收集意见,提供发表意见的机会,拉近顾客与机构的距离,增进双方的感情,转化顾客成为支持者;便于平衡各方意见,通过评估在服务供给者、服务使用者、购买方、利益相关方之间收集不同意见,平衡各方之利益;便于捕捉趋势及少数人的意见,例如从顾客的不满意中发现疏忽,发现改进服务的线索;便于将满意度作为进行奖罚员工态度、技能、知识和专业性的参考,但这只是参考因素,非唯一因素。①

评估出发点是院舍服务对象的需求,其最终目的是提升院舍服务对象的生活质量,因此,院舍服务对象真实、有效参与的评估结果方具有实际参考价值。然而在实际评估过程中,服务对象参与不足。究其原因,因公办福利机构中老人以生活半自理、不能自理者居多,儿童以病残者为主体,残疾人亦受到生理缺失局限,这些弱势群体表达意见的能力不足,话语权容易被忽视。因此,在研究者前述评估原则中,提出了"赋权"参与的原则,即一线社工要提升院舍服务对象参与评估(或意见表达)的意识和能力,第三方评估机构需要尊重服务对象的真实意见表达,并通过多种形式接触和交流了解院舍服务的客观成效,并在评估指标中予以呈现。除此之外,社会各界人士通过担任评估观察员等渠道了解公办福利机构的社会服务状况,亦是公办机构去神秘化,走向公开、公正的社会化路径的必要举措。

---

① 陈锦棠:《香港社会服务评估与审核》,北京大学出版社 2008 年版,第 133～136 页。

(四)公办福利机构社会工作服务评估层次解析

研究者认为,社会工作服务评估可以分为两个层面:

第一层面是外部评估,是社工行业理论和政策研究涉及最多的评估层面,即政府部门组建评估队伍或委托第三方评估组织对公办福利机构的专业服务进行外部审查。通常外部评估产生于公办福利机构购买社工服务的相对稳定阶段,服务经历了一定探索周期。服务评估通常一个服务年度进行两次,中期评估和末期评估。结合社区社会工作评估发展实践,中期、末期评估应有不同的评估重点。中期评估侧重过程评估,对工作指标进度、资金使用效率、社工专业体现程度以及管理制度、运营环境等因素进行评价,主要对象是社工及管理者;末期评估侧重服务成效,对专业服务产生的实际效果(即院舍服务对象受益程度)、社会影响力等进行评价,参与对象不仅要有一线社工、公办福利机构与社工机构代表,更要有院舍服务对象参与。在评估形式上,中期评估应保持相对简洁与灵活性,可通过中期自评报告或1~2名评估员现场观察的形式进行评估;末期评估以现场评估的形式进行,可在现场走访、资料查阅与社工询问的基础上,分批邀请服务对象、公办福利机构代表(服务使用方)、社工机构(服务承接方)或民政部门(服务管理方)人员,听取不同层面对社工服务的不同评价。在综合以上评估结果的基础上,根据指标体系和相应权重予以赋分,最后给予分段式定性评价。

当前因为政府购买社工服务项目更需要通过评估来向购买方交代服务质量和成效,且还有民政部门制度层面的规定和要求,因此社会工作评估多见于此种形式,而通过自主筹资、内部设(转)岗、内部聘请社工或自主成立社工机构承接社工服务项目的情形,目前并没有明确的接受外部评估的制度化要求。在研究者看来,评估工作的本质在于促进社工服务质量提升。因此无论是政府购买服务项目的情形,抑或是公办福利机构自主筹资开展社工服务的情形,均需要评估形式的存在。在缺乏外部压力的状态下,第二层面的内部评估就尤为重要了。

第二层面是自我评估,或称内部评估,适用于公办福利机构社工服务团队或承接方社会工作机构,评估主体为执行社工服务的团队或社会工作者个人。评估的内容包括项目整体评估与微观服务评估,前者包括服务对象整体性需求评估与项目整体运营的成效评估,目的是在服务开展之初或周期性终结之时,为福利机构社工服务拟定计划提供必要性、可行性依据,并对社工服务整体服务情况进行周期性自我评价。后者是具体专业服务开展前期的需求评估与服务开展后的总结性评估,这种微观评估以例行、动态、小规模的方式频繁呈现于个案、小组、社区工作等各类专业服务之中。自我评估存在与否及自我评估的层面与手段,体现了公办福利机构社工服务团队的规范化与专业化程度。在本课题调研过程中,研究者发现,社工服务较为成熟的珠三角地区,其公办福利机构社工服务均有不同层面的自我评估呈现,项目评估和微观服务评估以较为翔实、系统和稳定的方式体现;而部分社工服务欠发达地区,项目执行之初一般拟定有简要需求评估,微观服务评估的文字记载较为粗略,专业性或规范性不够,而项目的周期性成效评估缺失或过于简单化处理。

(五)公办福利机构社会工作评估指标体系

1.外部评估指标体系设计

一般来说,作为社会工作服务评估的委托方,出资方和购买方关注的问题在于"案主的需求是否得到满足""如何改进方案""服务方案的成果如何""方案如何运作"以及"此方案为何有效(无效)"等,[1]因此来自外部的社工服务评估指标体系需要回应以上委托方关注的焦点。另外,公办福利机构社工服务项目相比社区社工服务项目,因院舍服务对象数量有限,因而资金规模较小,服务人员数量较少。例如广州各街道家庭综合服务中心一年服务经费为200万或以上,聘用含社工在内的20位工作人员,而广东省公办福利机构内实际从事社工服务的人员数量多数为5人以内,年度服务金额多为50万元以内。[2] 出于项目规模考虑,评估指标体系设计需遵从简洁、实用、科学、全面的原则。以下为本课题研究者拟定的指标评估体系(见表5-3):

---

① Colin Robson:《方案评估——原理与实务》,张英阵译,洪叶文化事业有限公司2005年版,第17页。

② 目前研究者观察到公办福利机构社工服务购买最高金额,来自广州市黄埔区老人院于2017年6月22日发布的招标公告,年度购买金额为80万元,最低服务时数为9800小时/年,中标人必须成立一支6人的工作团队,其中有5名专业社会工作者。

表 5-3 社工服务项目评估指标体系示意

服务对象类型:☒老人　　☒儿童、青少年　　☒成年残障人士

一级指标	二级指标	三级指标	赋分	说　明	备　注
服务需求 (8分)	服务对象分类		4	服务人群按某种特征进行分类并分别开展需求调研,了解问题和需要,是开展服务的第一步	公办福利机构服务对象通常按某种特征进行分类,例如老人、精神疾病患者按自理、半自理、不能自理等分类;儿童可按年龄段进行分类
	分类需求调研		4		
服务目标 (8分)	是否吻合服务需求		4		
	是否具体、可测、可行		4		
服务计划 (8分)	是否吻合目标		4		
	是否与不同类别服务对象分别对应		4		
服务过程 (18分)	个案工作	专业呈现	3	专业呈现:通过文书查阅和社工访谈,了解三类专业手法在服务理念、服务流程、服务技巧、服务自评等环节是否体现专业性;服务成效:了解社工服务是否在问题解决、能力提升、支持网络扩充等方面呈现效果	
		服务成效	3		
	小组工作	专业呈现	3		
		服务成效	3		
	社区工作	专业呈现	3		
		服务成效	3		

续表

一级指标	二级指标	三级指标	赋分	说　明	备　注
服务成效 （20分）	服务对象或其照顾者评价（质性）		8	三类专业服务，受益服务对象中需各有服务人次总量的10%～20%对象参与现场满意度与意见收集；需有1～3名院舍照顾者（护工、工勤人员、医护等代表重病、重残或不能自理者发言）	评价内容：参与服务的主题、内容；社工服务的优点、不足；社工服务带来的生活改变、对社工服务的建议等*
	服务购买方评价	地方民政部门评价	4	地方民政部门代表可在末期评估出现并参与评价	评价内容：对社工服务的了解程度、社工服务为院舍服务和管理带来的改变；对社工服务的总体评价及改善建议；各方之间的沟通交流状况
		公办福利机构负责人评价	4		
	社会影响力	自我对外宣传	2	可根据自我宣传、媒体报道的频次方式、多元化程度、媒体层次等打分	
		媒体报道	2		
服务产出 （8分）	院内服务对象覆盖比例（量化）		3	因院舍服务对象人数在不同地区多寡悬殊，此部分不做硬性要求，建议在大型福利机构采用	建议逐步在服务合约中拟定院舍各服务片区社工应介入的人次或比例，作为服务评估依据。服务覆盖比例应逐年提升，达至院舍服务人群全覆盖
	指标完成情况（量化）		5	中期完成年度指标总量的45%～55%，末期完成95%以上较为合适	

续表

一级指标	二级指标	三级指标	赋分	说　明	备　注
服务保障 (15分)	行政及服务相关管理制度	人员配备	2	资质与数量是否符合规定;年度人员流动不超过总数的三分之一	权益保障部分应有对服务对象和社工了解程度的现场访谈和满意度收集。社工权益保障制度适用于项目购买或公办福利机构聘用人员情形
		档案归类	2	行政管理类(社保、考勤等)、专业服务类、沟通记录类、督导培训类等文书记录是否按时、完整、清晰归类	
		服务对象权益保障制度	2	知情、参与、投诉、转介、退出服务、隐私保护等是否有相应明文化规定予以保障	
		社工权益保障制度	2	一线社工的合法权益、相关福利制度是否完善及社工满意度	
	场地环境	是否齐备	1		
		是否安全、卫生	1		
		有无使用记录、流程	1		
	督导与培训	督导资质、频次、内容记录是否合理;社工满意度	2	应有对社工的访谈和满意度收集。参与人数不少于社工总数的50%	
		培训的内容、频次、记录是否完整;社工满意度	2		

续表

一级指标	二级指标	三级指标	赋分	说　　明	备　　注
服务改善 （5分）	是否有改进举措		3	针对上期评估意见的吸收、改善情况	
	改进效果总结		2		
特色项目 （10分）			10	是否在约定服务保质保量完成的基础上，项目在服务对象、服务内容、社会效应或社工创新性探索等方面呈现出突出特色或亮点，并予以清晰总结与说明	鼓励本土化特色与服务创新。体现评估指标体系的开放性

注：＊1985 年 Parasuraman 等人设计的 Service Quality 问卷服务品质量度尺涉及：可靠性（Reliability）、回应性（Responsiveness）、保证性（Assurance）、同理心（Empathy）、适切性（Tangibles）等五个尺度。可依据这五个方面设立顾客满意问卷，设立五个等级，并予以 1～5 赋分，这个量表也称 RATER 量表。具体问题可参照——可靠性：是否做到答应的事、服务正确与否、服务时间有无变动、能否坚持无误的服务、能否诚心解决问题；回应性：能否准确告知时间、能否提供及时服务、是否愿意帮助顾客、会不会因忙碌而疏忽；保证性：服务能否引起顾客的信心、顾客是否安全、服务是否礼貌、服务是否有足够知识去回复问题；同理心：有无个别关照、是否提供方便的时间、有无个人照顾、能否顾客利益至上、能否理解顾客的独特需要；适切性：是否有现代化设备、设备外观是否吸引人、员工外表、相应物资的外观是否吸引人。实际运用中要修改措辞，适应不同的服务。以上资料来源于陈锦棠于 2008年著作，《香港社会服务评估与审核》，北京大学出版社 2008 年版，第 148 页。在本研究所设计指标体系中，出于公办福利机构社工服务项目规模较小、服务对象生理弱势特征的考虑，表格中的满意度调查进行了相对简化处理。

1.资金使用状况由民政、财政部门委托的会计师事务所单独进行。

2.项目总分为 100 分，除特色项目外，其他指标体系内容占 90 分。

以上评估指标体系，研究者注意凸显四方面：第一，服务思路的逻辑性。本课题研究者近年曾参与数次广东省社区社工服务项目评估，在一级指标体系设计上吸取了社区服务项目评估的逻辑性特点。逻辑性体现于服务需求、服务目标、服务计划、服务过程、服务成效等社工服务环节的完整、连贯、一致,如同路标指引。第二,服务对象的参与性。在目前的服务评估过程中,服务对象参与性体现不足,研究者认为应突出直接受益者在评估中的地位,重视其话语权。在公办福利机构中,服务对象集体居住,观察服务对象生活状态并听取其建议,相比社区更为便利,因此在评估过程中应重视一定比例的服务对象参与,注意随机原则(不完全依赖社工项目提供的人员);对部分生活缺乏自理能力、表达能力有限的服务对象,应由熟悉其日常生活状况的工作人员代为表述。第三,社工权益保障。在购买社工服务项目以及公办福利机构自主聘用人员的情形中,目前一线基层社工相对处于弱势地位,与正式编制人员在劳务权益保障、福利待遇等方面处于不利境地,作为以维护社会公平公正为宗旨的社会工作专业来说,评估环节亦应体现专业宗旨。良好的社工权益保障环境,对增强服务团队凝聚力、提升专业服务质量有明显支持作用。因此,社工服务项目评估应当把社工权益保障纳入评估指标体系。正是基于以上考虑,本研究的指标体系将服务思路的逻辑性、服务对象的参与性以及社工权益保障予以明确呈现。第四,评估体系的开放性。研究者设置"特色项目"一级指标,以鼓励社工服务项目努力呈现本土化特色与服务创新。国内各省市公办福利机构社工服务开启的背景环境差别较大,评估体系中应允许社工结合本地、本公办福利机构实际情况进行有益探索与创新,避免盲目复制与模仿带来的社工服务发展弊病。同时,指标体系的封闭化也是学术界当前批判的热点,有学者认为社会工作的标准化和指标化违背了社会工作职业的特殊性,禁锢了社会工作者的反思能力,因此只能为社会工作者提供粗略的、开放的、可变的工作框架。[1] 在本研究中,研究者设置此栏,且无明确二级、三级指标约束,即回应针对"标准化"和"指标化"的批判,给予一线社会工作者以灵活、反思余地。

Colin Robson 认为评估有三种方式。第一种是以关注过程为主,第二种是关注过程、成效各半,第三种是以关注成效为主:成效或目的是什么。[2] 香港学者陈锦棠提出,社会工作评估模式大致可以分为"目标导向"和"系统

① 张威:《社会工作能否标准化和指标化?》,载《社会工作》2017年第1期。

② Colin Robson:《方案评估——原理与实务》,魏希圣等译,洪叶文化事业有限公司2005年版,第104页。

导向"两种,前者关注服务对象在经历社会工作的系列服务之后,认知、行为、态度、问题等是否有所改善,社会效益如何,聚焦于服务结果,而后者关注专业服务的提供机制与运作过程(如项目服务开支、专业手法运用程度、机构人员和设施配置状况、服务对象参与状况等)。[①] 本课题研究者认同二者融合为一的评估取向。"目标导向"确定了服务方向的正确性,而"系统导向"为目标的实现提供了现实性保障,二者存有密不可分之关联,因此本研究上述评估指标体系尝试体现该两种评估模式的优势。另外,评估指标体系亦是定量方法和定性方法的结合。[②] 指标达成量、场地及人员配备、资金使用等可以用数字精确表达,而评估过程也较多使用访谈、观察、个案研究(典型案例、特色项目等)等技术手段,这些手段只能以定性方式加以概括。为体现社会工作服务评估的合理性,本研究上述指标体系同时也体现出这两种导向的结合。

2.内部评估设计

内部评估制度的存在与否与完善状况,是社工服务发展程度的重要判断标准,也是社工机构进行内部品质监管的重要手段。本研究认为,内部评估存在于社工专业服务的不同环节:一是项目开展初始的全面需求评估环节。出于服务开展的基础性要求,新入驻社工需要在公办福利机构内部针对全体或合同约定的服务对象及其环境展开多元化需求调研,了解院舍服务对象的特征、需要与环境支持状况。二是动态化、局部性的服务评估环节。在服务过程中,公办福利机构有新的服务对象入驻或者服务人群发生变化时,需要随时进行个别化或局部性需求评估。三是项目周期性整体自我评估环节。在项目服务满一定周期(如半年或一年),可进行相对固定的需求收集,了解当前社工服务是否回应了院舍服务对象的需求,根据反馈结果调整服务内容与方式。四是微观服务评估,如单次个案服务、小组服务、社区服务结束时,需要进行书面性服务评估,形成专业反思,并对未来专业服务提升起到经验传递作用。

(1)项目需求评估

评估步骤主要如下:首先,社工人员需要取得福利机构管理层和其他工

---

① 陈锦棠:《香港社会服务评估与审核》,北京大学出版社 2008 年版,第 205 页。

② Leon H. Ginsberg:《社会工作评估:原理与方法》,黄晨曦译,华东理工大学出版社 2013 年版,第 44 页。

作人员(医护、康复、特教、后勤等)的支持,了解福利机构相关政策与院内管理制度与人员分工、场地设置等,了解院内老人、儿童、残障人士的主要类型、身心状况与当前所获取服务的内容、方式。其次,社工在收集基本资料的基础上,对服务对象进行分类,例如按生理条件、年龄与生活自理程度进行分类,此部分生理状况资料收集由院舍医护人员、照顾者的既有数据资料与社工入室探访获取而来(示例见表5-4)。再次,社工在服务对象分类基础上,需要按照分层抽样的原则,采用多元化方式收集其生理、心理、社会参与等全方位需求。面对生活能自理、具备一定教育背景的老人、青少年、残障者可以采用简易化问卷,通过自填或访问员代填的方式收集其生活现状与服务需求信息;面对生活自理能力缺失(如行动不便)、文化教育程度不高的服务对象,可采用半结构式访谈或开放式访谈的形式聚焦其问题与需求;对于生活完全不能自理或表达能力不足的服务对象,可以邀请其日常生活照顾者或医护人员,通过焦点小组、结构式或半结构式访谈或问卷的形式收集其需求。在大型公办福利机构(服务对象100人以上)中,多元化方式收集全面化需求的过程中,需要按照分层抽样的原则,注意不同年龄段、不同生理状况以及性别因素在样本中的按比例分布。在小型公办福利机构(服务对象100人以下)中,可以采用分层分类基础上相对简单化的调研方式收集需求,例如"访谈(服务对象)+焦点小组(工作人员)"。最后,社工人员在需求调研完成之后,需要通过资料整理形成服务对象分类别的需求调研报告。在与院内其他专业服务人员充分交流、听取其意见的基础上,形成较为客观、科学、全面的需求调研报告。一般来说,一份体现社会工作专业水准的调研报告应逐步呈现出服务对象的感受性需求(语言表达)、表达性需求(行动表达)、规范性需求(专业人员、管理层与学者所定义的需求)以及相对性需求(对比其他相近服务地区或机构而来的服务需求)。[①] 在需求导向的评估结束后,新入驻社工可以优先选择较为集中、紧迫以及相对容易的需求入手,设计相应服务目标并策划服务方案。

---

① 郑怡世:《成效导向的方案规划与评估》,巨流图书公司2015年版,第42~44页。

表 5-4 公办福利机构长者基本分类状况

单位:人

年龄	自理状况		
	生活能自理	生活部分自理	生活完全不能自理
60～69			
70～79			
80 岁及以上			

(2)具体服务评估

鉴于微观服务评估(内部评估)在社会工作服务内容中的重要价值,研究者将单独予以阐述。以下以东莞市 G 社会福利中心(广东省省一级社会福利机构,纯岗位式购买社工服务)服务案例为例,说明目前社会工作服务内部评估的运用:

案例 1:拥抱天使——儿童院舍系列活动(0～1 周岁院童每周定期拥抱互动活动)。本次院舍系列活动持续 5 个月(服务计划略)。社工使用的评估方法有:第一,通过与保育员沟通,了解参加活动后儿童的身体状况及情绪特点,并询问保育员对本次活动的评价。第二,社工根据参加活动儿童的现场表现(参照活动记录文书),包括这些儿童与社工的眼神交流、肢体运动、发音等方面的变化,做出客观描述。社工自评服务成效:第一,告别寂静,不再孤独。本计划试运行 5 个月以来,受惠的院童已出现可喜的变化:他们不再寂静,开始利用各种方式去表达自己的需求;他们不再过于害怕接触陌生人;儿童活动室内出现了比以前更活跃的气氛。第二,院舍愉快氛围萦绕。通过社工抱孩子进入活动室游戏互动,活动室里有了更多孩子的笑声,有了更多保育员和孩子互动的情景,孩子们不再孤单地躲在自己的角落里,重复着单一的动作或声音,有了更多的发音,甚至模仿着哼歌,摆动身体。第三,亲身践行,意在影响。社工坚持拥抱儿童,与保育员及其他人员的沟通,在婴儿生活区引起更多工作人员关注,并且有工作人员向社工主动询问并探讨该活动的价值理念及效果,社工理念得到传播。第四,适当辅助,提高康复效果。通过个别化关注和快乐互动形式的辅助,帮助发展迟缓、肌肉僵硬无法正常学步的儿童增加康复性训练,提高康复效果。

　　研究者对案例1评估方式的评价:本案例评估方法主要依赖社工观察,为保障评估的客观性,社工向保育员进行了回访,以了解活动反馈。在成效产出方面,社工充分注意到了院舍儿童在生理(康复)、心理(笑声)、行动(活跃)等方面的正向改善。在评估直接服务对象改善的同时,社工也关注到了间接服务对象——保育员等其他工作人员的改变与受益情况,最终改善其服务院童的态度与服务质量。该评估相对完善合理,社工在评估方法中注意了主、客观评估方式相结合,关注到了院童多层次需求满足,并影响了院童所在环境系统的优化。如果在评估方式中,增加对院童各方面改善状况的前测和后测对比,或建立基线测量,对其他工作人员的间接影响有访谈或前、后测对比作为依据,则本评估的客观性和科学性会进一步增强。

　　案例2:儿童(2~5岁)语言发展小组——"宝宝快说话"(以下目标、评估内容为社工撰写)。小组目标:首先,为儿童营造一个充满鼓励、赞赏和学习语言机会的环境,是促进儿童语言发展的重要始点;其次,与儿童在游戏中交流,让儿童在游戏中学习,使儿童的语言理解能力和表达能力得到进一步的提升;最后,在小组中,儿童们相互认识、相互游戏、相互合作,能够促进儿童的认知能力、社交能力及社会适应能力的发展。

　　社工对案例2的过程评估(小组过程中持续进行):第一,参加者出席情况:本服务共招募8名小组组员,其中4名为智力低下儿童(伴随其他不同病症)、2名为肢体残障儿童、1名为面部损伤儿童、1名唐氏综合征患儿。计划共开展10节活动,根据计划与儿童能力发展,不同服务对象的参与次数有所区别,其中3名儿童参与了计划全程(10节)、2名儿童参与了9节活动、1名儿童参与了6节活动、2名儿童参与了1节活动,累积参与人次为56人次。第二,参加者表现:在计划中,6名儿童对活动表现出强烈的兴趣,且5名儿童能根据卡片提示积极完成当节活动所有流程;3名儿童除了活动本身的流程,在开展几次活动后,还能主动地在活动开始前后将三楼客厅收拾、摆放整齐,并能与模拟家庭其他成员分享自己的作品,显示出对活动的责任心和对自身的成就感;3名儿童在颜色使用、描绘空间准确性等方面的空间智能有较明显的提升,主要体现在涂色纸、沙画制作和陶瓷彩绘等作品的进步上;1名儿童从犹疑不决、下笔困难到主动下手并能主动寻求帮助,对空间智能的信心有了明显提高;此外,还有1名儿童在语言动机方面有了明显的提升。

　　社工对案例2的成效评估:第一,社工通过视觉空间小游戏、涂色小课堂学习和参观 DIY 手工彩绘坊等形式,使儿童认识了视觉空间智能,并且培养了他们对此的兴趣。第二,通过体验和学习,活动成员中 3 名认知能力较好的儿童对涂色小课堂的 3 堂内容都可掌握,1 名唐氏综合征儿童能在前 2 堂中有较为优秀的表现,1 名智力低下儿童在涂色准确度和自主性方面有较大进步,总的来说,活动协助成员在肢体、智力或认知受限的情况下,认识和发展了自己的视觉空间智能;通过学习过程中的鼓励、模拟家庭展览墙制作和展示以及小课堂中的投票、评比等形式,绝大部分儿童对自己的作品感到骄傲,并有 3 名儿童会将自己的作品主动向模拟家长、同伴展示和分享,儿童的自信在本次活动中有较多体现和提升。

研究者对案例 2 评估方式的评价:本案例依托语言学习,尝试提升儿童综合性的语言、认知、社交、社会适应能力,并营造充满鼓励和信任的友好生活环境。该评估方式的不足之处有三点:一是社工的量化产出意识不足,各项目标达成的客观程度无法测量;二是高质量的结果评估应当针对各个服务目标一一回应,而本案例 2 的结果评估描述和目标的对应程度不高,部分成效脱离了预设目标;三是过程评估与结果评估的描述指向类似,区分度不高。

(六)评估的伦理问题及局限

1.伦理问题

(1)评估团队成员遴选。尽管社会工作服务评估团队与成员组成在不同地域和不同阶段会有较大区别,但需要遵从评估团队成员遴选伦理。具体来说,有如下两方面要求:

一方面,评估成员构成应遵从多样性和流动性。多样性方面,社会工作评估团队应当由不同背景的资深专业人员组成。由于社工服务评估的目的在于向服务对象、出资方等交代,因此评估人员需要在老人、儿童、残疾人等领域有丰富实务经验或理论研究;社工服务效果受到机构或项目管理水准的重要影响,因此,评估团队需要有成员在社工服务管理领域有实务或理论研究;另外,评估团队负责人应具有较为丰富的评估机构管理与服务经验,便于整合评估团队意见,处理评估过程中的突发或棘手难题。因此,高校相关专业教师、符合资质的一线优秀服务者、资深行业领域(如社工行业、其他公益行业、评估领域)管理者、会计师等均可参与评估团队。需要注意的伦理问题是,评估成员需要与公办福利机构或承接项目的社工机构之间保持必要的距离,禁止利益关系存在。需要回避的情形有:评估成员在过去一年或未来一年不能以全职或兼职形式担任福利机构或社工机构的工作者,包括管理者(如理事、监事、干事、项目主管等)、督导员、培训导师、顾问或一线服务者等,在个人与第三方评估机构签署的评估工作约定中应有相应追责条款,同时评估员身份应公示并接受评估对象和社会大众的监督;就评估人员的流动性而言,为避免参与评估周期过长而导致的刻板印象存在,在保持评估人员数量、资质稳定有序的基础上,人员应保持动态调整性,及时更换身份等不符合评估要求的成员,积极吸纳新的、符合评估要求的成员加入。在评估团队人员组成和评估地点应保持高度的随机性,避免可能的人情因素干扰评估结果的客观性。

另一方面,评估团队应保持受委托方态度影响的反思。国内社工行业发展所需资金高度依赖于政府部门,公办福利机构亦是如此。出资方和购买服务方,在评估体系中由于资源占有的排他性而处于强势地位。出于机构生存和不断壮大的考虑,评估机构在评估过程和评估结果的拟定等环节可能受到出资方和购买方不同程度的影响。组织评估的意图(真实评估服务成效或走过场)、出资方的偏好(决定人员或项目的去留)等因素会对结果的严谨、客观、真实性造成干扰。因此,评估机构需要定期进行检讨、反思,并通过寻求解决途径,以"证据"为导向(任何评估结论需要有现场证据作为依据)和规范化、专业化的评估流程与标准树立自身的行业地位。国外研究者也对评估中的此类违背伦理的行为进行了批判,"有些机构和评估者臭名昭著的地方在于,委托者要他们怎么说他们就怎么说。然而,这种行为是对伦理规范的侵犯。虽然他们日进斗金,但总的来说,他们的行为和大多数专业和科学工作的伦理规范直接抵触"。[①]

(2)评估参与者的权益保障

第一,保障参与者的知情、同意、退出权益。在公办福利机构社工服务项目评估过程中,召集院舍服务对象进行访谈、问卷或对其进行现场观察时,评估员应当以具备亲和力的态度,运用简洁、易懂的语言向服务对象介绍评估的目的、内容、评估员的身份、评估产生的相关权益以及评估结果的运用形式,留下评估方的联系方式。另外,亦需要告知评估参与者,如评估过程中感

---

① Leon H. Ginsberg:《社会工作评估:原理与方法》,黄晨曦译,华东理工大学出版社2013年版,第31页。

到任何不适,服务对象拥有随时退出的权利。必要时,可以在评估前,由评估机构与参与评估的服务对象签订书面形式的评估知情同意书。参与评估的服务对象的遴选,以社工、福利机构推荐和个人自荐两种方式相结合。

第二,参与者的隐私保护权益。美国学者 Colin Robson 认为:"大部分评估结果具有敏感性,如果出现负面结果,提供资讯的人往往就是被责备的人。"①在公办福利机构中,评估结果关系到服务对象的院舍人际关系、社工个人职业发展、服务项目是否持续,关系到机构的资金来源、后续发展以及行业评价。在事关生命线的背景下,如果隐私保护和匿名性缺乏保障,服务对象和一线社工在自认为不安全的氛围下参与评估,有可能向评估方提供虚假或应付性的评估资料,可能导致不真实的评估结果产生。因此,在公办福利机构开展评估工作,保护院舍服务对象和社工的隐私尤为重要。

相对社区规模较大、人员庞杂且具备流动性等特点,公办福利机构服务对象和社工人员数量较少且相对固定,成员之间熟悉程度较高,个人特征突出,因此评估过程需要有更为严格的程序来保障评估参与者的隐私,实现匿名化。首先,评估工作开展之前,应以书面或面对面形式明确告知评估过程的隐私保护和匿名性原则以及具体做法,可以签订评估过程保密协议的方式加以强化,期待得到机构和参与人员的理解与配合。其次,在评估开展的问卷、访谈、观察过程中产生的文字、图片资料,应避免有服务对象的姓名出现,避免公办福利机构或社工机构有接触或知晓的可能。因众所周知的人情或面子因素存在,在服务对象或社工参与面谈的环节,注意不应有社工机构负责人或公办福利机构工作人员在场。再次,在评估结果反馈环节,应避免提及提供资讯的服务对象或一线社工的姓名或图片,可进行模糊化处理。对于视力或体力不足者,应使用调查员协助其完成调查或访谈,但应避免对其回应结果进行引导,同时注意给予其相对充裕的时间。如果对评估结果存有质疑,项目管理人员可向评估机构或民政部门提出正式申请,在履行相关程序的前提下,查询评估过程的"证据"原始记录。事实上,由于公办福利机构社工人员和服务对象数量较少,做到完全的匿名化有一定困难,需要评估机构设立评估对象的隐私保护机制,接收来自参与评估者的投诉并提供积极的支持和保护。

---

① Colin Robson:《方案评估——原理与实务》,魏希圣等译,洪叶文化事业有限公司2005年版,第20页。

第三,参与方的获益权益。参与评估的福利机构或社工机构,获益形式包括:取得服务改进的具体建议,能够直接运用于一线服务;在评估机构的帮助下梳理自身服务的经验、特色或模式,便于进行本机构的宣传推广,提升社会知晓度和行业美誉度,利于机构争取更多发展资源。参与评估的服务对象,其获益形式包括:提升个人院舍生活质量、提升个人的价值感并通过参与评估实现认知、表达等能力的提升,实现增权。参与评估的一线社工,其获益形式包括:在评估专家深入、细致的指导下,可迅速了解既有专业服务的不足与优势,提升专业服务认识与服务技巧,提升项目管理能力。在沟通过程中传达一线社工的需求与建议,改善自身工作环境。在评估初始环节,评估方应向参与方告知获益权益并回应相关疑问。

第四,缺乏表达能力的老人、儿童、残障人士的权益保障。公办福利机构服务对象多以生理缺失人员为主要服务对象,其生理机能较弱,认知表达能力较低,参与能力不足,在评估参与环节容易被忽视。此类服务对象是社会福利机构中最为弱势的人群。在"需求导向"的评估模式下,此类服务对象应当以较为灵活、多样的形式参与服务评估。首先,在服务对象参与评估的类型遴选中,应当按照服务对象生理状况进行分层抽样,确保生活不能自理或完全不能自理的服务对象按人数比例参与评估。其次,具体的评估方式可通过现场观察,简单交谈,与直接负责其院内医疗、康复、生活照料等专业人员或服务人员座谈,从家属或室友处获取信息等了解其特殊需求及社工服务对其回应状况。

(3)直面评估的局限

评估工作对社会工作服务过程和服务成效的度量并不是万能的,同样存在真空地带。Colin Robson认为,一些评估结果显示,方案对部分参与者没什么效果。原因在于,社会服务中的问题太复杂且难以根治,环境变化多端,可能影响评估结果;工作人员本身的能力也不相同;评估人员和方案可能存在不当。通常是把社工服务方案视作一个未分化的整体,然后看其平均或全体效果,容易导致评估无效的情形发生。因此,不如将服务看作"哪些东西有效,对谁有效,在什么情况下有效"会更有建设性,一些方案对一些人有效,而对另一些人根本无效。[①]评估结果的有限性给予我们的启发在

---

① Colin Robson:《方案评估——原理与实务》,张英阵译,洪叶文化事业有限公司2005年版,第83页。

于,评估体系需要关注不同类服务对象各自对应的服务目标与方案,在特定人群背景下考察其服务过程与服务成效。

三、"公私协力"视角下社会工作参与公办福利机构转型的路径优化

(一)社会工作参与公办福利机构转型的路径展示

本课题 25 家调研机构所呈现的社会工作专业服务参与路径如表 5-5 所示:

表 5-5　公办福利机构引入社工服务路径对比

	纯外引式		外引＋内生	纯内生式	
具体形式	岗位式派驻社工或督导	项目式派驻社工或督导	分为两类:引入岗位或项目派驻社工(或含督导服务);仅引入督导服务。社工或督导协助公办福利机构内部社工共同开展服务	内部转(设)岗或招聘社工提供专业服务	虚拟式购买社工服务项目
特征	上级部门指派	社工机构指派	两类机构(公办福利机构、社工机构)、两种体制(政府部门与社会组织力量)下社工专业力量的人员的分工与合作	福利机构内部其他工作人员转化(如工勤岗、医护等),或通过事业单位公开招录或合同制聘用等引入专业社工	公办福利机构成立社工组织承接本单位社工服务

续表

具体形式	纯外引式		外引＋内生	纯内生式	
优势	社工专业能力和服务的规范性、系统性较有保障	专业人员和服务的规范性、系统性较有保障,专业独立性有一定保障	充分利用外部社工的专业优势和内部社工熟识环境、调动公办福利机构内部资源的两种优势	内部转岗社工便于机构管理,人员稳定性较强,人员对服务环境和服务对象了解程度高,便于跨部门合作。对外招聘社工专业能力和服务的规范性、系统性较有保障;便于机构管理和跨部门合作	公办福利机构管理层对"社工机构"直接负责,具备资源调集的极大优势
挑战	项目、人员稳定不足;专业独立程度较弱(服务时间、专业手段实施保障不足)	项目、人员稳定性不足	内外两种社工人员的身份差异和磨合障碍	内部转岗或对外招聘社工行政化倾向明显,专业独立程度较弱(专业服务时间、专业手段实施保障不足)。内部转岗人员短期内专业能力不足;对外招聘社工可能存在人员稳定性不足等弊端	公办福利机构转型的社会参与以及公开、公平性体现不足,行政化色彩、专业独立性或不足

　　参照上表,研究者将社工参与公办福利机构专业服务分为"外引式""内生式""外引式＋内生式"三大类别,具体可细分为六种类型:项目式购买社工服务(或督导服务)、岗位式购买社工服务(或督导服务)、内部转(设)岗与购买社工服务相结合、内部转(设)岗与购买督导服务相结合、虚拟式社工项目购买、内部转(设)岗或招聘社工提供专业服务。在调研过程中,研究者发现,纯粹"内生式"形态极少(在25家接受调研的机构中,仅有2家),绝大多数公办福利机构采取"外引式"以及"外引式＋内生式"来开展社工专业服务。各类形式代表了广东省不同地区结合自身经济、政策环境所做出的本

土化选择。

六种社工服务引入方式在多层面形成对比,其中"外引"社工与"内生"社工对比尤为明显。"外引"或"内生"的选择基于不同理由:部分公办福利机构倾向于在当前阶段使用项目购买形式外引社工服务,其理由在于,外引社工具有明显的专业优势和资源募集优势,容易做到对服务对象负责且能有效避免行政化倾向。部分公办福利机构管理层倾向于由"内生式"社工承担专业服务主力,理由如下:一是内部转(设)岗社工由新增社工岗位而来,人员编制增加可获得更多财政拨款(资金更有保障);二是内部转(设)岗社工为编制内人员,熟悉管理制度、资源环境和服务对象,管理和服务的开展更为便利;三是内部转(设)岗社工或内部聘请社工具有对公办福利机构的归属感,若内部聘请社工进一步升级为编制社工,则内部社工的身份便与其他医护、特教等专业人员类似,服务的稳定性、规范性会有更好保障,人员流动性小。"外引"社工具有专业优势,但本土化不够,而"内生"社工本土化有余,但专业化有待提升。正是基于两种方式各自的优势与劣势,在当前阶段,"外引式+内生式"成为公办福利机构引入社工服务的主要路径。虚拟式项目购买具有一定创新性,采用内部自行创办社工组织的形式来承接公办福利机构"让渡"出来的社工专业服务职能。此类探索中的创新式做法,或为上级部门鼓励支持使然,抑或传统的"肥水不流外人田"式思维惯性所致,集公办福利机构之资金、人员等资源举办,优势显著。然而,行政化、非社会化公开化运作,为其萌芽与发展中的主要挑战。

(二)社会工作参与公办福利机构转型的路径特征

1.社会工作相对成熟地区的服务辐射效应。根据 2010 年以来研究者对广东地区的实地观察,公办福利机构引入社会工作服务过程中呈现出先行带动后行、后行效仿先行的发展局面。在学习新加坡和我国香港、台湾、澳门等地社会工作发展经验的基础上,深圳、广州等地的社会工作实践较早迈开步伐,当地民政部门和社会工作机构在岗位购买和项目购买方面积累了相对成熟的做法,粤东、粤西、粤北等周边地区前往交流学习成为常态。与此同时,发达地区社工机构亦在欠发达地区承接社工服务项目,通过项目输出优秀社工和督导资源,协助培育本土化人才。这种成熟地区服务模式辐射效应在广东省公办福利机构社工服务推广中体现明显。

2.地方经济状况具有重大影响。在发达国家,社会工作是资本主义财富积累到一定阶段的衍生物。在我国,社会工作的发展环境同样受到当地经济环境的关键性制约。目前公办福利机构引入社会工作服务的资金来源一般是纳入财政预算固定拨款和福利彩票公益金专项资助。尽管纳入财政预算固定拨款方式最为理想,但却是公办福利机构引入社工服务中较少采用的方式,究其原因,受当地总体经济状况影响最大。为避免社工流失,深圳市民政局在 2016 年初表示本年将岗位社工的服务购买标准提高到 9.3 万元/(人·年)。深圳等国内发达地区的社工发展资助政策,其他地区或许未能效仿。研究者在调研中发现,广东省内其他地区(粤西、粤北等)公办福利机构受经济制约突出,社工服务购买资金来源多为民政福彩公益金专项资助。这种依赖不确定性资金导致的结果可能是,如果当年成功申请到不同级别的福彩公益金资金资助,服务项目就能顺利开展,如果未申请到相应资金,要么就面临公办福利机构内部自筹资金延续服务,或者承接项目的社会工作服务组织自掏腰包,垫付资金继续开展服务,或者面临项目最终夭折的后果。

3.需求导向的服务模式逐渐清晰。当前,我国公办福利机构社会服务正由管理主导型向服务主导型转变,服务对象全人式服务需求日益得到重视。2012 年底,广东省民政厅明确规定福利机构要建立社会工作部门或岗位,省特级配备专职社工 5 名以上,省一级 3 名以上,省二级 1 名以上。[①] 部分公办福利院已将社会工作服务管理工作纳入全院 ISO9001 质量管理体系当中,规范了岗位职责和服务内容。在社会工作职业化的制度保障之下,专业社会工作者在服务设计过程中,既要充分考虑服务对象用语言和行动表达的需求,又要结合福利机构管理方、社工等专业人员客观认定的需求以及与发达地区相比较而言的需求供给空白,科学全面、分层分类地进行服务对象需求评估,并拟定相应服务目标与服务计划。

(三)社会工作参与公办福利机构机构转型的路径缺憾

1.公办福利机构社会工作者的身份障碍。一方面,公办福利机构客观

---

① 广东省民政厅:《关于印发广东省社会福利机构等级认定办法、考核评分操作细则的通知》,2012 年 10 月 15 日。

存在同工不同酬现象。在部分福利机构中,有内部转岗社工(有编制),亦有自行外聘社工(合同制),还有社工机构派驻社工。尽管大家同样都从事社会工作一线服务,然而工资水平和福利待遇相差显著。内部有编制的转岗社工地位较高,工资较高,工作时间较稳定,而外聘社工和派驻社工工资待遇相对较低,在机构中调动资源的能力较弱,专业地位较低。同工不同酬现象对外聘社工和派驻社工工作积极性和稳定性的负面影响不言而喻。"身份"差异的背景下,部分社工谋求编制身份的努力也在持续。在研究者多年的调研跟进中,既有外聘社工和派驻社工通过优异的工作表现成功转变身份,跻身内部有编制社工的行列,亦有考取其他公务员或事业单位编制而出现人才流失的现象。另一方面,"身份"差异的背后,存在着内部转岗社工能否保持专业性和独立性的顾虑。通常内部转岗社工年龄偏大、文化层次偏低,受传统服务方式影响根深蒂固,能否在购买外部督导和培训的支持下,开展去行政化色彩的社会工作专业服务,值得期待。

2.公办福利机构引入社工服务的意识障碍。部分公办福利机构社会工作服务引入主要为外力(即民政部门政策文件或试点项目推广)推动使然,内部管理层尚未认识到社工专业服务的必要性和独特性。研究者在访谈中了解到,公办福利机构管理层核心成员对社工的认知和重视程度对社工服务推进影响重大。然而,在部分福利机构管理层主观意识中,社工服务尚未上升到与医护等传统服务岗位同等重要的地位,只是原有服务的锦上添花,或称可有可无的"调味料",还难以成为专业服务团队中不可替代的组成部分。这种颇为尴尬的专业定位反映了部分公办机构因缺乏对社会工作专业的角色认知,从而在引入过程中存在被动现象,实际表现为管理人员对社工服务的了解、接纳、支持不够,缺乏院舍服务团队的统筹与规划意识,最终可能造成团队合作缺乏高层推动力,社会工作专业服务成效难以保证的不良局面。

3.社会工作组织承接服务中的管理障碍。作为公办福利机构社工服务承接方,社工组织层面的障碍表现为数量不足和社会公信力缺乏等。经济欠发达地区在社工组织的数量匮乏方面表现得尤为明显。萨瓦斯认为,合同承包制的挑战之一,体现为是否可以吸引到足够多的符合条件的投标者(尤其是偏远地区)。经济欠发达地区缺乏数量充沛的合格投标者参与投标,公办福利机构遴选空间不足,项目最终可能由尚显稚嫩的本土机构承接,因为外包社会服务项目的数量和金额通常较少,社会工作组织难以聘请到优质、稳定的社工从业人员,服务持续性和专业性难以保障,导致服务水平遭受质疑。在公信力方面,少数社工机构公共责任有所缺失,在招投标过程中利用非正常手段承揽项目,在项目执行和评估中存在弄虚作假现象;因薪酬和职业发展前景等激励因素不足,导致社工专业人才流失率较高;内部自律机制和外部监管机制不足,导致社工组织美誉度不高。[①] 社工组织在部分地区数量不足,社会公信力与美誉度缺乏,成为社会工作参与公办福利机构服务的组织障碍。

(四) 社会工作参与公办福利机构转型的路径优化

1.路径优化思路

采取"外引+内生"向"内生"式过渡的引入路径。考虑到外引式过程引发部分项目社工(岗位社工)产生"两头不靠"的现实困惑(即社工机构和公办福利机构均无法给予其充足的归属感和工作支持),又基于当前内生式转岗社工专业服务能力不高的现状,研究者认为公办福利机构社工引入路径可参考以下方式进行:未来五年左右时间内,公办福利院仍可以项目购买或岗位购买的形式聘请专业社工及督导服务,示范并带动内生社工力量(即转岗社工)的成长。三到五年后,内部转岗社工经内(服务对象、院舍管理方)外(行业协会或专业化社工组织)部双重考核合格后,可逐渐撤出项目(岗位)社工。为保障专业社工服务质量,建议内生式社工由转岗社工和内聘社工共同组成,既满足公办福利机构内部员工晋升和专业化转型需要,又可通过具备专业教育背景的内聘社工的引领,确保院舍服务对象获取规范化、专业化服务。内聘社工既可由公办福利机构面向社会招聘或事业单位公开招聘入编而来,也可以由原项目社工(或岗位社工)转聘而来。另外,研究者建议在社工服务的引入路径上,相关民政管理部门应尊重公办福利机构自身的需求表达与路径选择,在满足专业人员配备的政策规定的基础上,注重对社工服务成效产出的定期化、客观性评估(如引入第三方评估办法),允许公办福利机构自我探索适合本院的社工发展方式。

2.路径优化对策

(1)资金保障:多元化渠道拓宽资金来源。公办福利机构的重要服务群

---

① 广东省社会工作委员会:《广东省社会建设发展报告(2013—2014)》,社会科学文献出版社 2014 年版,第 74 页。

体为"三无"老幼病残人员,缺乏相应市场购买力,因此面向服务对象低偿或有偿收费的做法行不通。又因政府肩负济弱扶困的公共职能,因此政府出资购买社工服务成为必然之举。研究者建议地方政府将公办福利机构社工服务纳入财政预算,予以专项支付。形成对比的是,2017 年起至 2021 年,广东省实施"双百镇社工服务五年计划",[①]在粤东西北地区和惠州、江门等地建设 200 个镇(街)社工服务站,由省市县三级共同投入,首年 5000 万元用于社工工资发放,逐年递增 5%,并附带 500 万资金购买督导服务。此外,李嘉诚基金会参与项目资助,并发动省级基金会和社会慈善组织的力量参与资助。相对上述社区范围内实施的"双百计划",广东省市、县级公办福利机构数量有限,资金规模和社工配备数量具有可控性,具有纳入地方财政预算的可行性。另外,可效仿"双百计划"筹资方式,鼓励各类基金会、社会服务组织、企业、个人等参与出资,建立多元化且稳定的筹款机制资助公办福利机构开展社会工作服务。

(2)制度保障:人事保障促成社工服务同工同酬。人力资源与社会保障部门与民政部门需要合理化推进事业单位人事制度改革,促成公办福利机构社会工作岗位数量稳步增加。当前尽管我国民政部规定了社会福利机构中,管理岗、专业技术岗和工勤岗所占的比例,但是在专业技术岗内部,医护、康复、特教、社工等岗位所占的具体比例并未有清晰规定,实际工作中各地区、各单位依据自身需要确定。不同福利机构服务对象的需求类别有所差异,服务侧重点有所不同,因此研究者建议由民政部门制定社工岗所占的最低比例,福利机构再根据本单位实际需要,依此设定专业技术岗的内部具体配置,上报民政部门予以审核确认。此举可促成社会工作岗位在公办福利机构成为专技岗不可或缺的组成部分。另外,伴随事业单位人事改革的步伐加快,编制内社工的工作绩效考核会逐渐与其他类型社会工作服务等同,在不断提升外聘社工、派驻社工的工资水平的基础上,编制内外的工资差距应日渐缩小,身份之别对社工流动性带来的负面影响会逐渐消解。

(3)意识保障:服务购买方对社工服务的主动接纳。社会工作以全人工作为视角,综合考虑个人的生理、心理与社会功能需要。传统的福利机构服务重视服务对象的生理康复与生活照料,尽管也涉及特殊教育与文体娱乐,

---

① 李强:《粤东西北将建 200 镇街社工服务站——培训 1 万名志愿者》,载《南方日报》2016 年 11 月 2 日。

部分机构也有志愿者参与服务,但是对院舍中服务对象心理认知重建和社会交往功能恢复需求的回应较不系统,缺乏稳定性,管理导向明显,而专业社会工作服务以日常服务的面貌出现,在考虑生理需要的基础上,服务对象的心理和社会交往需求予以强化,服务的科学性和稳定性保障了服务成效的达成,这种专业服务手段与原有医护、康复、特教、生活照料等服务相得益彰,互为补充,统筹协作则构成理想院舍照顾的全景,也是较为成熟的境外福利照顾机构的服务常态。作为公办福利机构管理者,应当清晰认识到社会工作专业服务的独特功能与原有服务的互补性,积极主动地引入社会工作专业服务,争取各方资金推动项目的持续性,并在院内创造条件,推动社会工作与其他服务人员的协作统筹,以推动本院舍服务绩效的优化与服务水平的不断升华。

(4)专业保障:社会工作服务的独立性。当前公办福利机构社工服务资金来源主要为单一的政府资助,因此输送服务的社工机构及派驻社工与公办福利机构相比处于弱势地位,话语权较低,因此这种不对等的双方地位影响了社工服务的专业性和独立性。研究者从部分公办福利机构中了解到,社工人员会被公办福利机构安排从事合同外行政事务类工作,专业服务时间存在被挤占现象。台湾学者林淑馨认为:"互动过程中难以摆脱各自的本位角色;双方经常处于不对等的地位。特别是规模较小、缺乏资金的出于薄弱状态的组织,对政府财政仰赖的程度超过资金整体收入的百分之五十的时候,会影响组织运作的自主性,双方界限会变得模糊,同时非营利组织也容易沦为政府的附属机构,对等互动的关系难以建立。"①因此她建议双方关系中的权利义务应法治化、明文化,将有助于互动关系建立,提升成效。公办福利机构引入专业社工服务已成为传统社会福利服务转型的重要依托,研究者认为,为保障专业服务的独特性,从意识层面,需要公办福利机构与合作方社工机构强化法制意识和契约精神,依据合作协定约定的事项与服务内容开展规范性服务,减少对社工服务的行政干预与专业人员的随意调遣。另外,公办福利机构也需提升对社会工作专业重要性的认知程度,从"锦上添花"转为"雪中送炭",从机构外部资源争取、机构内部硬件设施、跨专业团队合作等方面优化社会工作者服务开展环境。在管理层面,本研究建议民政部门逐渐规范下属各类公办福利机构管理方式,引导公办福利机

---

① 林淑馨:《检证民营化、公私协力与PFI》,巨流图书公司2013年版,第237页。

构设立社会工作专门管理部门,如社工科(部)等,并纳入社会工作服务评估指标体系。独立科室回应专业服务的科学化管理要求,有助于社工以独立身份开展服务,并成为院舍内部社工专业与其他医、护、教等专业平等对话的平台,促进跨专业服务团队的形成。研究者相信,在福利机构管理者意识提升和管理方式科学化的双重保障之下,社会工作专业的独立性和预期成效方可有效呈现。

(5)组织保障:社工机构自身质素的不断提升。公办福利机构服务采购的多元化选择空间,有赖于社会组织的广泛建立,并提供有质量保障的专业服务。2009年以来社会组织申办门槛降低,不少地方政府部门为初创的社会服务组织提供启动资金和公益孵化基地作为办公场所,还主动为专业人员开发社会工作服务岗位。根据民政部公布数据,[①]截至2014年底,全国社会工作服务机构达到3500余家,全国持证社会工作专业人员达到158929人,全国事业单位、城乡社区已开发社会工作专业岗位11.39万余个,政府购买社会工作服务项目近20亿元。在数据背后,我们也应清晰看到社工机构、持证专业社工以及服务岗位数量与资金投入在不同地域的不平衡性。地方政府及民政部门,尤其是欠发达地区,需要在有限的资源中对社会工作给予一定配置,保持社会服务与经济生活的均衡发展。

为提升社工服务的社会公信力和美誉度,社工组织在自律和他律的双重保障下,应不断提升服务水准。2014年底,民政部出台了《社会工作服务项目绩效评价指南》和《儿童社会工作服务指南》,启动了社会工作服务标准化建设,同时也组织实施了全国社会工作者职业水平考试和一系列社工培训项目,不少地方也出台了地域性的社会工作服务标准和评估指引。在他律约束的前提之下,社会工作服务组织更应增强自律意识,在内部管理制度不断完善的同时,强化服务标准建设,从服务对象的分类分层需要出发,充分倾听福利机构需求与服务对象需要,科学设定组织架构与服务逻辑框架,增强专业服务的成效导向意识,从问题解决、能力提升、资源链接等方面合理制定服务规划,主动提升服务水准。在社会工作组织自觉提升自身质素的语境下,公办福利机构社会工作服务参与方能得到社会认可,社会工作专业服务发展才能越走越远。

---

① 民政部官网:《2014年民政工作概述》,http://www.mca.gov.cn/article/sj/。

第六章　回顾与展望

一、"公私协力"视角下社会工作参与公办福利机构转型的回顾

（一）社会工作参与公办福利机构转型的实施基础

20世纪70年代后国际社会福利改革趋势、21世纪初我国社会福利的转型需求以及政策倡导催生出的社会组织广泛兴起，是"公私协力"视角在我国公办福利机构运用的三大基础要件。近代以来，西方主要国家经历了自由放任资本主义阶段以及二战以后"福利国家"的高歌猛进，每种社会福利输送方式的优势与缺陷在实际运行中已一览无余，学术界对"市场失灵""政府失灵""志愿失灵"现象亦有充分解读。面对社会福利在效率和公平中的抉择，国际社会不约而同地选择了福利多元主义取向，将国家、市场、志愿部门、家庭、社区等福利供给方整合在社会福利的不同层面，从整体上优化本国（或本地区）的社会福利供给结构，回避单一方式的不足。我国公办福利机构输送的福利具有特殊性，面向"三无"人员、孤残儿童、有托养需求的老人或残疾人，长期以来以单一模式、封闭式运作提供福利，具有稳定规范的制度优势，但是旧有管理模式、思想理念以及人员结构无法应对新时代服务对象拓宽、需求层次提升的现实挑战，引入社会力量参与成为必然之举。

与此同时,2000 年后国家及地方民政部门开始大力培育社会组织,社会工作专业教育和职业化认证不断推进,提供社会工作专业服务的社会组织如雨后春笋般急剧增加,甚至在国内发达地区已近饱和态势,社会工作行业协会以及专业评估机构的数量也不断增长,这种社会组织蓬勃发展的局面为政府购买社会服务提供了充足的遴选空间,使得社会工作参与公办福利机构转型具有了现实可行性。在国际福利改革趋势、我国社会福利转型需求以及社会组织快速发展提供的必要而可行的条件之下,"公私协力"视角具有了实践探索的现实基础。

(二)社会工作参与公办福利机构转型的实施路径

1.社会工作参与转型的路径走向。当前,以广东省为例,社会工作参与公办福利机构的具体路径有"内生""外引""外引+内生"相结合三种不同的实践走向。"内生"走向体现为虚拟式社工项目购买(自设机构)或纯内生式社工服务模式(内部员工转岗);"外引"走向包含项目制购买社工服务(含督导服务)或岗位制购买社工服务两种形式;"外引+内生"走向表现为既对外购买社工服务或督导服务,又对内培养现有员工使其转岗为专业社工,"外引+内生"以两种方式同时进行。上述三种路径走向折射出我国社会工作参与公办福利机构转型的三大特征,一是社会工作相对成熟地区的服务辐射效应;二是地方经济状况具有重大影响;三是需求导向的服务模式逐渐清晰。研究者认为,当前社会工作参与公办福利机构机构转型路径,存有以下三种障碍:公办福利机构社会工作者的身份障碍;公办福利机构引入社工服务的意识障碍;社会工作组织承接服务中的管理障碍。有关社会工作参与公办福利机构转型的路径优化对策,本研究认为结合公办福利机构内部开展专业服务的特点,推广社会工作专业服务,应采取"外引+内生"式向"内生"式过渡的参与路径,同时要在资金、制度、意识、专业与组织等方面落实保障措施,如多元化渠道拓宽资金来源、人事保障促成社工服务同工同酬、服务购买方对社工服务的主动接纳、社会工作服务实现独立性、社工机构自身质素不断提升等。

2.社会工作参与转型的权利形态。在差异化的路径走向中,"公私协力"双方的关系并不对等。本研究借助"高权"及"民营化"等概念,将"公私协力"过程中形成的公办机构与社工专业的权利博弈形态细化为五种:高权形态,适用于社会工作参与之前或早期参与阶段,带有明显的计划体制特征;次高权形态,适用于社会工作参与初期阶段,公办福利机构尝试以契约形式购买专业社会工作服务,或者通过内部调岗的方式设立社工科,提供深度不一的社工专业服务;中权形态,适用于社会工作与公办福利机构的合作稳定期;次低权形态,适用于社会工作职业化相对成熟、公众认可度较高的社会发展阶段;低权形态,政府部门完全实现了福利资源生产与输送的分离。结合我国政治基础以及当前社会工作、非营利组织发育初期特点,研究者认为,在"公私协力"的微观视域中,"中权"形态为值得倡导的理想类别。政府管理者理念、政策扶持力度、可投入经费及稳定性、社会工作机构发展阶段与社会工作职业化进度等均会对"公私协力"机制的权利类别造成重要影响。

3.社会工作参与转型的路径保障。第三方评估是社会工作参与公办福利机构转型的路径保障。专业服务评估有助于保障院舍服务对象生活质量,提升社工机构及从业者专业服务能力,优化公办福利机构服务管理水平,为政府和社会大众提供检验、管理或监督服务购买成效的依据。研究者提出院舍社会工作服务评估需遵循规范化、稳定化、本土化、开放性、参与性等原则,服务评估的组织系统涉及评估主体、评估过程与评估对象三维度,社会工作服务评估分为内、外两个层次,外部评估指标体系的设计应关注服务思路的逻辑性、服务对象的参与性以及社工权益保障,内部评估应覆盖项目开展的全过程,包括过程评估和结果评估,深入到服务对象个别化或局部性需求评估以及具体服务评估。在评估过程中,伦理问题涉及评估团队成员遴选以及评估团队的自我反思,应注意保障评估参与者的知情、同意、退出、隐私保护与获益权益,并承认评估的局限性。

(三)社会工作参与公办福利机构转型的推广策略

1.政府购买服务的政策、资金与理念支持。纵观近代以来国际社会福利发展史,我们可以清晰看到,社会福利的进步和改革均发端于经济较为发达的英国、德国、美国等国,社会工作这一专业助人职业也为舶来品,诞生于欧洲。经济发展提供的物质基础以及随之而来的公民责任意识崛起,是酝酿社会福利进步的土壤。综观我国亦如此,政府购买社会工作服务的相关政策、购买服务的种类和资金数量、各类社会组织数量也在广东、浙江、江苏等发达省份尤为突出。因此,公办福利机构引入社会工作专业服务,需要国家及地方政府增加资金投资和政策扶持,这是实现"公私协力"、提升公办福利机构服务专业性的前提条件。因此,在推广社会工作专业服务的过程中,国家应加大对欠发达地区公办福利机构购买社会工作服务的资助,保障其稳定性,同时引导社会慈善资源流向社会工作机构,社会工作机构多方筹集社会资金,增强自身"造血"能力和资金管理能力。同时,公办福利机构自身也应增强引入社会工作专业服务的自觉性和迫切性,在政策、资金和理念的三重催化下,推动社会工作专业服务的持续性发展。

2.民间社会服务组织的稳步发展。社会组织是公办福利机构引入社会工作专业服务的强有力后盾,提供专业服务的社会组织可以承接公办福利机构的社会工作服务项目,提供评估服务的社会组织可以围绕福利机构的专业服务开展第三方评估,为政府购买服务的成效判定和专业服务改进提供依据,社会工作行业组织(如社会工作协会、社工师联合会等)的发展可以引导行业实现自律与规范化服务,推进行业内资源优化配置等。因此,社会工作参与公办福利机构转型的顺利推进,有赖于各地民政部门对社会组织发展规模与类型进行长远规划与合理指引,明确社会组织的准入与退出机制,联合财政、教育、人力资源等部门制定并落实有利于社会组织发展的资金、场地、人才扶持等政策,推动社会组织积极成长。只有具备一支数量合理并拥有相应服务能力的社会组织队伍,政府购买服务实践才能得以推广。

3.本土化方式的积极探索。实现本土化是社会工作引入我国的现实使命,我国幅员辽阔,不同地区的资源状况与现实需求存在较大差异,因此在公办福利机构推广社会工作专业服务的过程中,地方民政部门在发挥监督角色的前提下,应尊重公办福利机构以及社会工作组织对社会工作服务开展形式的本土化、差异化选择。无论是岗位购买还是项目购买,抑或是自设岗位面向社会招聘社工专业人员或自主培养内生社工,只要社工服务符合专业规范和伦理,服务对象生活质量有改善,此引入方式即应得到相应认可,还可以通过不同地域引入社会工作服务方式的对比与探讨(如民政行业、学术界的研讨会等),引导本地公办福利机构社会工作服务的改善或改变,还可通过科学化的第三方评估引导社会工作管理与服务团队提升服务专业化程度等。作为新生事物,社会工作专业嵌入公办福利机构服务体系,其试错和调整是必经之路,民政部门和社会工作行业组织、社会工作服务组织应秉承开放、包容与不断更新的态度,走出适合本地区公办福利机构社会工作服务开展的路径。

综上所述,本研究遵照以下技术路线(见图 6-1)对我国社会工作参与公办福利机构的路径进行研究:

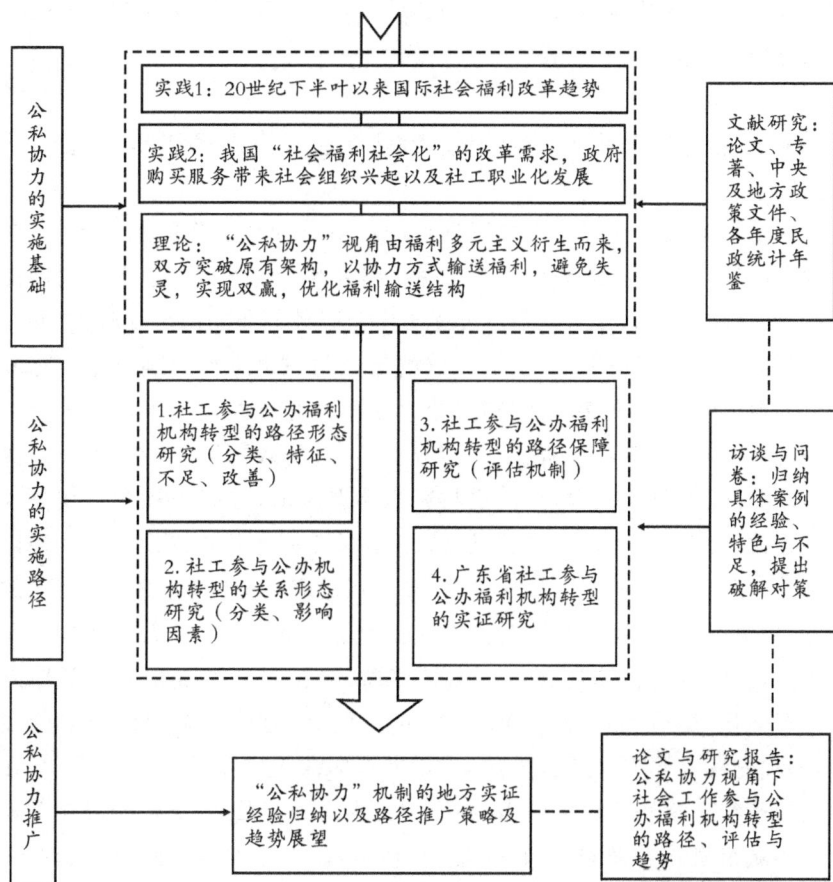

图 6-1 本研究技术路线图

二、"公私协力"视角下社会工作参与公办福利机构转型的展望

公办福利机构中老人、儿童、残障者等服务对象是我国各类人群中生理、社会属性最为弱势的人群,为其提供符合人道主义以及与我国经济社会

发展水平相匹配的院舍服务,是现代社会治理的应有之义。在对国际弱势群体服务的实践与文献进行梳理的前提下,并在我国广东省 26 家公办福利机构进行深入访谈调研的基础上,研究者认为社会工作专业参与公办福利机构转型,会遵循以下发展轨迹:

(一)社会工作以多元化、普遍化、标准化形式嵌入各级福利机构

在十多年来公办服务机构以试点做法引入社会工作的基础上,包括广东省在内的我国公办福利机构会普遍化引入社会工作专业服务。我国民政部、各省民政厅及地方民政部门会逐步出台服务普及的倡导性政策,并在公办福利机构分级管理中,对社工岗位的数量与职责进行明确界定。随着我国地方财政经济的改善,财政部门会逐渐加大对公办福利机构购买社工服务的支持力度,更多地方将社工服务购买纳入财政预算。各级人力资源与社会保障部门明确社工身份认定与薪资待遇保障,并基于社会迫切需求给予一定鼓励性措施。公办福利机构意识到社工服务不可或缺的功能而以开放接纳的态度固定相应岗位和管理措施,在适应本地、本机构发展需求的前提下,社会工作以多样化、普遍化方式较为稳定地嵌入公办福利机构专业服务体系,"一刀切"会体现在服务倡导方面,而在服务推进策略与具体方式上,"多样化"将得到持续支持。在推进步伐上,会体现鲜明的资源依赖特色,即优先在资源充沛地区发展,而后向资源欠充沛地区波及。因此,社工专业服务在资源密集的大都市、高级别机构得到普及后,会向资源相对丰富的中小城市机构普及,最后向街道、乡镇普及,不排除部分政策倾斜因素会改变普及的顺序。随着公办福利机构社工服务推广经验日臻熟稔,公办福利机构、社工行业内部乃至社会各界,对规范化、科学化的要求日益提高,因此社会工作者需要回应这些要求而强化专业服务管理,在项目竞标、服务计划拟订、执行与评估各环节体现高度的专业特征,技术治理主义或科层制的特征会在社会工作专业管理过程中有所体现。因此,推动社会工作专业服务在公办福利机构从新生事物走向发展壮大的政策、制度会不断出台,社会各界、公办福利机构管理者等理念会持续朝着有利于社工专业发展的方向改善,专业内部的服务规范性要求会令其不断缩小与公办福利机构其他专业力量之间的差距。

(二)社会工作成为引领院舍服务以需求为导向的主要依托

中华人民共和国成立以来,公办社会福利机构理念已经逐渐从计划经济时期的管理导向、偏重低层次物质、生理需求向以服务为主,兼顾高层次心理、社会需求转变,社会工作的参与将令公办福利机构服务的需求导向特征进一步突出。在调研过程中,研究者了解到部分公办福利机构引入社工服务的目的或为"减少投诉""上级部门要求""向兄弟单位学习"等,"需求导向"的主动性并不明确,然而,在引入社会工作专业的过程中,出现了"无心插柳柳成荫"的局面,服务对象对院舍服务的满足度不断提升。社会工作专业以"全人式"服务为特征,关注个体的生理、心理、社会化全面需求,且覆盖院舍生活的全过程。全新的服务理念和服务手法为长期院内生活的服务对象带来了崭新的且更为人性化的服务体验。可以料想的是,院舍行政管理与服务管理固为重要,但"管理主导"的色彩将淡化,日常管理将定位于优化院舍服务环境的功能。社工"以人为本"的服务理念将在公办福利机构产生潜移默化的影响,对其他服务人员和院舍管理方产生示范作用。从服务计划到服务评估,从过程评估到结果评估,服务对象需求将在院舍各类服务中得到更大程度的尊重与倾听。

(三)社会工作成为搭建院舍跨专业服务网络的核心力量

如前所述,社会工作专业从服务对象全面需求出发,满足马斯洛需求层次理论所表述的从低至高各类需求。尽管社会工作专业在满足部分需求方面未能如各领域专业人员一般精准到位,但是却拥有将各专业资源整合统筹的独特优势。"资源管理平台"是描述社会工作专业定位的准确词汇,在进入服务领地后,社会工作者需要将本地资源按数量、类别、来源、可获取性等指标进行清晰梳理并分类管理,在服务过程中根据服务对象需求进行资源匹配、链接或整合。衡量好社工或好机构的标准不单单在于社工亲自提供了何种服务,更在于社工动员、链接了哪些类别的区域内外资源造福于服务对象。在公办福利机构,我们期待社会工作者能在医生、护士、特教老师、工勤、工疗等各类专业服务人员之间搭建资源共享的平台。在服务对象入院需求评估的基础上,社工与院内各专业力量拥有定期对话的平台与协同服务的可操作性制度,其他专业力量能将服务过程中的新发现、新进展转达给社工,提供转介服务,协助社工拓展服务案主来源,同时社工在帮扶服务对象的过程中,亦能及时链接院内其他专业服务力量予以协助,例如案主生理状况评估、户外活动医疗保障、院内行政资源调配等。资源管理平台的搭建,有赖于公办福利机构管理层的意志。研究者期待社会工作者的专业角色得到普遍认同,并在管理者充分支持的基础上,在院内跨专业服务网络的搭建上发挥核心作用。

(四)社会工作成为推动院舍服务社区化发展的关键推手

院舍服务社区化发展基于以下理由:第一,20 世纪 50 年代以来,院舍服务面临去机构化挑战,福利、救助机构小型化、社区化发展已成为国际潮流,这一潮流基于避免"社会隔离"的考量。尽管在前文已有论述,发达国家"去机构化"的过程伴随各种困境,然而社区环境提供社会服务已深入人心。院舍服务具有规范性、保障性、专业性等诸多优势,然而"社会隔离"的弊端也显而易见。第二,部分公办福利机构面临服务对象减少的现实挑战(如儿童福利院),社区化发展成为部分公办福利机构可持续发展的必然路径。社会工作在公办福利机构社区化发展中的作用可作如下描述:链接较为稳定的社区资源,拓展老人、儿童、残障者的社区参与空间与平台;强化各类服务对象与院外亲属、朋友、志愿者等的互动频率与方式;对大龄孤儿或具备劳动能力的精神康复者,链接就业培训资源,在院内定期接受实用型劳动技能培训,助其凭一技之长早日融入社会生活。院舍社工在与社区社工紧密合作的基础上,完善以下两方面服务,一是将出院人员的跟进服务延伸至社区,如精神康复者的社会融入服务、孤儿回归社会后的成家立业服务等,院内社工与社区社工逐步做到信息共享,实现服务无缝对接;二是社区社工发现有院舍收养需求的服务对象,如生活不能自理之有需求的长者或残障人士、事实上无人抚养之儿童、处于发病阶段的精残人士等,可尽早转介至院舍社工,以期提供及时服务,避免其境况恶化。基于以上回归社区或转介服务的理由,研究者认为社会工作将成为院舍服务社区化发展的重要推动者。

(五)社会工作成为提升公办福利机构公信力的重要渠道

公办福利机构社会化的过程,必然伴随着公办福利机构社会服务过程的公开透明,社会工作专业的参与会为这一过程提速。首先,社会工作参与多以项目购买的形式进行,通常项目购买相关信息(金额、采购目标、服务指标、评估等)会通过网络形式进行公示,社会各界对项目概貌能获得基本认知。在服务过程中,社会工作引导各种形式的志愿者参与部分服务,家属在需求表达、服务协助和回访等环节具有参与空间,媒体在宣传社会工作服务内容过程中也增进了公众对公办福利机构的了解程度。为推进公办福利机构的公信力与美誉度,消除封闭式运作导致的误解质疑与个别违规事件的发生,研究者倡导进一步提升公办福利机构专业服务的透明度,无论是纳入财政预算,还是福彩公益金资助,抑或社会慈善捐赠,项目推广前期、中期和后期应当通过互联网进行公示,招投标过程、服务需求评估、过程与结果评估、资金使用状况等对社会大众有所交代。在院内老人、残障者的服务过程中,应保障家属有知情、同意、探视的权利,在服务方案拟订或调整、落实与评价各环节推动院内服务对象家属的积极参与,或可设立"家属委员会"等志愿组织,激发家属的参与动机与服务协助。日常服务中,在不影响专业服务的前提下,通过设立"开放日"等形式鼓励普通居民参观、交流、表达建议,既满足社区老年居民及家属深入了解院舍服务的需求,也引导社会公众关心帮扶社会弱势人群。公开透明的服务过程,有助于提升公办福利机构的社会美誉度,回归其"示范性"的职能定位。

附录 广东省公办福利机构
社会工作服务相关政策汇总(2005—2019 年)

一、国家相关政策汇总(2005—2018 年)

1. 民政部:《社会福利机构管理暂行办法》,2005 年 6 月 7 日。

主要内容:意见说明了其适用范围,明确岗位类别设置,即管理岗位、专业技术岗位和工勤技能岗位,强调民政事业单位原则上以社会工作岗位为主体专业技术岗位。明确等级设置、岗位条件、岗位设置的审核办法、聘用和组织实施内容。

2. 民政部:《2008 年民政部民政事业单位岗位设置的指导意见》,2008 年。

3. 民政部:《民政部办公厅关于开展社会工作人才队伍建设试点检查评估工作的通知》,2009 年 2 月 25 日。

主要内容:通知就社会工作人才队伍建设的检查评估事宜进行详细说明,包括评估目的、内容、范围、方法、安排及其工作要求。内容上包括对机构设置、政策出台、组织考试、平台建设、岗位开发和待遇落实、培训宣传和专业方面的检查评估。

4. 国务院办公厅:《关于加强孤儿保障工作的意见》,2010 年 11 月 16 日。

5. 民政部：《中国慈善事业发展指导纲要(2011—2015 年)》,2011 年 9 月 1 日。

6. 民政部、财政部：《关于发放孤儿基本生活费的通知》,2010 年 10 月 26 日。

7. 民政部：《全国民政标准化"十二五"发展规划》,民政科技与标准化信息平台,2011 年 7 月 20 日。

主要内容：规划根据当前发展现状,明确需要加强社工、社会组织领域的体系建设形势,并提出健全建设体系的主要任务和标准化工程的重点建设,指出在社工领域的标准制修订要目,以及相关保障措施。

8. 全国人民代表大会常务委员会：《中华人民共和国老年人权益保障法》,2012 年 12 月 28 日。

9. 民政部：《养老机构基本规范》,2012 年 12 月 31 日。

主要内容：标准规定了养老机构的基本要求、人员要求、管理要求、环境与设施设备要求和服务内容及要求。服务内容上,包括生活照料、膳食、清洁卫生、洗涤、老年护理、心理支持、文化娱乐、咨询和安全保护服务。

10. 国务院办公厅：《国务院办公厅关于政府向社会力量购买服务的指导意见》(国办发〔2013〕96 号),2013 年。

主要内容：提出应充分认识政府购买服务的重要性,加大政府购买公共服务力度。规范了购买主体、承接主体的资格要求,并对购买内容、购买机制、资金管理、绩效管理做出针对性说明,扎实推进政府购买服务的工作。

11. 民政部：《社会组织评估管理办法》,2013 年。

主要内容：从评估对象和内容、评估机构和职责、评估程序和方法、回避与复核、评估等级管理等方面,对社会组织评估工作作详细规范。

12. 民政部：《民政部关于推进养老服务评估工作的指导意见》(民发〔2013〕127 号),2013 年。

主要内容：充分说明养老服务评估工作的意义,制定政策的主要目标。提出了建立评估组织模式、完善评估指标体系、评估流程、评估结果综合利用机制的工作任务,并指出推进养老服务评估工作的保障措施。

13. 民政部：《养老机构设立许可办法》,2013 年 7 月 31 日。

14. 民政部：《养老机构管理办法》,2013 年 6 月 28 日。

主要内容：为规范养老机构管理而制定该办法,明确养老机构的服务内容、内部管理、监督检查、法律责任等方面的责任要求。

15. 民政部：《社会工作专业人才队伍建设中长期规划（2011—2020年）》，2014 年 6 月 5 日。

主要内容：主要任务是服务、管理、教育与研究人才的培养。健全人才管理、培养、评价、使用和激励保障政策。着重于专业人才素质能力培养，专业知识教育普及，人才服务于农、贫、边、老地区，服务机构和基地及信息系统建设。以领导、注资、示范引导等为保障。

16. 民政部：《社会工作服务项目绩效评估指南》，2014 年 12 月 24 日。

主要内容：指南中说明了其适用范围，并对社会工作服务项目的评估目标、原则、主体、内容及其方法评价做出详细说明，并说明评估报告的运用。其中评估内容包括对项目方案、实施、管理及成效的评估。

17. 民政部：《儿童社会工作服务指南》，2014 年 12 月 24 日。

主要内容：规定了儿童社会工作服务原则、服务的范围和类别、服务流程、服务技巧、督导、服务管理和人员要求等，适用于为有需要的儿童提供的社会工作服务。

18. 财政部：《关于减免养老和医疗机构行政事业性收费有关问题的通知》，2015 年 1 月 22 日。

19. 国务院：《关于加快推进残疾人小康进程的意见》，2015 年 7 月 10 日。

主要内容：提出推进残疾人小康进程的总体要求，要求扎实做好残疾人基本民生保障，促进残疾人及其家庭就业增收，提升残疾人基本公共服务水平，充分发挥社会力量和市场机制作用，加强对推进残疾人小康进程的组织领导。

20. 民政部：《家庭寄养管理办法》（民政部令第 54 号），2015 年 7 月 13 日。

主要内容：对寄养条件、寄养关系的确立、寄养关系的解除、家庭寄养的监督管理、法律责任做出规定。该办法主体包括民政部门、儿童福利机构、寄养家庭、儿童。

21. 民政部：《关于建立儿童福利领域慈善行为导向机制的意见》，2015 年 7 月 13 日。

22. 民政部：《关于规范生父母有特殊困难无力抚养的子女和社会散居孤儿收养工作的意见》，2015 年 7 月 13 日。

主要内容：为规范两类儿童的收养工作，提出收养工作原则，明确送养人和送养意愿,严格规范送养材料,依法办理收养登记。规定各级民政部门、社会福利机构做好两类儿童收养工作的相关要求。

23.民政部:《关于规范宗教界收留孤儿、弃婴活动的通知》,2015 年 7 月 13 日。

24. 民政部:《民政部关于探索建立社会组织第三方评估机制的指导意见》,2015 年。

主要内容:就当前发展的不足提出指导意见,指出要建立并培育规范第三方评估机构,建立相关资金保障机制,推进信息公开和结果运用,并加强对第三方评估工作的领导。

25. 民政部:《老年社会工作服务指南 中华人民共和国民政行业标准》,2016 年 1 月 8 日。

主要内容:为引导规范老年社工服务行为,保障服务质量而制定该标准。其规定了老年社会工作的术语和定义、服务宗旨、服务内容、服务方法、服务流程、服务管理、人员要求和服务保障等。

26. 民政部:《老年养护院建设标准》,2016 年 5 月 19 日。

27. 民政部:《养老机构基本规范》,2016 年 5 月 19 日。

主要内容:规定了养老机构的基本要求、人员要求、管理要求、环境与设施设备要求和服务内容及要求,该标准适用于全日制养老机构的运行和管理。

28. 民政部:《转发关于做好医养结合服务机构许可工作的通知》,2016 年 7 月 5 日。

29. 民政部:《养老机构社会工作服务规范(征求意见稿)》,2016 年 8 月 30 日。

主要内容:该标准规定了养老机构社会工作服务的基本要求、服务类别与内容、服务流程、服务提供方法和质量控制。服务类别和内容包括环境适应、关系调适、矛盾调处、心理支持、休闲娱乐、教育发展、资源整合、临终关怀等。

30. 民政部:《关于加强社会工作专业岗位开发与人才激励保障的意见》,2016 年 11 月 2 日。

主要内容:支持相关事业单位在承接实施政府购买社会服务吸纳和使用社工专业人才,将社工专业人才纳入国家现有表彰奖励范围,提携优秀专业社工人才,加大财政投入,提高专业社工专业人才酬薪待遇和激励保障经费。

31. 国务院办公厅：《国务院办公厅关于全面放开养老服务市场提升养老服务质量的若干意见》（国办发〔2016〕91号），2016年12月。

主要内容：近年来，我国养老服务业面临供给结构不尽合理、市场潜力未充分释放、服务质量有待提高等问题。通过实现全面放开养老服务市场、大力提升居家社区养老生活品质、全力建设优质养老服务供给体系等要求来提高养老服务质量。

32. 民政部：《关于支持整合改造闲置社会资源发展养老服务的通知》，2017年1月24日。

33. 国务院办公厅：《国务院关于印发"十三五"国家老龄事业发展和养老体系建设规划的通知（国发办〔2017〕13号）》，2017年3月。

主要内容：以补齐短板、提质增效、以人为本、共建共享等为基本原则，以到2020年，老龄事业发展整体水平明显提升，养老体系更加健全完善，及时应对、科学应对、综合应对人口老龄化的社会基础更加牢固为基本目标。

34. 民政部：《民政部、公安部、国家卫生计生委等关于开展养老院服务质量建设专项行动的通知》，2017年3月22日。

主要内容：支持养老院引入医生、护士、社会工作者等专业人员，不断提高持证的养老护理员比例。对照影响养老院服务质量的运营管理、生活服务、健康服务、社会工作服务、安全管理等五个方面，开展养老院服务质量检查和整治，推进转变。

35. 中共中央办公厅、国务院办公厅：《关于改革社会组织管理制度 促进社会组织健康有序发展的意见》，2017年8月21日。

主要内容：通过大力培育发展社会组织、完善扶持社会组织发展政策措施、依法做好社会组织登记审查、严格管理和监督、加强社会组织自身建设等方式促进社会组织健康有序发展。

36.《民政部、人力资源和社会保障部、卫生计生委、中国残联关于印发〈残疾人服务机构管理办法〉的通知》，2018年3月5日。

二、广东省民政厅相关政策汇总（2006—2019年）

1. 广东省民政厅：《广东省社会工作十年发展报告》，2016年11月7日。

主要内容:报告说明了广东省推进社会工作专业人才队伍建设的主要做法——创新一个机制,以政府购买服务带动社会工作发展;培育两个主体,为社会工作发展提供主要支撑。挑战是区域发展不够平衡、体制机制不够健全、专业效果不够明显。未来思路是,政策创制,促进环境优化;强化人才培育,促进队伍稳定;强化机构规范,促进行业提升;强化平台建设,促进均衡发展。

2. 广东省民政厅:《转发关于加强孤儿救助工作意见的通知》,2006年7月17日。

3. 广东省民政厅:《转发关于认真贯彻落实胡锦涛总书记视察北京市儿童福利院重要指示精神的通知》,2006年7月21日。

4. 广东省民政厅:《关于印发广东省"儿童福利机构建设蓝天计划"实施方案的通知》,2007年3月26日。

5. 广东省民政厅:《转发关于印发〈"十一五"儿童福利机构建设规划〉和〈儿童福利机构设施建设指导意见(试行)〉的通知》,2007年9月12日。

6. 广东省民政厅:《关于印发全省福利机构开展"关爱服务、安全设施建设年"活动实施方案的通知》,2008年3月21日。

7. 广东省民政厅:《关于加强全省民政系统社会工作人才队伍建设的意见》,2009年2月11日。

主要内容:意见指出要提高对人才队伍建设的认识,明确目标,其主要任务是加大教育培训力度、开发岗位、探索政府购买服务机制和社工职业管理机制、建立社工引领志愿者服务机制,并需加强组织领导以营造良好氛围。

8. 广东省民政厅:《关于印发广东省孤儿救助工作实施意见的通知》,2009年5月11日。

9. 广东省民政厅:《关于实施"救助孤儿行动"的通知》,2011年1月4日。

10. 广东省民政厅:《关于进一步做好孤儿保障工作的通知》,2011年10月26日。

11. 广东省财政部:《关于印发〈2012年省级政府向社会组织购买服务目录(第一批)〉的通知》(粤财行〔2012〕210号),2012年5月30日。

主要内容:公布政府购买服务的目录,以对各单位在购买服务上提供指导。

12. 广东省民政厅:《转发关于印发〈"十二五"儿童福利机构建设蓝天计划暨儿童福利机构设备配置实施方案〉和〈儿童福利机构设备配置标准(试行)〉的通知》2012 年 7 月 30 日。

13. 广东省民政厅:《转发关于鼓励和引导民间资本进入养老服务领域实施意见的通知》,2012 年 8 月 28 日。

14. 广东省民政厅:《关于印发〈港澳服务提供者在广东以独资民办非企业单位形式举办养老机构申请指引〉的通知》,2012 年 8 月 28 日。

15. 广东省人民政府:《关于加快社会养老服务事业发展的意见的通知》,2012 年 8 月 28 日。

主要内容:意见指出主要任务为养老服务的推进,相关设施、机构水平和队伍的建设,推动粤港澳间的合作。并在专业队伍建设上强调要建立社工岗位,加快社工队伍建设。重点建设示范项目、"五个一"工程和信息网络工程。保障措施包括统筹规划、投入、机构、机制、政策等方面。

16. 广东省民政厅:《广东省社会工作专业人才队伍建设情况》,2012 年 12 月 6 日。

主要内容:以打造专业队伍、提升实务能力、发挥专业作用为着眼点,以组织建设为保障,以制度建设为核心,以开发社工岗位、培育民办社工机构、开展粤港合作为抓手,探索了社会工作专业人才队伍建设的广东特色。

17. 广东省民政厅:《转发关于贯彻落实支持社会养老服务体系建设规划合作协议共同推进社会养老服务体系建设的意见的通知》,2013 年 1 月 28 日。

主要内容:指出社会养老服务体系迫切需要开发性金融的大力支持,明确开发性金融支持社会养老服务体系建设的总体思路,落实开发性金融支持社会养老服务体系建设的主要内容,完善开发性金融支持社会养老服务体系建设的保障措施。

18. 广东省民政厅:《关于印发创建广东省示范性养老机构实施方案的通知》,2013 年 2 月 25 日。

主要内容:提出全面推进居家养老服务、加强社区养老服务设施建设、提升养老机构服务水平、加强养老服务专业队伍建设主要任务。引导和鼓励社会力量兴办养老服务机构,鼓励和支持养老服务机构与医疗卫生机构相结合的发展模式。

19. 广东省民政厅:《关于印发广东省养老机构规范化建设指引的通

知》,2013年2月27日。

主要内容:明确养老机构需具备的设施设备、需提供的服务项目、机构的管理规则、监控检查办法(包括服务质量评定、服务改进、预防措施)。

20.广东省民政厅:《广东省社工人才队伍建设的成效与反思》,2013年5月20日。

主要内容:首先对人才队伍建设进行回顾和困难总结,并对今后工作进行思考,指出要坚持党政主导、推进社会参与、坚持专业化发展、扶持规范并举、发挥社工义工的联动作用、完善评价标准、保证经费到位、创新服务模式以提高群众认同。

21. 广东省民政厅:《关于印发〈广东省民政事业单位养老机构社会工作服务指引(试行)〉等社会工作服务指引的通知》粤民社〔2013〕8号,2013年7月24日。

主要内容:通知中包括《广东省民政事业单位养老机构社会工作服务指引(试行)》《广东省流浪乞讨人员救助管理机构社会工作服务指引(试行)》《广东省民政事业单位优抚医院社会工作服务指引(试行)》,均对社会工作服务管理与资源保障以及社工服务的展开等做出说明指引。

22. 广东省民政厅:《关于印发广东省社会福利机构等级认定办法、考核评分操作细则的通知》,2013年7月24日。

主要内容:对福利机构应提供的生活保障做出详细规定,健全护理制度。机构领导班子结构、行政人员的配置和医护、后勤工作人员的比例、社工等专业人员占职工总数比例等管理内容都有明确说明。

23. 广东省人民政府:《广东省民办社会福利机构管理规定》,2013年7月24日。

主要内容:对社会福利机构设立标准做出详细规定,健全民办社会福利机构的工作规范和服务标准,明确相关法律责任,并对相应的扶持和优惠政策进行说明。

24. 广东省民政厅:《关于建立社会养老服务体系建设推进年工作制度的通知》,2013年7月26日。

主要内容:为确保养老服务体系建设工作的顺利进行,建立四项工作制度,包括报告制度、简报制度、通报制度、监督制度。

25. 广东省民政厅:《转发关于印发〈社会养老服务发展监测指标体系〉的通知》,2013年7月26日。

主要内容:要求各地民政局高度重视养老服务发展,加强领导。认真学习养老服务发展监测的各项指标体系,深刻领会各项指标内涵。加强与其他部门的沟通协调工作,共同参与。

26. 广东省民政厅:《关于贯彻落实〈养老机构设立许可办法〉和〈养老机构管理办法〉的通知》,2013 年 7 月 31 日。

主要内容:保障老年人权益,做好两个《办法》的细化操作工作。打理加强养老机构设立许可和养老机构管理能力建设,信息公开,接受社会监督,强化许可管理。切实加强对养老机构管理的全过程监督,坚持事前审批与事后监管相结合。

27. 广东省人民政府:《转发关于加强孤儿保障工作意见的通知》,2013 年 7 月 31 日。

主要内容:要求全面落实孤儿各项保障政策措施。加快儿童福利机构建设,改善其功能和条件。加强组织领导,各地各部门应高度重视,健全政府主导、民政牵头、部门协作、社会参与的工作机制。

28. 广东省民政厅:《关于加强弃婴(弃童)收养安置工作的通知》,2013 年 7 月 31 日。

主要内容:要求福利机构主动做好本辖区内弃婴(弃童)的接收和安置工作。完善儿童福利机构设施,发挥儿童福利机构在孤儿、弃婴(弃童)权益保障工作中的兜底作用。通过购买服务和社会化运作等形式,提升儿童福利机构服务水平。

29. 广东省民政厅:《港澳服务提供者在广东以独资民办非企业单位形式举办残疾人福利机构申请指引》,2013 年 7 月 31 日。

主要内容:规定试点范围、管理机关、申办条件、申请审批程序。按本通知举办的残疾人福利机构,享受广东其他社会福利机构同等优惠政策,违法行为按有关规定予以处分处罚。

30. 广东省民政厅:《关于进一步规范民政服务领域政府购买和资助社会工作服务的通知》,2013 年 9 月 25 日。

主要内容:为规范民政服务领域政府购买社工服务的有关事项而出的通知,其中包括提高认识,争取各级党委政府的加大投入,明确购买服务的对象、范围、方式及程序,明确资助对象、范围、程序,加强组织实施。

31. 广东省民政厅:《关于社会工作者继续教育管理的实施办法(试行)》,2013 年 11 月 14 日。

主要内容:明确社会工作者继续教育实行的管理体制,规范继续教育内容与形式,采用学时管理的方式,明确继续教育的机构。

32. 广东省民政厅:《关于委托养老机构设立许可事项的通知》,2013年11月26日。

主要内容:将外国的组织、个人独资或者与中国的组织、个人合资、合作设立养老机构的许可权限,及港澳台地区的组织、个人以及华侨独资或者与内地(大陆)的组织、个人合资、合作设立养老机构的许可权限委托给地级以上市民政局。

33. 广东省民政厅:《关于推进社会工作人才队伍建设的实施意见》,2014年1月24日。

主要内容:探索建立社会工作人才职业资格认证制度,完善社会工作人才培训制度,大力推进社会工作人才职业化建设,建立公共财政支持保障制度,营造扶持民办社会工作服务机构发展的良好环境,建立统筹社会工作人才队伍建设发展的保障机制。

34. 广东省民政厅:《转发关于建立儿童福利领域慈善行为导向机制的意见的通知》,2014年3月5日。

主要内容:建立儿童福利领域慈善行为导向机制的主要任务,鼓励社会力量从事医疗救助,协助社会力量争取资源支持。提出了明确定位、有效对接、精细化指导、加强监管的工作要求,优化慈善组织、慈善活动的监管。

35. 广东省民政厅:《转发关于做好政府购买残疾人服务试点工作意见的通知》,2014年8月6日。

主要内容:承接主体为残疾人服务机构、社会组织,可平等参与政府购买服务。各部制定相应的试点项目和指导性目录,规范服务标准,便于对承接主体的考核与监管。提供资金保障,加强绩效评价。

36. 广东省民政厅:《印发〈广东省民政厅关于养老机构设立许可的实施细则〉的通知》,2014年11月25日。

主要内容:包括养老机构设立条件、许可权限、许可程序、许可管理、许可机关监督检查、养老机构法律责任等方面内容。

37. 广东省民政厅:《关于进一步落实广东省人民政府加快社会服务事业发展意见的价格优惠政策的通知》,2014年11月25日。

主要内容:提出应充分认识价格优惠政策的重要意义。明确优惠对象范围,建立信息沟通机制。所有符合条件的养老机构应向有关服务企业申报,减轻机构运营成本。各企业及时做好相关用户的价格核定及变更工作。

38.广东省人民政府:《关于加快发展养老服务业的实施意见》,2015年4月29日。

主要内容:明确提出要大力加强养老机构建设,推进公办和社会力量举办养老机构建设。健全基本养老服务制度,发展和完善养老服务网络,推动医疗卫生与养老服务融合发展。加强养老服务队伍建设,加快养老产业发展,推动试点。

39.广东省民政厅:《关于提高我省孤儿基本生活最低养育标准的通知》,2015年7月13日。

40.广东省民政厅:《关于家庭寄养管理的实施细则》,2016年1月18日。

主要内容:其中规定了儿童福利机构的相关义务,包括制定年度计划组织寄养家庭基础培训、儿童安全养护宣教及寄养工作经验交流活动;儿童福利机构承担相应具体监督、管理服务、寄养关系解除等职责;违法应接受相应批评或处分。

41.广东省民政厅:《关于建立事实无人抚养儿童基本生活保障制度的通知》,2016年4月11日。

主要内容:规定了发放对象、标准、审批程序、发放形式、停止发放、资金保障、工作要求等内容。其中,临时托养在福利机构的事实无人抚养儿童,由儿童所在福利机构提出申请,各地财政部门直接拨付到福利机构的集体账户。

42.广东省民政厅:《关于加强和完善我省社工督导工作的指导意见》,2016年4月18日。

主要内容:明确社会工作督导的定位和作用,发挥社会服务机构选拔使用社工督导人员的主体作用,发挥政府职能部门对社工督导工作的保障和监管作用,发挥社会工作行业组织对社工督导的服务作用。

43.广东省民政厅:《关于开展养老服务评估工作的实施意见》,2016年4月20日。

主要内容:对养老服务评估组织形式、评估对象、评估内容与流程作明确说明。并且规定了评估结果的应用范围,包括用于选择养老服务类型、护理等级、健康管理、制定补贴制度的依据。对评估工作保障提出建议。

44.广东省民政厅:《广东省民政厅关于进一步做好政府购买养老服务

工作的通知》,2016年6月6日。

主要内容:通知明确购买和承接主体,购买内容主要包括购买居家、社区、机构养老服务项目,养老服务人员培养项目、养老服务的评估、网络信息建设和课题研究项目等。并说明购买方式和程序、资金安排及支付,资金安排包括财政预算和福利彩票公益金。

45.广东省民政厅:《关于印发〈广东省省级财政养老服务体系建设补助资金管理办法〉的通知》,2016年6月13日。

主要内容:用款单位对申报项目及相关资料的真实性负责。资金主要用于养老服务体系建设,为老年人提供集中居住供养、居家养老照料服务,支持社会力量兴办养老服务机构建设养老床位补贴等。对申报审批、拨款、信息公开均有规定。

46.广东省质量技术监督局:《关于征求广东省地方标准〈养老机构社会工作服务规范〉意见的函》(穗老函〔2016〕10号),2016年7月29日。

主要内容:意见中包括《养老机构社会工作服务规范》的征求意见稿、编制说明和征求意见表。征求意见稿中,规定了养老机构社会工作服务的术语和定义、服务对象、发展程度评定、服务内容、服务流程、服务提供方法、服务管理和服务保障。

47.广东省人民政府:《广东省人民政府办公厅关于促进医疗卫生与养老服务相结合的实施意见》(粤府办〔2016〕78号),2016年8月。

主要内容:建立健全医疗卫生机构与养老机构合作机制。支持养老机构开展医疗服务。稳步推进养老机构内设医疗康复机构。

48.广东省民政厅:《关于加快建设农村养老服务"幸福计划"项目的意见》,2016年10月13日。

主要内容:健全农村留守老人关爱服务体系,提出"幸福计划"项目地区覆盖率的总体目标。采取村颐养局、村居家养老服务站的建设模式,规定了运营管理主体、监督主体、指导主体。提出项目建设、多方参与、资金管理的保障措施。

49.广东省人民政府:《关于健全困难残疾人生活补贴和重度残疾人护理补贴制度的通知》,2016年10月13日。

主要内容:健全两项补贴制度的工作机制,民政、财政、残联要充分认识该补贴制度的重要意义。调整完善申领补贴的程序和管理办法,加强监督管理、信息化建设、政策宣传等保障工作。

50. 广东省发展和改革委员会:《关于印发〈广东省养老服务体系"十三五"规划〉的通知》,2016 年 11 月 22 日。

主要内容:推进养老机构建设发展,发挥社会办养老机构主体作用,推动公办养老机构提质增效,优化养老机构床位结构,建立养老机构责任保险制度,提升养老机构老年教育水平。加强养老服务队伍建设,完善社会工作机制。

51. 广东省人民政府:《关于做好开发性金融支持社会养老服务体系建设工作的通知》,2016 年 12 月 24 日。

主要内容:重点支持社区居家养老服务设施建设项目、居家养老服务网络建设项目、养老机构建设项目、养老服务人才培训基地建设项目、养老产业相关项目,并规定了贷款条件、贷款利率和期限、操作流程等内容及保障措施。

52. 广东省民政厅:《养老机构社会工作服务规范》,2017 年 8 月 10 日。

53. 广东省人民代表大会常务委员会:《广东省养老服务条例》,2019 年 1 月 1 日。

三、广东省各地市相关政策汇总(2009—2019 年)

(一)珠三角地区

广州(2009—2019 年)

1. 市民政局:《广州市荔湾区社会工作者工作表现评估》,2009 年。

2. 市社会工作协会:《广州市社会工作专业人员登记管理实施办法(试行)》,2010 年 7 月 15 日。

主要内容:明确登记管理的人员范围、登记管理机构、登记类别及登记期限,详细说明了首次登记、再登记、变更登记、注销登记的方法。

3. 市财政局、市民政局:《广州市财政支持社会工作发展实施办法(试行)》,2010 年 7 月 22 日。

主要内容:文中明确说明了财政支持社会工作发展的原则与方式、购买服务及财政资助范围、组织管理和程序、资金来源以及资金监管及绩效评价。

4. 市社会工作协会:《广州市扶持发展社会工作类社会组织实施办法(试行)》,2010 年 7 月 23 日。

主要内容:分类扶持社工类社会组织,建立完善的社工类社会组织管理体制机制,优化社工类社会组织发展的政策环境,加强对社工类社会组织的监督管理。

5. 市社会工作协会:《广州市政府购买社会服务考核评估实施办法(试行)》,2010年7月23日。

主要内容:明确说明了考核评估适用范围及原则,考核评估主体,考核评估标准,考核评估方法,考核评估的实施程序,考核评估结果评价。

6. 市社会工作协会:《广州市社会工作专业岗位设置及社会工作专业人员薪酬待遇实施办法(试行)》,2010年8月1日。

主要内容:明确说明了本办法的适用范围和实施原则,提出社会工作专业岗位等级、名称及聘用晋升条件,社会工作专业岗位设置及等级结构比例,社会工作岗位设置办法及人才配备方式以及社会工作人才薪酬待遇。

7. 市政府:《中共广州市委广州市人民政府关于加快推进社会工作及其人才队伍发展的意见》,2010年8月15日。

主要内容:实施社会工作人才评价制度,建立健全社会工作人才激励保障措施、着力开发设置社会工作岗位,推进社会工作职业化建设,加强社会工作人才培养,推进社会工作专业化发展,建立完善社会工作及其人才队伍发展的保障机制。

8. 市民政局:《关于社会工作专业督导认证及管理办法》(征求意见稿),2013年12月25日。

主要内容:明确认证条件、认定机构、认定程序和方法、社工督导的义务和权力以及对社工督导的管理。

9. 市民政局:《〈广州市社会工作行业投诉处理办法〉(试行)正式出台——为服务对象、社工、机构正当权益“护航”》,2015年6月2日。

主要内容:针对现时广州社工发展的四个关键时期出现的情况进行预防,明确投诉范围,“诋毁”社工行为将被投诉受理,对投诉进行分级处理提升效率,建立“监委会”为投诉处理“护航”。

10. 市社会工作协会:《2016年度广州市社会工作专业人才和社会工作项目管理人才培训通知》,2016年8月4日。

主要内容:详细说明了培训目标、学习时间、颁发证书的要求、人才培养课程大纲、学员条件以及报名流程。

11. 市社会工作协会:《广州市社会工作十年发展评报告》,2016年11月

17 日。

主要内容：广州社会工作的发展经历了试点探索、全面推进、规范提升三个时期。其做法是转理念，聚共识；出政策，立制度；育人才，强队伍；建家综，设专项；抓管理，促自治。由此取得了形成本土化"广州模式"、回应发展需求、培养专业化队伍和培育民办机构队伍及促进社会治理转变方式等的成效，下一步工作思路是优化设计以做到规范化法治化、加大培育以树立行业发展标杆、拓展社会参与以争走创新发展前列。

12. 市民政局：《广州市加强养老服务人才队伍建设行动方案》，2016 年12 月 6 日。

主要内容：为提升市养老服务专业化、职业化水平，要达到建立教育培训机构，建成人才队伍，每个社区配备如具有社会工作者职称的专业人才的目标，其措施有引进医生、社会工作者等各类高端人才，以加大引导、资金投入、舆论宣传作保障。

13. 市民政局：《广州市民政局关于开展 2017 年广州市民办社会工作服务机构公共财政基本支持工作的通知》，2017 年 4 月 25 日。

主要内容：民政局 2017 年将继续安排资金支持社工机构的公共财政，相关服务机构可申请一次性资助和以奖代补。

14. 市政府：《关于学习借鉴香港先进经验 推进社会管理改革先行先试的意见》，2009 年 9 月 28 日。

主要内容：意见提出借鉴香港先进经验的必要性和重要性，以及具体的指导思想、原则和目标，借鉴内容涵盖政府职能转变和服务购买、建立社区管理服务体制、救助体系、劳动与社保制度、医疗卫生、社工队伍、志愿服务、居家养老、慈善事业、残疾人、社区矫正、组织领导等方面。

15. 市人民政府：《关于加快推进社会工作及其人员队伍发展的意见》，2010 年 8 月 15 日。

主要内容：意见说明认识社工和队伍建设的重要意义，及加强人才队伍发展的指导思想、原则、目标。具体做法包括建立健全激励保障机制、推进职业化专业化发展、发挥公益组织的积极作用、志愿者协助、建立保障机制等。

16. 市民政局：《广州市扶持发展社会工作类社会组织实施办法（试行）》，2010 年 8 月 17 日。

主要内容：办法对所扶持的社工类组织分为四类，并提出要建立完善社工类社会组织管理体制机制、优化其发展政策环境,包括财政支持、政府的服务购买、税收优惠、盘活国有产权基地使该类组织进驻、开展有偿服务,并加强对社工类社会组织的管理监督。

17. 市民政局:《广州市民办社会工作服务机构公共财政基本支持实施办法(试行)》,2012 年 9 月 7 日。

主要内容:办法明确了一次性资助和以奖代补的资助方式,说明了资助条件、申报流程和资助标准、资助程序和监督管理。

18. 市民政局:《广州市政府购买社会服务评估人员名单数据库管理办法(试行)》,2012 年 9 月 21 日。

主要内容:办法介绍了数据库的构成、实务和财务评估员的条件、评估人员的产生、审核和公示、退出、权利义务以及管理职责、数据库的应用和更新等。其中,评估人员的产生以自愿为原则,经推荐及审核程序进入数据库。

19. 市社会工作协会:《广州市社会工作协会专业委员会实施办法(试行)》,2015 年 4 月 24 日。

主要内容:为整合社工行业资源,推动社工行业组织化、专业化发展而提出本办法,其中包括专业委员会的设立要求、组织机构运作、专业委员会任务、经费、专业委员会终止情形及其他内容。

20. 市社会工作协会:《广州社工互助基金管理委员会细则(试行)》,2015 年 5 月 24 日。

主要内容:规定了管委会的产生与组成条件,确定管委会职责以及管委会成员的权利和义务。制定管委会的运作流程,包括会议召开、接受资助申请、申请审批、其他情况、审核结果、签订资助协议。

21. 市社会工作协会:《广州市社会工作行业督导人员资质备案、认证实施办法(试行)》,2017 年 8 月 7 日。

主要内容:涵盖了关于助理社工督导的资质等级备案服务、社工督导的资质等级认证服务、境外社工督导的资质等级备案服务、督导人员的职责及权利、督导人员的工作要求、督导人员的工作认定、激励、违规及惩罚措施等方面的内容。

22. 市民政局:《广州市人民政府办公厅关于全面放开养老服务市场提升养老服务质量的通知》,2019 年 4 月 28 日。

深圳(2007—2019 年)

1. 市民政局:《深圳市社工专业岗位设置方案》,2007 年 10 月 25 日。

主要内容:按对象定岗,按需求定量,不是新增名额,而是提升转换现有人员,对社会福利与社会救助机构等,实行提升转换和派驻社工相结合的方式,"一站/一校/一院一社工",学校、医院、社区社工由政府购买,社会公益性民间组织派驻。

2. 市民政局:《深圳市"社工、义工"联动工作实施方案》,2007 年 10 月 25 日。

主要内容:设立社工、义工联席议会制度,使社工引领义工,义工协助社工,并在义工联设立社工岗位,对义工进行社会工作的技能培训,使得义工向社工转换。

3. 市民政局:《深圳市民政局系统编制内社工岗位设置实施办法(暂行)》,2009 年 10 月 5 日。

主要内容:办法包括社工岗位设置的基本原则和原则、办法,编制内岗位类别和名称及等级,社工岗位的配备范围、分类及比例,编制内岗位的管理。

4. 市民政局:《龙岗区百名社会工作高级人才培养选拔实施方案》,2010 年 8 月 17 日。

主要内容:从在岗社会工作人员中分批选拔培养 100 名高级人才,引进国外专家与人才进行授课培训,分期分批派遣其到先进地区培训学习,政府购买服务时向培养对象的项目倾斜,并给予适当补助,报销其考试费用。

5. 市民政局:《深圳市社会工作者继续教育实施细则》,2010 年 12 月 10 日。

主要内容:对于助理社工师要求 3 年内继续教育时长≥72 小时,社工师与高级社工师则要求≥90 小时,由市民政局负责有关继续教育的时间计算的监督管理,由深圳市社会工作者协会负责具体的执行。

6. 市民政局:《2015 年度深圳市社会工作服务机构绩效评估实施办法》,2014 年 12 月 31 日。

主要内容:办法说明了评估目的、对象、主体及职责、工作程序及投诉、复核与保密机制,并附上相关的绩效评估标准和实施办法及其表格。

7. 市民政局:《政府购买社会工作服务实施办法》,2015 年 7 月 30 日。

主要内容:建立社会工作项目库,与预算编制衔接,由市彩票公益金出资购买社工。以项目为主、岗位为辅购买社会服务类、基本公共服务类、灾害应急救援类服务,公开招标,由民政部监督服务,建立购买主体、服务对象、第三方专业评估机构的三维评估模式。

8. 市民政局:《深圳市社会工作者专业化职业化实施办法》,2015 年 8 月 6 日。

主要内容:建立社会工作者职业评价和督导考核评价,并要求社工必须参加全国统一考试,完成相应的继续教育学时,在岗者必须进行执业登记,一次登记 3 年有效,成立委员会进行管理监督,各机构可自行组成行业组织维权。

9. 市民政局、市财政委员会:《深圳市〈政府购买社会工作服务实施办法(征求意见稿)〉》,2015 年 8 月 11 日。

主要内容:意见明确了服务购买主体、对象、方式及范围,工作职责和分工,购买程序和要求,以及监督与评估。其中,购买方式按照政府购买社会工作服务以项目购买为主、岗位购买为辅的准则。

10. 市民政局:《深圳市财政支持社会工作发展的实施方案》,2016 年 4 月 6 日。

主要内容:将事权与财权统一于区级政府,将编入年度预算、市财政转移补助、市福利彩票公益金划拨以及社会融资的资金以购买与资助补贴的方式对社会工作的服务项目、培育教育以及其他有关职业化、专业化的活动予以支持,并实时评估。

11. 市民政局:《深圳市精神卫生社会工作者培育方案》,2016 年 7 月 6 日。

主要内容:组建精神卫生社工队伍,开展专业技能培训(授课与实践结合),实施社区个案服务,加强队伍的日常、存档以及激励管理,由卫生部调研后向财政部提出预算申请,民政部管理协调相关问题,市社会工作者协会组建队伍。

12. 区民政局:《龙岗区深龙社工英才计划实施办法》,2016 年 10 月 31 日。

主要内容:培养中高级社工、督导以及社工管理人才,进行年度绩效考核,按等级给予相应的奖惩,资助深造的社工,用奖金激励进行项目创新与课题研究的社工,制定并执行薪酬标准,完善晋升体制,启用人才安居计划与社工大病意外保险。

13. 市社工协会:《深圳市社会工作者中级督导选拔办法》,2016 年 11

月 18 日。

主要内容:由社协配备政府资助或购买的社工岗位,选拔人员必须具备的条件:2 年以上的初级督导资质,在深圳市督导 2 年以上,绩效评估为合格及以上,在市级以上刊物发表专业学术文章 1 篇,在协会 3 年内无有效投诉并取得国家中级社工师或以上的资质。

14. 区民政局:《坪山新区社会工作人才扶持办法》,2017 年 2 月 1 日。

主要内容:设立社会工作人才扶持资金,对社会工作人才的课题研究、项目创新、继续教育、学习深造等给予经费扶持,并启动人才补贴与人才安居计划,保障社工的权益,留住、吸引优秀社工驻扎坪山。

15. 市民政局:《深圳市社会福利机构成年孤儿安置办法》,2019 年 1 月 4 日。

东莞(2009—2018 年)

1. 市民政局:《关于加快社会工作发展的意见》,2009 年 6 月 15 日。

主要内容:1.大力推进社会工作专业化和职业化;2.科学设置岗位;3.完善经费保障体系;4.充分发挥公益性社会组织的重要作用;5.积极调动广大志愿者的参与;6.做好试点工作;7.营造加快社会工作发展的良好环境。

2. 市民政局:《东莞市社会工作者职业水平评价实施方案》(试行),2009 年 6 月 15 日。

主要内容:助理社会工作师、社会工作师职业水平评价实行全国统一考试制度,明确了助理社会工作师与社会工作师的报考条件、考试科目、应履行的义务及应具备的职业能力。

3. 市民政局:《东莞市社会工作专业岗位设置方案(试行)》,2009 年 6 月 15 日。

主要内容:社会工作专业岗位的设置原则、类别和主要职责,社会工作专业人才配备的方式和标准。

4. 市民政局:《东莞市社会工作人才教育培训方案(试行)》,2009 年 6 月 15 日。

主要内容:明确培训范围,加强教育培训资源的建设与整合、教育培训工作的交流与合作、教育培训的管理以及对本地生源高校毕业生的培养引导。

5. 市民政局:《东莞市社会工作人才专业技术职位设置及薪酬待遇方案》,2009 年 6 月 15 日。

主要内容:明确社会工作人才专业技术职位名称、等级及设置范围,确定社会工作专业技术人员专业技术职位聘用及晋升条件,明确薪酬待遇,公布公益性社会组织社工薪酬指导价位表。

6. 市委、市政府:《东莞市发挥公益性社会组织在社会工作中作用的实施方案(试行)》,2009年6月15日。

主要内容:分类别多渠道培育发展公益性社会组织,营造有利于公益性社会组织发展的良好环境,加强对公益性社会组织的管理和监督。

7. 市委、市政府:《东莞市财政支持社会工作发展的实施方案(试行)》,2009年6月15日。

主要内容:明确财政支持的范围和内容,方式为政府购买服务和政府资助,确定经费来源及分担、管理职责及分工以及评估考核。

8. 市委、市政府:《中共东莞市委东莞市人民政府关于加快社会工作发展的意见》《东莞市社会工作试点实施方案》,2010年。

9. 市委、市政府:《东莞市政府购买社会工作服务考核评估实施办法(试行)》,2011年3月1日。

主要内容:办法具体从专业服务标准、服务量标准、服务成效标准、服务项目和机构管理标准等四个方面进行考核、评价。考核评估包括前、中、期末评估。中期和期末评估分为机构自查、实地检查、联合验收三个步骤进行。

10. 市民政局:《东莞市社会工作者登记注册实施办法(试行)》,2011年5月24日。

主要内容:通过国家职业水平评价取得相应职业资格证书的社会工作者申请首次登记和再登记应具备的条件;持有职业资格证书并在东莞市相关单位从业的社会工作者纳入注册管理范围,申请注册者须同时具备的条件及续期注册需要的条件。

11. 市民政局:《东莞市社会工作者继续教育实施办法(试行)》,2011年5月24日。

主要内容:规定全市所有社会工作者必须按照要求接受继续教育。继续教育内容要适应其岗位需要,以提高社会工作者的理论水平和分析、解决实际问题的能力为主,注重针对性、实用性和科学性。

12. 市民政局:《东莞市社会工作督导人才选拔培养办法(试行)》,2011年5月24日。

主要内容:参加督导助理、见习督导、督导选拔的要求,社会工作督导人才的选拔程序。

13. 市民政局:《全市政府购买社工服务经费标准统一提高至 7.2 万元/人·年》,2011 年 9 月 19 日。

主要内容:从 2011 年 10 月 1 日起,将全市购买社工岗位服务经费标准统一提高至 7.2 万元/人·年,各部门要制定合理的社会工作者薪酬制度。

14. 市民政局:《我市对〈东莞市政府购买社会工作服务实施办法〉进行修订》,2014 年 12 月 16 日。

主要内容:购买主体包括经费由财政承担的机关单位、群团组织,以及行政类、公益类事业单位;范围按照"受益广泛、群众急需、服务专业"原则;形式包括购买社会工作服务岗位和项目;购买服务要按程序操作。

15. 市民政局:《东莞市政府购买社会工作服务考核评估实施办法》,2014 年 12 月 31 日。

主要内容:考核评估由民政部门牵头并负责统筹组织,委托第三方评估机构具体实施,所需经费由市、镇(街道)财政负担。具体从专业服务标准、服务量标准、服务成效标准、服务项目和机构管理标准等四个方面进行考核、评价。

16. 市民政局:《东莞市社会福利中心成年孤儿安置工作实施方案》,2018 年 12 月 25 日。

17. 市民政局:《东莞市民政局社会组织发展专项扶持资金社会组织奖励类评审细则》,2018 年 12 月 29 日。

珠海(2011—2019 年)

1. 市民政局:《购买社会工作服务项目绩效评估操作指引》,2011 年。

主要内容:指引包括评估组织、内容、程序、要求、结果,并附绩效评估流程图和总结报告书。评估内容包括专业服务、服务总量及服务成果、服务质量、服务项目管理。

2. 市社会工作协会:《关于印发〈珠海市社会工作专业服务质量标准指引〉的通知》,2014 年 3 月 17 日。

主要内容:指引包括儿童青少年、老年人、妇女、家庭、社区矫正、学校、农村、企业的社会工作服务质量标准。各项具体类别均包括服务质量标准概述、服务质量标准非量化指标和具体量化指标。

3. 市民政局:《关于印发〈珠海市社会组织承接政府职能转移购买服务

操作指引〉的通知》2014 年 11 月 7 日。

主要内容:通知提出各市要明确责任、规范程序、开展绩效评价的要求,在所附带的指引中,指出社会组织购买服务主要包括公共服务、社会公益服务、技术服务、政府消耗性服务、政府履职所需辅助性服务和其他适宜服务。

4. 市民政局:《社会工作督导选拔培养操作指引使用管理实施意见(修改稿)》,2015 年 10 月 12 日。

主要内容:意见说明了初中级督导和督导助理的选拔条件和要求,并按推荐、培训、考试、公示、建立信息库的程序进行。此外还对督导的人员和资金配置做出说明。

5. 市民政局:《购买专业社会工作服务项目规范指引》,2015 年 10 月 12 日。

主要内容:指引说明了购买和承接主体,购买服务的内容、方式、程序,经费管理,绩效评估与监督管理,其中购买内容包括社区、灾害、企业、学校、医疗和精神健康及其他专业社会工作服务。

6. 市民政局:《珠海市特困供养人员照料护理工作实施办法》,2019 年 1 月 1 日。

佛山(2010—2019 年)

1. 市民政局:《关于建立现代社工制度的意见》,2010 年 10 月 29 日。

主要内容:建立专业化职业化的社工制度,完善社工岗位、评价机制、执业登记、培训教育以及激励保障,引导鼓励民办机构发展,坚持政府购买模式,构建“社工＋义工＋外来工”新队伍,加大财政投入与宣传,试点先行。

2. 市民政局:《顺德区社会工作者职业水平评价实施》,2011 年 9 月 2 日。

主要内容:对从事社会工作人员每年进行一次考核,按考核结果给定助理社工师、初级社工师、高级社工师等职称,要求从业社工必须进行执业登记,并接受继续教育。

3. 市民政局:《顺德区公共财政支持社会工作发展的实施方案》,2011 年 9 月 2 日。

主要内容:将事权与财权相统一,实行属地化管理,加大财政投入,拓宽社会融资渠道,安排一定比例的区福利彩票公益金,以政府购买和资助的方式扶持福利与救助机构、学校、医院、社区领域的社会工作项目,补贴相关教育培训和宣传等的费用。

4. 市民政局:《顺德区社工人才教育培训方案》,2011 年 9 月 2 日。

主要内容:对现有在岗社会工作人员、取得社会工作职业水平证书的社会工作者以及本地高校毕业生进行教育培训,加强教育培训机构的建设,加强教育培训的交流合作,加强教育培训的管理,加强对本地高校毕业生的培养引导。

5. 区社会工作者协会:《佛山市三水区社会工作专业岗位设置方案》,2013 年 3 月 11 日。

主要内容:全区社会工作岗位分为在党政机关、人民团体、事业单位和村(居)委会中和针对特定服务对象的,提升转换现有社工,若空编则招录,对于社会福利与社会救助机构等社工需求量大的单位还可派驻社工,村(居)委会、学校、医院"一村/校/院一社工",社区按比例设置岗位。

6. 市民政局:《佛山市社会福利院 2017 年社工服务项目采购方案》,2017 年 3 月 9 日。

主要内容:划拨 20 万人民币购买服务,要求服务内容包括对内儿童、长者、员工以及社工的服务,同时须有 2 名社工进驻福利院。

7. 市民政局:《佛山市民政局关于印发佛山市特困人员供养工作实施办法的通知》,2019 年 5 月 28 日。

相关内容:社会工作服务机构参与供养机构服务。

中山(2011—2016 年)

1. 市民政局:《中山市民政事业发展"十二五"规划(2011 年—2015 年)》,2011 年 9 月。

主要内容:回顾"十一五"期间,社会工作进展初见成效,机构发展和教育培训顺利。"十二五"面临社工人才少、素质低等挑战,确立健全社会工作制度的任务,从加强规划指导、培育发展机构、加强培训和开发岗位等方面加强人才队伍建设,以加强民政部门自身建设为保障。

2. 市民政局:《中山市政府购买社工服务项目规范指引》,2012 年 6 月 13 日。

主要内容:规范从项目服务购买和服务延续、合同签署与规范、项目期限、经费规模和组成及划拨、由专业社工和督导进行服务,并对项目财务考核的管理机制、使用和财务健康等方面做出指引。

3. 市民政局:《中山市政府购买社工服务项目评估指引》,2012 年 6 月 13 日。

主要内容:由社工主管部门联合财政和购买方等部门组织成立评估小组的形式,从服务质量、服务量及成果、专业服务、项目管理四方面的标准,涵盖审阅文件、面谈、观察等方法对项目进行考察和综合评估,根据实施程序给出结果评价。

4.市民政局:《中山市社会工作专业服务标准指引》,2012年6月13日。

主要内容:指引给出咨询和探访、个案工作、小组工作、社区工作等服务手法,并给出专业手法时数参考对项目服务量进行匡算。

5.市民政局:《中山市社会工作专业人员薪酬待遇指引》,2012年6月13日。

主要内容:该指引说明社会组织需按照政府公布的酬薪指导价结合市相应的工资制度及拟聘用人员的学历资历能力等方面确定专业社工的薪酬,并给出社工专业人员的任职和晋升条件。

6.市民政局:《关于加强社会工作人才队伍建设的实施意见》,2012年10月7日。

主要内容:意见从加强社工人才培养、人才使用、人才评价、人才激励、人才队伍建设工作机制五个方面制定实施。

7.市民政局:《关于做好2013年度社会工作者职业水平考试组织工作的通知》,2013年2月28日。

主要内容:市有关单位、各镇区需高度重视考试组织工作,各部门单位、市局等要认真做好相关宣传工作,鼓励干部、系统内人员报名参加,积极开展考试考务工作。

8.市民政局:《中山市社会工作专业人才"十三五"规划纲要》,2015年9月1日。

主要内容:提出并确定一系列关于社会工作人才队伍建设的总体和发展目标、总体要求、主要任务、重点工程、保障措施。

9.市民政局:《中山市老龄服务机构资助办法》(2016年2月24日修订),2016年2月24日。

主要内容:办法对老人受资助条件、资助金额、申请程序做出明确规定说明,此外,在其经费管理上说明部分运营资金用于对专业社工人员的培训和聘用。

10.市民政局:《(社工年度总结)中山年鉴 民政(2014)》,2016年11月

23 日。

主要内容：2014 年，中山市社工持证人数、机构、服务项目、政府购买服务等均快速增长。民政局发挥社工在灾区生活重建、帮扶弱势群体、法院陪审等方面的作用。举办社工督导人才培训班，培养本土人才，确立人才培育基地，推进"社工＋义工"联动方式。

11. 市民政局：《关于构建"社工＋志愿者"联动体系的方案》，2013 年 1 月 22 日。

主要内容：以建立联动制度、培育联动组织、创新联动项目、强化联动激励、充实联动、资源为主要内容推动和展开相关工作，以加强领导、健全机构、广泛动员、督导提升为保障措施。

江门（2014—2016 年）

1. 市民政局：《江门市社会工作专业岗位设置及社会工作专业人员薪酬待遇试行办法》，2014 年 6 月 3 日。

主要内容：明确了社会工作专业岗位的等级和名称、人才聘用和晋升的条件、专业岗位设置办法和结构比例，以及人才配备方式和薪酬待遇。

2. 市民政局：《江门市社会工作专业岗位设置及社会工作专业人员薪酬待遇办法》，2016 年 6 月 30 日。

主要内容：确定社会工作专业岗位等级和名称、社会工作人才聘用及晋升条件、岗位设置办法和结构比例，规定社会工作人才配备方式和薪酬待遇。

（二）粤东地区

河源（2013—2016 年）

1. 市民政局：《关于做好 2013 年度社会工作人才队伍建设的通知》，2013 年 3 月 13 日。

主要内容：力争 2013 年全市有 240 人取得社工助理（中）级或社工资格证书，占常住人口的万分之零点七四，其中：源城 26 人，东源 32 人，和平 37 人，龙川 60 人，紫金 54 人，连平 31 人。

2. 市人民政府：《河源市人民政府办公室关于印发政府向社会力量购买服务实施办法的通知》，2014 年 10 月 28 日。

主要内容：确定购买服务的基本原则，明确购买和承接主体，明细购买服务范围，制定购买服务目录，严格规定购买程序和方式，明确资金安排与支付，加强组织保障。

3. 市民政局:《启动为期 3 年的"专业社工、全民义工"试点工作——粤探索社工和志愿者协作机制》,2016 年 2 月 4 日。

主要内容:推进"专业社工、全民义工"试点工作,并按照"1 个专业社会工作服务领域＋1 个志愿服务组织＋N 名志愿者"的"1＋1＋N"模式,建立省灾害社工服务队,发展 300 个志愿服务组织,统筹推进社工与志愿服务,分领域培训社会工作专业人才。

梅州(2012—2017 年)

1.市民政局:《梅州市民政局出台〈梅州市民政局社会工作人才激励机制暂行规定〉》,2012 年 10 月 2 日。

主要内容:市民政局和直属各单位干部职工凡取得社会工作师、助理社会工作师职业水平资格证书者和通过部分科目考试者由所在单位给予相应奖励和报销相关费用。在职务晋升和岗位聘用时,在同等条件下可优先晋升和聘用,并适时对成绩突出的社工人才进行表彰,授予"优秀社会工作者"称号。

2. 市民政局:《梅江区民政局建立社会工作人才激励机制》,2013 年 5 月 31 日。

主要内容:鼓励区民政局和直属各单位干部职工(含聘用人员)积极参加社会工作者职业水平考试,报销考试所需的相关费用;在同等条件下,岗位聘任优先聘用获得社工资格证书的在编人员;对获得社工资格证书的聘用人员增加基本工资。

3. 梅州网:《"三社联动"助推社会工作 我市已成立社工机构 5 家》,2016 年 3 月 19 日。

主要内容:2014 年至 2015 年,梅州市对专业社会工作共投入 75 万元,去年政府购买社会工作服务资金达 120 万元。全市成立社工机构 5 家,有专业社工 161 人。梅州市正积极探索以社区为平台、社会组织为载体、社会工作者为支撑的"三社联动"模式。

4. 梅州市发展和改革局:《梅州市人民政府办公室关于印发政府向社会力量购买服务实施暂行办法的通知》,2016 年 6 月 24 日。

主要内容:强调购买服务总则,明确购买和承接服务主体,明细购买内容和指导目录,规范购买程序和方式,统筹资金,加强监督管理。

5. 市民政局:《我市探索"专业社工、全民义工"的"梅州模式""三社联动"让服务更专业》,2017 年 4 月 5 日。

主要内容：2016 年以来，我市深入开展"专业社工、全民义工"试点工作，推进社区、社会组织和社会工作专业人才"三社联动"。

汕头（2014—2017 年）

1. 市社工协会：《中共汕头市委 汕头市人民政府 关于进一步民政工作改革创新的若干意见》，2014 年 6 月 3 日。

主要内容：文件提到这是民政部与地级市的首次试点合作，主要在于社会组织的创新，深化社会组织管理体制改革，探索建立普惠型社会福利制度，建立完整的社会工作职业制度。

2. 市社工委：《汕头市探索创新社会工作人才队伍建设》，2014 年 12 月 20 日。

主要内容：一是开展社会工作专业服务示范项目创建活动，在教育、医疗、社区矫正、职工帮扶、青少年、妇女、残疾人、老年人中展开八个项目，每个项目配置一名社工。二是立法保障社会工作者培育发展工作，建立健全社工法制体制。

3. 市社工委：《汕头市召开全市社会工作会议》，2015 年 3 月 26 日。

主要内容：一是坚持统筹协调，深化社会体制改革；二是多措并举，加强社会组织综合管理；三是创新载体手段，推进基层治理；四是激发社区活力，推进"幸福进社区"活动；五是壮大社工专业人才队伍，推进社会工作专业服务示范项目创建活动。

4. 市民政局：《印发〈汕头市具备承接政府职能转移和购买服务资质的社会组织目录管理办法（试行）〉的通知》，2016 年 8 月 9 日。

主要内容：为进一步推进汕头市社会组织承接政府职能转移和购买服务，为行政机关转移职能和购买服务提供对接平台，政府在符合条件的优秀组织中选取、转移部分职能。

5. 市民政局：《汕头市社会工作者星级评定试行办法》，2017 年 4 月 18 日。

主要内容：为了激励社会工作者的工作积极性，汕头市根据公平公开的原则，在全市范围内对社会工作者进行评级，分为一到五星级社工。同时获得评级的社工将获得奖金以及荣誉证书。

6. 市民政局：《关于积极推行政府购买服务加强基层社会救助经办服务能力的实施意见》，2018 年 12 月 7 日。

潮州（2015—2017 年）

1. 市民政局:《潮州将打造青少年事务社工专业人才队伍》,2015 年 1 月 23 日。

主要内容:潮州市提出要用三年的时间,依托韩山师范学院初步建立一支规模达到 400 人的专业化、职业化青少年事务社会工作专业人才队伍,全面推进潮州市创新社会管理工作的发展。

2. 市民政局:《潮州市人民政府关于印发潮州市政府购买服务暂行办法的通知》,2016 年 8 月 22 日。

主要内容:此通知要求政府购买服务的对象必须是符合法律法规的,并且在基本公共服务、社会管理性服务、行业管理与协调性服务、技术性服务等方面向社会购买服务,以求职能下放。

3. 市民政局:《关于举办全市社会工作者职业水平考前免费辅导培训班的通知》,2017 年 4 月 28 日。

主要内容:为了迎接全国社会工作职业水平考试,进一步加强潮州市社会工作人才队伍建设,提升社会工作专业水平,提高社会工作者职业水平考试通过率,潮州市民政局将举办 2017 年全市社会工作者职业水平考前免费辅导培训。

4. 市民政局:《我局举办 2017 年社会工作者职业水平考试培训班》,2017 年 5 月 15 日。

主要内容:5 月 13—14 日,潮州市民政局在市社会组织总会会议室,对市机关事业单位、各县区(镇)政府、街道居委会、企业、社会人士进行培训,提高考生的社工知识水平以及能力。

5. 市民政局:《关于遴选第三方评估机构承接社会组织等级评估工作的通知》,2017 年 4 月 14 日。

主要内容:社会组织等级评估是指各级人民政府民政部门为依法实施社会组织监督管理职责,促进社会组织健康发展,依照规范的方法和程序,由评估机构根据评估标准,对社会组织进行客观、全面的评估,并做出评估等级结论。

揭阳(2016—2017 年)

1. 市民政局:《揭阳市民政局关于印发〈揭阳市 2016 年社会工作人才调研工作方案〉》,2016 年 9 月。

主要内容:市民政局要求对全市范围内的社工人才进行调查,找准当前我市社工人才工作存在的薄弱环节和突出问题,从而解决存在的问题,创建有揭阳特色的社工人才队伍。

2. 市民政局:《市民政局在全省民政工作视频会议上作公办养老机构社会化改革经验交流》,2017 年 1 月 18 日。

主要内容:在会议上,揭阳市强调社工的发展取得一定的进步,一是通过引导社会力量积极参与,鼓励社会资本投入,减轻了财政负担;二是改变养老服务机构的管理机制,由原来的单纯供养服务扩大到全方位服务,实现了服务提质扩面;三是盘活养老服务机构资源,提升养老机构知名度和影响力。

(三)粤西地区

云浮(2015—2016 年)

1. 南方网:《云浮市购买社工服务关爱弱势群体》,2015 年 9 月 17 日。

主要内容:云浮市民政部门以岗位购买的形式,向市扬帆社会工作服务中心购买 2 名专业社工,并将社工派驻到福利院等为弱势群体提供专业服务。

2. 市政府:《修订印发政府向社会力量购买服务指导目录》,2016 年 11 月 8 日。

主要内容:《指导目录》修改的内容主要包括:二级目录新增 1 项、修改 1 项,三级目录新增 18 项、修改 12 项;同时明确目录中未包括法律法规另有规定,或涉及国家安全、保密事项等不适合向社会力量购买或者应当由行政事业单位直接提供服务的项目。

湛江(2012—2016 年)

1. 市人民政府:《湛江市人民政府关于印发政府购买社会组织服务的实施意见(暂行)的通知》,2012 年 11 月 14 日。

主要内容:社会公共服务与管理事项以及履行职责所需要的服务事项原则上应通过政府向社会组织购买服务的方法,逐步转由社会组织承担。对参与政府购买服务的社会组织应具备的条件、购买服务的程序和方式、绩效评价、监督检查等做出规定。

2. 市民政局:《2016 年湛江市优抚对象数据抽查工作购买社会服务项目公示》,2016 年 5 月 12 日。

主要内容:湛江市民政局拟面向全市社会工作服务中心(团体组织)购买服务,开展优抚对象数据抽查工作,并对服务机构提出相应要求。

茂名(2014 年)

1. 中共茂名市委组织部、茂名市民政局:《关于印发〈茂名市社会工作专业人才中长期规划(2014—2020年)〉的通知》,2014年8月18日。

主要内容:到2020年,建设一支数量充足、结构合理、素质优良、充满活力的专业化、职业化的社会工作专业人才队伍。完善评价制度,规范职业发展。创新使用机制,提升服务效能。

(四)粤北地区

韶关(2016年)

1. 市民政局:《韶关市养老服务体系建设"十三五"规划》,2016年11月。

主要内容:在"十二五"期间,韶关市在养老服务体系方面取得一系列发展成就,但总体上还处于起步发展阶段,仍存在供需矛盾突出、资金投入不足等问题,为此,韶关市采取了一系列措施在健全养老服务体系建设、加快养老产业发展等八个方面持续努力。

2. 市民政局:《韶关市加快发展养老服务业实施方案》,2016年11月。

主要内容:通过加大资金投入、落实土地供应政策等措施加快发展养老服务业,到2020年,全面建成以居家养老为基础、社区养老为依托、机构养老为补充,功能完善、规模适度、覆盖城乡的社会养老服务体系。逐步使养老服务业成为韶关市调结构、惠民生、促发展的重要力量。

清远(2013—2016年)

1. 市政府:《清远市人民政府办公室关于印发〈清远市社会组织孵化基地建设工作暂行规定〉的通知》,2013年9月。

主要内容:社会工作人才实践:为资深的公益人士及有志于向专业化社工服务方向发展的公益人才提供相关社工知识、理论、技巧的系统培训,培养社工人才;同时为社会工作人才提供参与社会实践的机会和载体,帮助其积累工作经验,提升实践能力。

2. 市政府:《清远市政府向社会组织购买服务实施意见(试行)》,2016年11月。

主要内容:遵循权责明确、竞争择优、先简后繁、注重绩效、先推进、后规范等原则,购买主体是使用国家行政编制、经费由财政承担的机关单位等,购买范围涵盖社会公共服务与管理事项、履行职责所需要的服务事项等。

3. 市民政局:《清远市民政局关于印发〈关于培育发展社区社会组织的指导意见〉的通知》,2016年12月。

主要内容：该意见适用的社区社会组织类型为公益慈善类组织，如社会工作服务中心等；鼓励社区社会组织从取得社工师相关资格的人员中选聘专职工作人员，引进社会工作理念和方法，提供专业服务。政府部门购买公共服务，应当优先购买依法登记的社会组织提供的专业社会工作服务。

参考文献

[1]萨瓦斯.民营化与公私协力模式[M].周志忍,等译.北京:中国人民大学出版社,2015.

[2]郑怡世.成效导向的方案规划与评估[M].台北:巨流图书公司,2015.

[3]冯婉仪.园艺治疗:种出身心好健康[M].香港:明窗出版社,2014.

[4]林淑馨.检证民营化、公私协力与 PFI[M].台北:巨流图书公司,2013.

[5]Leon H.Ginsberg.社会工作评估:原理与方法[M].黄晨曦,译.上海:华东理工大学出版社,2013.

[6]张明,朱爱华,徐成华.城市老年人社会服务体系研究[M].北京:科学出版社,2012.

[7]何寿奎.公共项目公司伙伴关系合作激励与监管政策研究[M].成都:西南财经大学出版社,2010.

[8]彭华民.西方社会福利理论前沿:论国家、社会、体制与政策[M].北京:中国社会出版社,2009.

[9]陈锦棠.香港社会服务评估与审核[M].北京:北京大学出版社,2008.

[10]易松国.社会福利社会化的理论与实践[M].北京:中国社会科学出版社,2006.

[11]Colin Robson.方案评估:原理与实务[M].魏希圣,等译.台北:洪叶文化事业有限公司,2005.

[12]林南.社会资本关于社会结构与行动的理论[M].上海:上海人民出

版社,2005.

[13]珍妮特·登哈特,罗伯特·登哈特.新公共服务:服务,而不是掌舵[M].北京:中国人民大学出版社,2004.

[14]B.盖伊·彼得斯.政府未来的治理模式[M].北京:中国人民大学出版社,2001.

[15]郭春甫,吴世坤.从效率到合法性:政府购买社会工作服务行为变迁的选择机制研究[J].社会工作,2017(1).

[16]张雅勤.公共性的扩散、阻滞与疏浚——从"购买服务"到"多元合作"的演变逻辑[J].江海学刊,2017(1).

[17]陈瑞,孙静.社会治理视角下民办社工机构与政府合作模式研究——以安徽省"政社合作"为例[J].社会工作与管理,2017(2).

[18]秦赋,岳书铭.我国政府向社会组织购买公共服务研究综述[J].经济论坛,2017(2).

[19]马全中.政府向社会组织购买服务的"内卷化"及其矫正——基于B市G区购买服务的经验分析[J].求实,2017(4).

[20]张丙宣.技术治理的两副面孔[J].自然辩证法研究,2017(9).

[21]初青松,杨光.略论美国社会服务经验与启示[J].人民论坛,2017(457).

[22]范巧.基于公共产品和服务提供的复合治理结构考察[J].西部论坛,2016(1).

[23]陈天红.发达国家老年人社会工作服务成效评价标准经验分析[J].标准科学,2016(3).

[24]王思斌.社会工作需要"在地生根"[J].人民日报,2016(5).

[25]刘永谋.技术治理的逻辑[J].中国人民大学学报,2016(6).

[26]徐双敏,崔丹丹.完善社会组织第三方评估工作机制研究——基于5市调查数据的分析[J].中南财经政法大学学报,2016(6).

[27]黄晓春,嵇欣.技术治理的极限及其超越[J].社会科学,2016(11).

[28]姚进忠,崔坤杰.绩效抑或专业:我国社会工作评估的困境与对策[J].中州学刊,2015(1).

[29]刘江.社会工作服务评估:一个整合的评估模型[J].社会工作与管理,2015(3).

[30]孙铭宗.论日本公私协力的变革与动向[J].浙江学刊,2015(4).

[31]王娜,汪海玲.社会工作视域下公办养老机构为老服务发展研究[J].内蒙古师范大学学报(哲学社会科学版),2015(4).

[32]和军,戴锦.公私合作伙伴关系(PPP)研究的新进展[J].福建论坛(人文社会科学版),2015(5).

[33]钱宁.多方参与的社会治理创新:发展社会福利的新路径[J].山东社会科学,2014(9).

[34]方英.从现代社会福利视角界定中国社会工作发展的核心问题[J].福建论坛,2014(9).

[35]王思斌.社会服务的结构与社会工作的责任[J].东岳论丛,2014(1).

[36]刘继同.中国特色现代社会工作制度框架设计研究[J].北京大学学报(哲学社会科学版),2014(11).

[37]周沛.社会福利理论:福利制度、福利体制及福利体系辨析[J].国家行政学院学报,2014(4).

[38]陈为雷.政府和非营利组织项目运作机制、策略和逻辑——对政府购买社会工作服务项目的社会学分析[J].公共管理学报,2014(2).

[39]范斌,张海.社会服务评估发展的历史性观察[J].理论月刊,2014(3).

[40]田蕴祥.公私协力模式下的劳动就业促进政策研究——以台湾地区残疾人事业发展为例[J].湖北社会科学,2014(4).

[41]罗观翠.社会工作服务标准是什么[J].中国社会报,2014(5).

[42]邓锁.社会服务递送的网络逻辑与组织实践——基于美国社会组织的个案研究[J].社会科学,2014(6).

[43]方英.从现代社会福利视角界定中国社会工作发展的核心问题[J].福建论坛(人文社会科学版),2014(9).

[44]刘建娥.当代福利资本主义的危机、矛盾与政策选择——对我国社会转型期福利政策构建的启示[J].学习与实践,2013(10).

[45]万国威.解析残疾人康复服务的区域差异——基于31个省区市的定量分析[J].青海社会科学,2012(1).

[46]邹焕聪.公私协力的风险社会理论诠释[J].江西行政学院学报,2012(3).

[47]王俊元.契约途径下社会服务公私协力运作策略之研究——台湾

地区经验与启发[J].公共行政评论,2011(5).

　　[48]丁华,徐永德."福利私营化"、"社会福利社会化":辨析与反思[J].江淮论坛,2011(4).

　　[49]花菊香.跃迁与整合:论精神病患社会支持的专业性与操作性[J].江苏社会科学,2010(5).

　　[50]周利敏.公私协力:非协调约束下公私灾害救助困境的破解[J].中国地质大学学报(社会科学版),2009(2).

　　[51]徐道稳.以发展型社会政策构建发展型福利社会[J].深圳大学学报,2008(1).

　　[52]罗观翠.政府购买服务的香港经验和内地发展探讨[J].学习与实践,2008(9).

　　[53]罗观翠,雷杰."社会福利社会化"的陷阱——以广州老人院舍为例[J].华东理工大学学报(社会科学版),2008(1).

　　[54]苏振芳.我国民政福利事业的历史演变及其建构[J].福建论坛,2007(4).

　　[55]彭华民,黄叶青.福利多元主义:福利提供从国家到多元部门的转型[J].南开学报,2006(6).

　　[56]Diana Leat. Philanthropic Foundation, Public Good and Public Policy[M].London:Macmilan Publishers Ltd.,2016.

　　[57]Robert L.Okin Md.Silent Voices:People with mental disorder on the street[M]. California:Golden Pine Press,2014.

　　[58]Lisa Schur,Douglas Kruse,Peter Blanck.People with Disabilities:Sidelined or Mainstreamed? [M]. New York:Cambridge University Press,2013.

　　[59]Lisa Holmes, Samantha Mcdermid. Understanding Costs and Outcomes in Child Welfare Services:A Comprehension Costing Approach to Managing Your Resources [M]. London: Jessica Kingsley Publishers,2012.

　　[60]Eleanor H. Ayer. Homeless children[M]. New York:Lucent Books,Inc,1997.

　　[61]Claire Berman.Caring for yourself while caring for your parents:How to help, how to survive[M]. New York: Henry Holt and

Company,1996.

[62]Klijn,E. H,Teisman G. R. Institutional and Strategic Barriers to Public-private Partnerships. An Analysis of Dutch Cases Public Money & Management,2003(3).

[63] Bel,G. &X. Fageda,Factors Explaining Local Privatization:A Meta-regression Analysis,Public Choice,2009(139).

[64] Blanc-Brude,F. et al. Public-private Partnerships in Europe:An Update.Economic and Financial Report,European Investment Bank,2007.

[65] Blanc-Brude,F. et al. A Comparison of Construction Contract Prices for Traditionally Procured Roads and Public-Private Partnerships, Review of Industry Organization,2009.

后　记

　　此专著是本人《中国城镇社会福利事业社会化转型研究》（华中科技大学出版社 2014 年版）一书的姊妹篇。作为一线教师兼科研工作者,感谢全国哲学社会科学规划办公室以及广东省社科规划办给予的立项机会及资助,令我在过往基础上,继续在社会工作实务研究领域深耕;感谢广东省各级民政部门、公办福利机构管理者、一线社工及可亲可敬的老人、儿童与残障人士,你们的信任给予我莫大的精神动力;感谢广东工业大学领导、同事及同学们在研究过程中予以的各种支持;感谢厦门大学出版社在出版诸多流程中予以的耐心支持;感谢家人对我的理解和长期支持!

谭　磊

2020 年 5 月 16 日